국제물류론 연습

박명섭 편저

아카데미프레스

서문

현대 역사학자인 Donald Engels는 그의 저서『Alexander the Great and Logistics of the Macedonian Army』에서 알렉산더를 '물류 전문가'로 설명하고 있다. 당시 모든 군대조직은 전투장비, 보급품의 공급을 위하여 상당히 큰 규모의 보급부대를 두었으며, 이러한 보급부대 운용에 투입된 인적자원이 전투부대를 초과하거나 이에 상응하는 정도였다.

그러나 알렉산더가 이끄는 마케도니아군은 전쟁물자 보급을 위한 수레 사용이 엄격히 제한되었으며, 병사들은 자신의 장비와 보급품들을 스스로 휴대하도록 훈련 받았다. 이에 따라 마케도니아군은 소규모의 보급부대를 운용하게 되어 어느 군대보다도 신속한 이동을 확보하게 되었으며, 이와 함께 전투 시 상당한 수준의 기동성 또한 보유하게 되었다. 달리 말하면 알렉산더는 물류구조 혁신을 통하여 신속한 이동성과 기동성이라는 자신만의 독특한 무기를 확보하였던 것이다. 적군이 무슨 일이 일어나고 있는지조차 깨닫기도 전에 신무기를 휴대한 마케도니아군은 번개 같은 공격으로 적군을 제압하였고, 때로는 수적으로 훨씬 우세했던 적들을 깜짝 놀라게 하고 압도할 수 있었다. 이상에서와 같은 알렉산더의 물류구조 혁신은 1990년대 초 'Hammer'나 'Davenport'가 주장한 급진적이고 근본적인 프로세스 혁신과 이에 기초한 Lean Logistics의 실현이라 할 수 있을 것이다.

군사적으로 전투력과 전략이 아무리 강해도 군수보급체제가 약하면 안 되듯이, 아무리 생산 및 영업이 강하다고 하더라도 물류가 약하면 기업의 경쟁력은 현저하게 저하한다. 그런데 적지 않은 기업이 이것을 알지 못하는 것도 사실이다. 매상이 늘어나지 않고 이익도 없는 가운데 그 원인이 사실은 물류에 있다는 것을 간과하고, 영업에 박차를 가하거나 불가피하게 생산에 비용절감의 지시를 하는 등 목표에 어긋난 대응을 하는 것이 현실이다. 소비자 니즈의 다양화, 다품종 · 소량생산의 진전 등을 배경으로 최근 물류를 둘러싼 환경은 크게 변화하고, 물류에 관한 논의가 더욱 많아지고 있다. 그리고 최근 인건비 인상, 지가의 등귀, 소비자의 저가격 지향 등을 배경으로 생산거점의 해외이전이 전 산업계에 당면과제로 나타나고 있다. 이러한 동향을 반영하여, 물류도 국내 중심의 사고방식에서 국제거래를 포함한 글로벌한 물류 문제를 생각하는 것이 요구되고 있다.

글로벌화는 이제까지의 '해외에서 판매한다' 는 관점을, 세계시장을 목표로 하는 최적 생산거점에서의 공급이라는 움직임으로 변화시켰다. 이것은 물류에 많은 영향을 미치고 있다. 주요한 변화는 해외로부터의 조달이 증가한다는 점이다. 이제까지 공장의 입지는 국내에서의 조달의 용이성 및 지가, 노동비용 등을 고려하여 결정해 왔다. 공장에서 만들어진 것을 보관하는 물류거점도 공장의 입지에 맞추어 입지선정이 이루어져 왔다. 해외조달이 증가한다는 것은 이 전제가 붕괴된다는 것이다.

국제물류는 국내에서 진행해 온 로지스틱스 시스템을 세계적 규모로 구축하는 것을 요구한다. 그 기본적인 사고는 국내물류와 거의 동일하다. 그러나 국제물류로서의 요건이 추가된다. 우선 다수 국가를 대상으로 하는 물류가 요구되므로 통관 등의 각종 절차가 필요하게 된다. 이 절차에 시간이 요구된다. 실제 수송에 소요되는 시간 이상으로 처리시간이 커지게 된다. 그러므로 각국의 그러한 구조를 알아 둘 필요가 있다. 최근에는 통관 등의 각종 절차에 대해, 정보 시스템에 의한 지원이 행해지고 있다.

21세기의 이상적인 물류는 세계를 연결하는 글로벌 물류(Global Logistics)뿐만이 아니라, 고품격 고객맞춤서비스 물류(Custom-made Logistics), 이음새 없이 매끄러운 흐름 물류(Seamless Logistics), 인터넷기반의 가상공간 물류(Cyber Logistics), 시장경제원리에 충실한 개방 물류(Open Logistics) 그리고 환경친화 · 안전지향적 녹색물류(Green Logistics)로 정의할 수 있을 것이다.

물류관리사 자격시험 과목인 국제물류론 수험대비서뿐 아니라 국제물류론을 최종 정리하는 예컨대 '국제물류연습' 과목의 교재로서 도움이 되길 바란다.

본서의 원고작업, 타이핑 및 교정 등의 작업에 열과 성을 다해 준 성균관대학교 국제물류 · 통상 연구실의 대학원생에게 심심한 사의를 표한다. 또한 각 장에 실린 「읽을거리」에 나오는 귀한 내용의 전재를 허용해 주신 분들께 깊은 감사의 뜻을 전합니다. 그리고 본서의 출판을 승낙해 주신 아카데미프레스의 홍진기 사장님과 편집부 여러분의 노고에 진심으로 감사드린다.

2013년 8월
성균관대학교 국제물류 · 통상 연구실에서
박 명 섭

차례

제1장

물류의 개념

제1장

물류의 개념

I. 중요내용 핵심요약

출제경향 예상분석

- 유통의 역할
- 유통활동의 구성
- 물류의 정의
- 물류와 로지스틱스의 차이점
- 물류와 제품가치

1. 유통의 역할과 활동

(1) 유통의 역할

생산지와 소비지 사이에는 공간적, 시간적인 격차가 있으며, 또한 생산지에서의 생산량과 소비지에서의 수요량에도 격차가 있다. 이러한 생산지와 소비지의 공간적(장소적), 시간적, 양적인 격차를 메우는 것이 유통의 역할이다.

일반적인 유통 기능의 세 가지 사회적 기능

- 장소적 조정기능
- 시간적 조정기능
- 수급 조정기능

장소적 조정기능은 생산지와 소비지의 공간적, 거리적 격차를 해소하기 위한 유통의 기능이다. 장소적인 조정을 위해 생산지와 소비지를 운송활동이 연결하고 있거나, 생산된 상품이 소비되기까지의 시간을 조정하기 위해 상품은 당분간 보관하기도 한다. 따라서 장소적, 시간적인 조정은 물리적인 성격을 지닌 유통기능이다.

이에 대해 수급 조정기능은 생산량(공급량)과 소비량(수요량)을 조정하는 것으로, 경제적인 성격을 지닌 유통기능이다.

핵심 Note

▶ 유통에 있어서의 수급 조정기능이 작용하지 않으면 가격은 올라갔다 내려갔다 하거나, 지나친 물품 부족이나 과잉이라고 하는 불안정한 경제상황을 초래하게 된다. 따라서 유통은 경제의 원활한 순환에 있어서, 아주 중요한 역할을 수행하고 있는 것으로 말할 수 있다.

(2) 유통활동의 구성

유통활동은 생산된 상품을 소비자에게 도달하게 하기 위한 활동이다. 제3자 혹은 양자에 의한 유통활동을 정리하면 다음과 같이 두 그룹으로 분류할 수 있다.

- **거래 · 판매에 관계하는 활동(상적 유통활동):** 세일즈 활동, 마케팅 활동, 구입 활동, 판매촉진 활동, 수주처리 활동 등
- **상품의 물리적 이동 · 관리에 관계하는 활동(물적 유통활동):** 보관활동, 운송 · 배송 활동, 포장 활동, 하역 활동, 재고관리 활동 등

그러나 최근 물류활동에 대한 이러한 사고방식이 크게 바뀌고 있다. 즉 상적 유통활동 전체와 물적 유통활동 전체는 하나의 전체적인 시스템으로서, 전체가 유기적으로 연계되는 것이 필요하게 되었다. 기업의 유통 시스템으로서 로지스틱스 시스템이라는 개념과 용어가 부각되고 있다. 이것은 유통 시스템이라는 개념보다 더욱 전체적인 개념이다. 이들 활동을 전체적인 시스템으로서 관리하는 것을 가능하게 한 것이 컴퓨터에 의한 정보 시스템이다. 즉 정보 시스템의 발달이 상적 유통활동과 물적 유통활동을 하나의 유통 시스템으로 결합시켰다고 볼 수 있다.

(3) 유통단지

① 유통단지의 정의

유통단지는 제품의 수요에 효율적으로 대응하기 위하여 제품이나 원재료 등을 보관하는 시설로서 유통창고 및 각종 화물터미널이 지역적으로 집결되어 있는 일종의 물류기지화된 장소를 의미한다.

② 유통단지의 종류

- **물류센터:** 물류센터는 다품종 다량의 물품을 공급받아 분류, 보관, 유통가공, 정보처리 등을 통하여 다수의 수요자에게 만족하는 서비스 수준을 유지하여 적기에 배송하기 위한 시설이라 할 수 있다.
- **공동집배송단지:** 공동집배송단지는 동종 및 이업종 업계 간의 또는 유통업체들이 제조업자나 산지로부터 물품을 집하하여 보관, 가공 또는 포장하고 이를 수요자에게 배송하며 유통정보를 종합, 분석 및 처리하기 위하여 체계적으로 구획하고 개발된 유통업무 설비단지를 말한다.
- **컨테이너 기지:** 컨테이너 기지(ICD: Inland Container Depot)란 공단과 항만 사이를 연결하여 화물의 유통을 원활히 하기 위한 대규모 물류기지로서 규모와 기능이 확대될 때에는 복합화물터미널과 같은 역할을 수행한다.
- **복합화물터미널:** 복합화물터미널은 「화물유통촉진법」에 의거 화물의 집화, 하역, 분류, 포장, 보관 및 통관 등에 필요한 시설을 갖춘 화물유통의 중심장소로서 두 종류 이상의 운송수단 간의 연계운송을 시행할 수 있는 규모와 시설을 갖춘 터미널이라고 말할 수 있다. 여기에 포함되는 시설은 화물취급장, 주차장, 배송센터, 화물정보시설, ICD(CY 및 CFS), 운송수단간 연계시설, 창고시설 및 관련 복지시설 등이다.
- **개별 업체의 물류센터:** 개별 업체의 물류센터는 「도시계획법」 및 「건축법」 등의 절차에 따라 건립 또는 운영되고 있다.

2. 물류의 정의

(1) 물류의 정의

'물류(物流)'란 재화가 공급자로부터 조달·생산되어 수요자에게 전달되거나 소비자로부터 회수되어 폐기될 때까지 이루어지는 운송·보관·하역(荷役) 등과 이에 부가되어 가치를 창출하는 가공·조립·분류·수리·포장·상표부착·판매·정보통신 등을 말한다(물류정책기본법 제2조).

미국에서 사용되고 있는 물류의 용어로서는 PD(Physical Distribution) 이외에, business logistics, physical supply, materials management, market supply, logistics of distribution, rhochrematics 등이 있다.

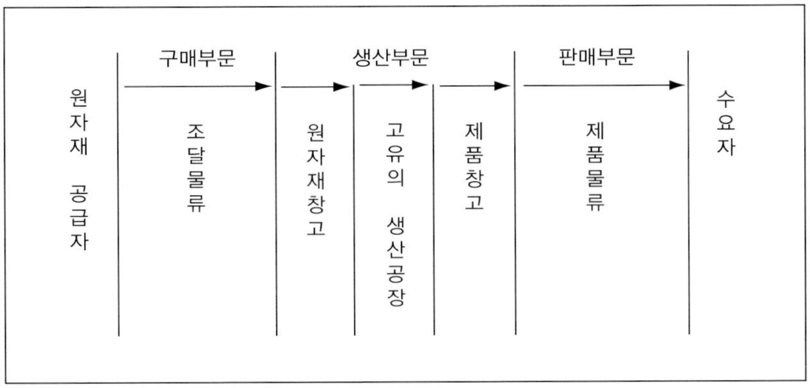

그림 1-1 물류경로

핵심 Note

▶ 기업의 물류는 자재의 조달(조달 물류에서) 제품판매(제품 물류)까지의 모든 물류 활동을 포함하는데, 기업의 활동 상황에 따라 완성품이 소비자의 손에 도달될 때까지의 제품 물류로 한정하는 경우도 있다.

(2) 물류와 로지스틱스의 차이점

물류와 로지스틱스의 차이가 자주 거론된다. 이 차이를 아는 것은 물류를 이해하는데 있어 중요한 요점이 된다. 물류와 로지스틱스의 차이에 대해서는 일반적으로 세 가지의 해석이 있다.

① 제1의 설

이 제1의 설 차이는 대단한 것이 아니다. '물류를 근사하게 바꾸어 말하는 것이다'라는 해석이다. 이 설(說)은 상당히 뿌리깊게 자리잡고 있지만 물론 잘못된 설이다. 이 같은 이해를 하고 있으면 로지스틱스는 물론 물류도 보이지 않게 된다.

② 제2의 설

제2의 설 로지스틱스쪽이 물류보다 영역이 넓다는 설로서 이것도 신봉자가 많은 해석이다. 이 방법을 간단하게 말하면, 물류는 공장에서 완성된 제품 또는 매입한 상품을 고객에게 배달하는 활동인 것에 비해, 로지스틱스는 원재료 및 부품 등의 조달 또는 상품의 매입까지를 포함한다는 것이다.

즉 로지스틱스는 원자재 · 부품, 상품 등의 조달에서 고객납품까지를 일관된 시스템으로 보는 개념이 된다. 이 제2의 설은 틀린 것은 아니다. 하지만 유감스럽게도 이것은 왜 지금 로지스틱스가 커다란 관심을 모으고 있는가라는 점에 대한 설명으로는 조금 미흡하다. 그래서 제3의 설이 등장한다.

③ 제3의 설(로지스틱스는 물류의 상위개념)
지금 실무세계에서 다루어지고 있는 로지스틱스란 이러한 '시장과 생산 · 매입의 동기화(同期化)를 도모하기 위한 관리' 를 말한다. 이것이 제3의 설이다. 이 설에서 로지스틱스와 물류를 동일한 형태로 취급하는 것은 잘못된 것이다. 로지스틱스라고 하는 관리하에 생산 · 매입, 물류가 있다. 물류의 상위개념으로서 이해하지 않으면 시대에 뒤지게 된다.

3. 물류활동 담당자와 제품가치

(1) 물류활동의 담당자

물류활동은 많은 사람들이 맡고 있지만, 크게 나누면 다음 두 가지의 물류 담당자 그룹이 있다.

- **화주 그룹**: 화주 그룹은 상품의 소유권을 지니고 있는 생산자(메이커), 도매업자 및 소매업자 등이다.
- **물류전업 그룹**: 물류전업 그룹은 화주로부터 운수활동을 위탁받은 트럭 운송회사, 철도회사, 선박회사, 항공회사 등의 운수업자, 그리고 화주로부터 보관을 위탁받은 창고업자 등이다.

(2) 물류와 제품가치

제품의 가치는 공장에서만 만들어진다고 하는 것은 그림 1-2(I)과 같이 기업에게 이익을 가져다주는 것은 생산부문뿐이라고 하는 낡은 사고방식이다. 이 방식에서 진보한 것이 그림 1-2(II)이다. 이 설에서는, 물류활동은 단지 물류비를 소비하고 있는 것만이 아니라, 가치도 창출하고 있으므로 기업 이익의 창출에도 공헌하고 있다고 생각한다.

장소적인 격리를 극복함으로써(운송의 업무), 또한 시간적인 격리를 극복함으로써(보관의 업무) 가치를 창출하게 된다.

이와 같이 물류의 가치창출의 주요한 부분은 공간과 시간의 격리를 극복함으로써 이루어지고 있기 때문에, 이 설은 '격리 이론(gap theory)' 이라고도 부른다. 그리고 이 설은 원재료 → 중간재 → 제품 → 도매업 → 소매업 → 고객으로 순차적으로 제품이 만들어지고, 유통업자의 손을 거쳐 고객에게까지 도달되는 과정에서 점점 가치가 증가해 간다고 하는 설과 근거를 같이 하고 있다. 이와 같이 가치가 증대해 가는 과정을 '가치 사슬(value chain)' 이라 부르고 있다.

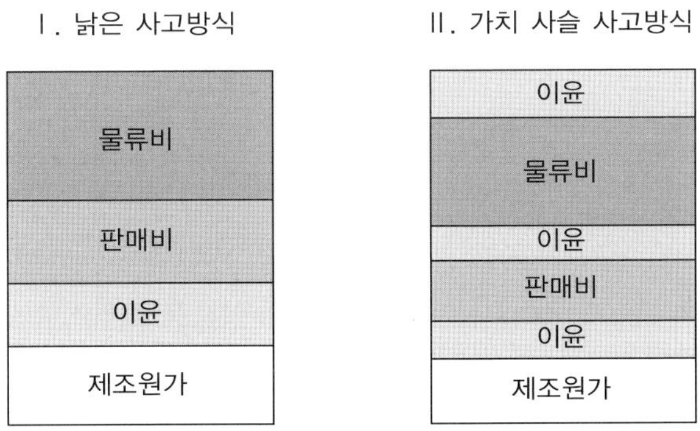

그림 1-2 물류비의 재인식

제1장

물류의 개념

II. 핵심문제 및 예상문제

출제포인트

- 유통의 기능 및 유통활동
- 물류의 정의
- 유통단지

객관식 연습문제

1. 다음 중 '유통의 사회적 기능' 과 관련 없는 것을 고르시오.

① 장소적 조정기능
② 시간적 조정기능
③ 수급 조정기능
④ 창조적 생산기능
⑤ 공간적 조정기능

해설 | 유통의 사회적 기능으로는 장소적(공간적) 조정기능, 시간적 조정기능, 수급 조정기능이 있다.

답 ④

2. 다음 중 '물류' 와 관련 없는 것을 고르시오.

① physical distribution
② business logistics
③ physical supply
④ rhochrematics
⑤ physical logistics

해설 | 현재 사용하고 있는 물류의 용어로는 physical distribution, business logistics, physical supply, rhochrematics, market supply 등이 있다.

답 ⑤

3. 물류와 로지스틱스의 차이에 있어서 세 가지의 해석(설)이 자주 거론된다. 다음 중 제3의 설에 해당하는 것을 고르시오.

① 로지스틱스는 물류를 근사하게 바꾸어 표현했다는 설
② 로지스틱스는 물류보다 영역이 넓다는 설
③ 시장과 생산, 매입의 동기화를 도모하기 위한 관리라는 설
④ 로지스틱스는 물류의 하위 개념이라는 설
⑤ 물류와 로지스틱스는 서로 다른 영역이라는 설

해설 | 실무에서 다루어지고 있는 로지스틱스란 '시장과 생산, 매입의 동기화를 도모하기 위한 관리'를 말한다. 이것이 〈제3의 설〉이다. 로지스틱스라고 하는 관리하에 생산, 매입, 물류가 있다. 답 ③

4. 물류 활동 그룹에는 크게 화주 그룹과 물류전업 그룹이 있다. 다음 중 틀린 것을 고르시오.

① 화주 그룹은 상품의 소유권을 지니고 있는 생산자(메이커)이다.

② 화주 그룹은 도매업자 및 소매업자 등이다.

③ 물류전업 그룹은 화주로부터 운수활동을 위탁받은 트럭 운송회사, 철도회사, 선박회사, 항공회사 등이다.

④ 화주로부터 보관을 위탁받은 창고업자는 물류전업 그룹에 포함되지 않는다.

⑤ 운수업이나 창고업은 화주기업으로부터 물류활동을 위탁받는, 소위 물류의 대리 행위자이다.

해설 | 창고업자 역시 물류전업 그룹이다. 답 ④

5. 다음 중 '제품의 가치는 공장에서만 만들어지는 것이 아니고, 물류관리비를 삭감할 수 있으면, 그 감소분만큼 이익이 증가할 수 있다'는 것과 관련된 것을 고르시오.

① 제3의 이윤원 ② 근대적 물류관리

③ 6 sigma ④ 경쟁우위

⑤ BPR

해설 | 제3의 이윤원 답 ①

6. 다음 중 상적 유통활동과 관련 없는 것을 고르시오.

① 세일즈 활동 ② 마케팅 활동

③ 구입 활동 ④ 판매촉진 활동

⑤ 포장 활동

해설 | 포장 활동은 물적 유통활동에 속한다. 답 ⑤

7. 다음 중 물적 유통활동과 관련 없는 것을 고르시오.

① 보관 활동 ② 수주처리 활동

③ 운송, 배송 활동 ④ 포장 활동

⑤ 하역 활동

해설 | 수주처리 활동은 상적 유통활동에 속한다. 답 ②

8. 최근 전자상거래의 확산과 더불어 판매된 제품이 주문과 상이하거나, 제품 하자에 따른 교환 등이 증가하고 있다. 이로 인해 기업의 관련 서비스 및 비용절감 측면에서 그 중요성이 날로 증대되고 있는 물류영역은?

① 조달물류
② 사내물류
③ 판매물류
④ 폐기물류
⑤ 반품물류

해설 | 반품물류 — 답 ⑤

9. 다음 중 물류에 관한 설명으로 옳지 않은 것은?

① 물류는 유통부문 중에서 수송, 보관, 하역, 포장 등의 업무를 전문적으로 취급하는 것이다.
② 물류는 물자유통뿐만 아니라 서류 및 금전의 이동, 정보유통까지도 포함한다.
③ 물류는 상류에 상대되는 개념이다.
④ 협의의 관점에서 물류의 범위는 생산지점으로부터 소비 또는 이용지점까지 재화의 이동을 관리하는 것을 말한다.
⑤ 물류와 상류의 기능이 구분되는 배경은 경제구조의 대형화, 광역화와 밀접한 관련이 있다.

해설 | 서류 및 금전의 이동은 물류에 포함되지 않는다. — 답 ②

10. 다음 중 특정 상품 부문만을 전문화, 대형화하여 대량구입과 마진율 축소를 통해 낮은 가격대를 유지하는 업태는?

① 편의점
② 할인점
③ 양판점
④ 하이퍼마켓
⑤ 카테고리 킬러

해설 | 하이퍼마켓은 대형화된 슈퍼마켓에 할인점을 접목시켜 저가로 판매하는 초대형 소매업체이다. — 답 ④

11. 자동차 또는 TV 등의 제품을 완성품 조립능력이 있는 수입업자에게 운송할 경우, 부품 또는 반제품을 포장하는 방식은?

① sleeper 포장
② blister 포장
③ knock down 포장
④ skid base 포장
⑤ crate 포장

해설 | sleeper 포장 — 답 ①

12. 물류관리의 전략적 중요성에 관련된 다음 설명 중 적절하지 않은 것은?

① 협의의 물류기능에는 정보활동이 포함되나 조달은 포함되지 않는다.

② 물류관리자의 지위가 격상될 수 있는 가장 큰 이유 중 하나는 물류관리가 매출 및 수요 창출에 기여할 수 있기 때문이다.

③ 물류관리자의 조정기능에는 물류기능 내부의 각 활동 간, 기업내부의 각 기능 간, 그리고 공급사슬 구성원 간의 조정이 포함된다.

④ 물류의 통합이 기업의 경계를 넘어 공급사슬관리 전체로 확대됨에 따라 물류부서 자체의 전략적 중요성은 감소되고 있다.

⑤ 1960년대에는 가격, 1970년대에는 마케팅 능력, 1980년대에는 품질, 그리고 오늘날에는 고객서비스가 핵심적인 경쟁우위의 기반으로 활용되고 있다.

해설 | 물류 전반의 효율성 · 적시성 · 생산성을 제고하여, 부문별로 표준화 · 자동화 · 정보화 등을 계획 · 추진하여 기업의 합리적이고 일관된 물류 체계를 구축하고 물류비를 절감하는 일을 담당한다. 답 ③

13. 물류관리의 중요성이 인식되게 된 원인과 크게 관련이 없는 것은?

① 운송 시간비용의 증가

② 대형 할인매점의 증가

③ 소비자 요구의 다양화

④ 다품종 소량생산 체제의 등장

⑤ 재고비의 상승

해설 | 대형 할인매점의 증가는 물류관리의 중요성을 인식하게 된 원인과 거리가 멀다. 물류관리란 소비자의 요구를 만족시키기 위한 것으로 생산 직후부터 소비자에 이르기까지를 일컫는 말이라 할 수 있다. 답 ②

14. 물류기업의 조직에 관한 설명 중 맞지 않은 것을 고르시오.

① 매트릭스 조직에서는 팀워크가 가장 중시된다.

② 경로중심의 조직전략은 외부 지향적이다.

③ 일반적으로 물류부서의 통합보다는 분산이 물류개선에 효율적이다.

④ 질 높은 서비스는 상대적으로 제품이나 시장이 동질적인 경우 집중적 조직형태가 효율적이다.

⑤ 제품이나 시장이 동질적인 경우 집중적 조직형태가 효율적이다.

해설 | 일반적으로 물류부서의 통합이 효율적이다. 답 ③

15. 물류조직의 효과성에 영향을 미치는 주요 요인이 아닌 것은?

① 비용특성 ② 조직특성
③ 종업원특성 ④ 환경특성
⑤ 관리방침 및 관행

해설 | 비용특성 답 ①

16. 최근에는 고객의 니즈 다양화로 제조 기업들은 여러 가지 방법들을 이용하고 있다. 이들 방법으로 가장 거리가 먼 것은?

① Cellular 생산방식 도입 ② 부품 공동화 실시
③ 대량생산의 적극적 도입 ④ 연기(postponement) 실시
⑤ modular 개념 도입

해설 | 대량생산의 적극적 도입은 과거의 사고이며, 최근 고객의 니즈를 충족시키지 못한다. 답 ③

17. 다음 중 물류에 대한 정의를 설명하고 있는 것으로 맞지 않은 것은?

① 물적 유통은 생산의 단계에서 최종소비 또는 이용의 단계에 이르기까지의 재화의 이동 및 취급을 관리하는 것을 말한다.
② 물적 공급(physical supply)은 완성품을 생산라인의 종점으로부터 소비자에게 유효하게 이동시키는 것과 관련된 폭넓은 활동을 말하나, 원재료의 공급원으로부터 생산라인의 시점까지 이동시키는 것은 제외된다.
③ 화물유통촉진법상의 물류란 재화가 공급자로부터 수요자에게 전달될 때까지 이루어지는 운송, 보관, 하역, 포장과 이에 필요한 정보통신 등의 경제활동을 말한다.
④ 미국물류관리협의회 정의에 의하면, 물류란 고객의 요구조건에 부합하기 위해 생산지점에서 소비지점에 이르기까지 원재료, 반제품, 완성품 및 관련 정보의 흐름과 보관을 효율적이면서 비용을 최소화하기 위한 계획입안, 실시, 통제하는 과정을 말한다.
⑤ 물적 유통(physical distribution)은 생산된 재화를 제공자로부터 수요자에게 이동시키는 과정과 관련된 운송, 보관, 하역, 포장 및 이러한 활동을 지원하는 제반 경제적 활동을 말한다.

해설 | 넓게는 원재료의 공급자로부터 생산라인의 시점까지 이동시키는 것을 포함한다.(조달물류) 답 ②

18. 다음 중 유통단지 지정 후에 유통단지 개발계획에 포함시킬 수 있는 사항은?

① 주요기반시설계획 ② 재원조달계획
③ 유통단지의 지정목적 ④ 토지이용계획
⑤ 수용, 사용할 토지, 건축물, 기타 물건이나 권리가 있는 경우 그 세목

해설 | 수용, 사용할 토지, 건축물, 기타 물건이나 권리가 있는 경우 그 세목 답 ⑤

19. 다음 중 유통단지 지정권자 및 유통단지 개발 실시 계획 승인권자가 아닌 것은?

① 광역시장

② 서울특별시장

③ 건설교통부장관

④ 시장, 군수, 구청장(자치구의 구청장을 말함)

⑤ 도지사

해설 | 시장, 군수, 구청장(자치구의 구청장을 말함) 답 ④

20. 물류의 기능과 목적을 설명하고 있는 것으로 적절치 못한 것은?

① 물류의 기능은 장소적 조정, 시간적 조정, 수량적 조정, 품질적 조정, 가격적 조정 등이다.

② 물류의 원칙 중 3S1L은 speedy, safely, surely, low이다.

③ 7R 원칙은 고객이 요구하는 상품을, 고객이 요구하는 상품의 품질로 유지하며, 고객이 요구하는 정량을, 고객이 요구하는 시기에, 고객이 요구하는 장소에, 고객에게 좋은 인상의 상품 상태로, 가격결정기구에 의해 적정한 가격으로 고객에게 전달하는 것을 말한다.

④ 물류의 목적은 기업의 이윤극대화뿐이다.

⑤ 물류의 목표는 필요한 물품을, 필요한 장소에, 필요한 시간에, 적절한 가격으로 전달하는 것이라고 할 수 있다.

해설 | 물류의 목적은 ③, ⑤ 등의 이유가 있지만, 단순히 기업의 이윤만을 극대화하는 것은 아니다. 답 ④

주관식 연습문제

1. 유통의 3가지 사회적 기능을 간략히 설명하시오.

1) 장소적 조정기능

2) 시간적 조정기능

3) 수급 조정기능

장소적 조정기능은 생산지와 소비지의 공간적, 거리적 격차를 해소하기 위한 유통의 기능이다. 장소적인 조정을 위해 생산지와 소비지를 운송활동이 연결하고 있거나, 생산된 상품이 소비되기까지의 시간을 조정하기 위해 상품은 당분간 보관하기도 한다. 따라서 장소적, 시간적인 조정은 물리적인 성격을 지닌 유통기능이다.

2. 생산지와 소비지 사이에는 ( ), ( ) 격차가 있으며, 또한 생산지에서의 생산량과 소비지에서의 수요량에도 격차가 있다. 이러한 생산지와 소비지의 ( ), ( ), 양적인 격차를 메우는 것이 유통의 역할이다.

공간적, 시간적

3. 물류의 정의를 간략하게 설명하시오.

'물류(物流)' 란 재화가 공급자로부터 조달 · 생산되어 수요자에게 전달되거나 소비자로부터 회수되어 폐기될 때까지 이루어지는 운송 · 보관 · 하역(荷役) 등과 이에 부가되어 가치를 창출하는 가공 · 조립 · 분류 · 수리 · 포장 · 상표부착 · 판매 · 정보통신 등을 말한다.

4. 물류와 로지스틱스에 있어서, 제3의 설에 대하여 설명하시오.

로지스틱스라고 하는 관리하에 생산 · 매입, 물류가 있다. 물류의 상위개념으로서 이해하지 않으면 시대에 뒤지게 된다.

5. 격리 이론(gap theory)에 대하여 설명하시오.

물류의 가치창출의 주요한 부분은 공간과 시간의 격리를 극복함으로써 이루어진다는 것. 이 설은 원재료 → 중간재 → 제품 → 도매업 → 소매업 → 고객으로 순차적으로 제품이 만들어지고, 유통업자의 손을 거쳐 고객에게까지 도달되는 과정에서 점점 가치가 증가해 간다고 하는 설과 근거를 같이하고 있다.

6. '제3의 이윤원' 에 대하여 설명하시오.

물류활동을 합리화함으로써 물류비를 삭감할 수 있으면, 그 감소분만큼 이익을 증가시킬 수 있다고 하는 것이다.

7. 조달물류를 설명하시오.

조달물류란 물자가 조달처로부터 운송되어 매입자의 보관창고에 입고, 보관되었다가 생산 공정에 투입될 때까지의 물류활동을 말한다.

8. 생산물류를 설명하시오.

생산물류란 물자가 생산 공정에 투입되어 제품으로 만들어지기까지의 물류활동을 말한다.

9. 판매물류를 설명하시오.

판매물류란 완제품의 판매를 위하여 출고할 때부터 고객에게 인도될 때까지의 물류를 말한다.

10. Link와 Node에 대하여 간략히 설명하시오.

노드(node)는 결절부분, 즉 유통센터, 트럭터미널, 항만, 공항, 도로의 교차점을 말하며, 링크(link)는 사슬을 형성하는 고리, 바퀴를 말하는데 물류에서는 유통센터 등의 결절 점에 대하여 물자의 유통경로인 도로, 수로, 또는 공로라는 교통의 경로를 말한다.

Ⅲ. 읽을거리

2020년 세계 톱10 목표로 한국판 토종 DHL 만든다

국토해양부(장관 권도엽)는 오는 2020년까지 글로벌 톱10의 물류기업을 만들기 위해 다양한 정책을 시행한다. 국내 물류기업의 해외시장 진출을 활성화하고 DHL, UPS, FedEx와 같은 세계적 수준의 글로벌 물류기업을 육성하기 위한 정부의 지원체계가 한층 강화된다. 국토부는 글로벌 성장 잠재력이 높은 물류기업을 선정하여 다양한 지원을 제공하는 내용을 담은 '글로벌 물류기업의 선정 및 육성에 관한 규정' 을 신설하여 본격적인 시행에 나섰다.

물류경쟁력 세계 23위 규모

물류산업은 대표적인 서비스 산업으로, 국내시장의 경우 2009년 기준으로 기업 수 16만 여 개, 종사자는 약 55만명, 매출액은 총 75조원에 달하며, 연 평균 9%의 고성장을 유지하고 있다. 세계 물류시장은 2008년 기준 2조 9,799억 달러로 추산되며, 2013년에는 3.3조 달러 규모로 전망되는 등 지속 성장 중이다. 이는 2010년 우리나라 GDP의 약 3배, 세계 반도체 시장의 10배 이상 규모로 거대하다.

최근 우리나라가 세계 9번째로 무역규모 1조 달러를 돌파하고 수출규모 세계 7위, 무역량 세계 9위 등 무역대국으로서의 위상이 날로 높아지고 있지만, 국내 물류산업은 이에 걸맞은 수준에 이르지 못하고 있는 실정이다. 세계 5~6위권의 해운 · 항공산업과 인천공항, 부산항과 같은 세계적 규모의 물류인프라를 보유하였으나, 우리나라는 지난해 세계은행이 발표한 물류경쟁력 순위에서 155개국 중 23위를 기록하였을 뿐이다.

DHL과 같은 글로벌 기업에 비해 국내 물류기업의 상황은 더 열악하다. 선진 물류기업들은 끊임없는 M&A를 통해 규모를 대형화하고 과점시장을 형성하여 시장지배력을 강화하고 있지만, 국내 물류기업은 해외진출 초기 단계에 있는 형편이다. 세계1위인 독일의 DHL사의 물류 매출액은 약 35.2조원인 반면에 국내1위 업체인 글로비스(세계 37위)의 매출은 4조원에 불과하다.

국제적 네트워크 산업화 절실

정부가 지난 2006년부터 종합물류기업 인증제도를 시행하여 물류기업의 전문화 · 대형화를 유도하고 해외시장 진출을 촉진하는 데 있어 일정성과(연평균 32.7%, 해외매출액 55.4% 증가)를 거두고 있으나, 아직 글로벌 수준에는 미흡한 실정이다. 특히, 해외 현지거점 등 글로벌 물류 네트워크가 선진 물류기업과 비교할 때 크게 부족한 실정이며, 이는 네트워크 산업 특성상 핵심 경쟁력의 저하로 이어지고 있다.

일례로 국내기업인 삼성전자도 전체 물류의 절반(해외물류의 70%) 수준을 DHL 등의 외국기업에게 맡기고 있는데, 이는 전 세계를 상대로 제품을 생산 · 판매하는 기업 입장에서는 글로벌 물류 네트워크를 갖춘 기업에게 물류를 맡겨야 비용이 절감되기 때문이다.

최근 1년 동안 정부가 물류기업 CEO 면담 등 지속적으로 업계의 의견을 수렴한 결과, 공통적으로 제기된 애로사항 역시 해외 네트워크 확장의 어려움이었는데, 구체적으로 현지어가 가능한 물류 전문인력 부족, 현지정보 입수 시행착오, 투자자금 부족 등이었다.

글로벌 네트워크 확장지원 제도 마련

이에 국토해양부는 종합물류기업 인증제도의 다음 단계로서 글로벌 물류기업 선정 · 육성 제도를 마련하였으며, 동 제도를 통해 물류기업에 제공되는 정부의 지원은 다음과 같다.

- 글로벌 인턴: 국내 물류학과를 졸업한 취업예정자를 대상으로 글로벌 인턴을 선발('12년 약 60명)하고, 물류기업이 해외 현지법인에 파견할 경우 교육 · 체류비용 등을 지원할 예정이다.
- 현지 채용인력 교육지원: 물류기업이 현지법인에서 채용한 인력을 본사의 물류시스템을 이해할 수 있도록 국내에서 교육할 경우에, 커리큘럼 개발과 교육비용을 지원할 예정이다.
- 금융지원: 수출입은행과 협조하여 물류기업이 현지법인 설립 · 사무소 개설, 물류센터 개발투자, 글로벌 M&A 등을 추진하는 경우에 필요한 자금을 수출

입은행에서 대출할 경우, 금리를 최대 0.5% point(현행 금리 기준) 우대할 예정이다.

해외화주에 대한 물류 서비스 제공시 리스크를 완화하기 위한 관련 보험의 요율 인하는 향후 확대할 계획이다. 이외에도, 해외진출 사업타당성 조사와 진출국가 초기정착에 필요한 컨설팅(화주기업 유치, 수배송 네트워크 확보, 현지법인 설립 등)을 지원하는 방안도 KOTRA 등 유관기관과 함께 마련할 계획이다.

이러한 지원을 제공받을 수 있는 기업은 종합물류기업 인증을 획득한 기업 중에서 해외매출이 총 매출의 10% 이상이고 해외진출 사업계획 평가에서 우수 등급 이상을 받은 기업으로 선정할 예정이며, 모집 공고(12월말)와 선정 심사를 거쳐 내년 4월경 1차 육성대상 기업을 확정 · 공고할 예정이다.

물류시설개발종합계획 수립

국토해양부는 '21세기 초우량 물류 선진국가 건설'을 실천하기 위한 연동계획으로 국가물류기본계획(2001~2020)의 기본방향에 따라 '물류시설개발종합계획'(2013~2017)을 올해 안에 수립할 계획이다. 이는 물류시설의 중복 · 과잉 투자를 방지하고 체계적인 물류시설 공급으로 효율적인 물류 네트워크 구축방안을 모색하기 위함이다.

물류시설개발종합계획은 물류시설의 합리적 개발 · 배치 및 물류체계의 효율화 등을 위한 물류시설의 개발에 관한 5개년 단위 종합계획으로 ▲화물가치를 높이는 통합물류체계 구축, ▲지역개발과 교통체계와 조화를 이루는 물류시설 구축, 물류거점 개발 및 연계강화에 중점을 둔다는 방침이다.

한편 2013년 아세안의 물류시장 개방에 있어 빠르게 움직이고 있는 중국과 일본, 인도 등에 대한 대응전략도 시급한 상황이다.

(경제풍월, 2012년 4월호) 배만섭 기자

생각해 봅시다

1. 우리나라에서 종합물류기업 인증제가 시작된 이유가 무엇인지 생각해 봅시다.
2. 종합물류기업의 등장으로 화주가 얻을 수 있는 이점은 무엇인지 생각해 봅시다.

제2장

물류활동의 구성요소

제2장

물류활동의 구성요소

I. 중요내용 핵심요약

출제경향 예상분석

- 철도, 자동차, 선박, 항공운송
- 보관의 의의 및 창고의 기능
- 하역, 포장, 유통가공의 의의 및 기능
- 물류 경로

1. 운송 · 배송활동

물류거점 간의 상품 이동을 운송 혹은 배송이라고 한다. 일반적으로 장거리 대량의 상품의 이동을 운송이라 하고, 단거리 소량의 상품이동을 배송이라 한다.

운송 혹은 배송시 이용하는 수단은 자동차, 철도, 선박, 항공기 중의 어느 하나 또는 둘 이상의 결합이 된다. 화물을 운송하는 경우 어떤 운송수단을 선택하는가는 물류 합리화의 관점에서 매우 중요하다. 운송수단에는 제각기 특징이 있기 때문에, 운송 서비스의 특색, 내용을 충분히 파악하여 최적 수단을 선택하고, 각 수단을 합리적으로 조합하여 상품 유통을 원활하게 수행하는 것이 필요하다.

(1) 철도운송

① 장점

- 대량의 상품을 일시에 효율적으로 운송하는 데 적합함
- 대량이며 운임부담력이 작은 상품의 중 · 장거리 운송에서는 운임이 싸고 경제적임
- 기후의 영향을 비교적 받지 않는 운송이 가능함
- 궤도 운송이기 때문에 사고가 적고 안전도가 높음
- 거점 간 직행 운송 방식이므로 거점과 그 주변 지역에서는 유리함

② 단점

- 근거리 운송의 운임은 비교적 높음
- 긴급시에 배차 관계로 운송이 불가능한 경우가 있음

(2) 자동차운송

① 장점

- 문전에서 문전까지의 일관 서비스에 적합하며, 언제라도 이용할 수 있어 적시성과 융통성이 높음
- 소 · 중량 상품의 근거리 운송에서는 운임이 싸고 경제적임
- 운송 도중 하역이 거의 필요 없고, 운송 중의 충격이 경미하여 하역 포장은 비교적 간단함

② 단점

- 대량 운송에는 적절하지 않음
- 장거리 운송은 운임이 일반적으로 높음

(3) 선박운송

① 장점

- 운임부담력이 작은 대량 상품의 원거리 운송에 적합하며 싸고 경제적임
- 원재료 등 벌크 화물을 대량 운송하는 경우, 특히 전용선에 의한 운송 및 하역의 합리화가 가능하고 효과적임

② 단점

- 운송 속도가 타 기관에 비해 느림
- 항만에서 하역비 등이 비교적 높음
- 기후에 의해 하역이나 항행이 좌우됨
- 운송의 안정성과 정확성의 면에서 철도나 자동차에 비해 떨어짐

(4) 항공운송

① 장점

- 운송 속도가 아주 빠름
- 운임부담력이 큰 소량 상품의 중 · 원거리 운송에 적합함
- 포장이 비교적 간단함

② 단점

- 운임이 높기 때문에, 저가격 상품의 운송에는 부적합함
- 중량 제한이 있음
- 공항에 가까운 도시 이외에는 이용이 어려움

(5) 운송방식의 선택

제품의 운송에 적합한 운송방식을 선택할 때에 필요한 결정요인으로는 대상 화물의 특징이 중요하다. 이 특징의 주요 내용은 다음과 같다.

① 직접적 특징

- 제품수명, 진부화, 부패의 속도
- 밀도 또는 그 역수
- 상품 가격

② 간접적 특징

- 1일 판매량과 매상고
- 계절성
- 고객의 규모와 위치
- 시장 점유율과 경합

2. 보관

(1) 의의

생산과 소비(혹은 판매) 사이에는 많든 적든 시간적 격차가 있기 마련인데, 이 수요 공급의 시간적 조정이 보관 활동의 주요 기능이다. 보관은 시간적 격차의 조정뿐만

아니라 가격에도 관련하기 때문에, 수급 조정을 목적으로 하는 '시간조정'과 '가격조정'의 두 가지 기능을 가지고 있다고 보는 이들도 있다.

전통적으로 창고 업무는 지금까지 회사의 원자재, 반제품 및 완성품을 보관함으로써 제조와 마케팅의 양자를 보조하는 기능으로서의 역할을 해 왔다. 그런데 최근 경제동향이 변화하였기 때문에(운송비의 증대, 금리의 인상, 설비의 확장비나 대체비의 증가 등), 많은 회사에서는 운송망과 물류정책을 평가하고 바로잡지 않으면 안 되었다. 물류 관리자는 지금까지는 운송과 재고관리의 경제성을 추구하는 데 그쳤다. 그러나 종합적 물류의 중요성을 강하게 자각하기 시작한 일부 관리자는, 창고업무는 물류 시스템의 중요하고 불가결한 일부분이며, 타 업무와 마찬가지로 중요한 개선 기회를 제공할 수 있음을 실감하게 되었다.

(2) 창고의 기능과 재고관리

① 창고 기능

창고비는 중요한 비용이며 더구나 회피 가능한 원가이기 때문에, 모든 회사는 창고 업무를 필요로 하는 이유와 창고 업무를 실시하는 방법을 중시해야 한다. 배송망이 닿는 곳에서 창고기능에 의해 제품원가가 인상되기 때문에, 일부의 창고 작업을 중지하면 제품원가의 일부를 삭감할 수 있다.

마찬가지로 완성품을 조립 공장에서 고객까지 직송하면 공장 창고와 중간 창고의 쌍방에서 요구하는 창고비를 삭감할 수 있다.

② 창고 업무

창고 업무는 제품을 입고(入庫)하기 위해 이동하고 보관하는 데 필요한 입고 처리 과정에서 시작하여, 출고제품의 출고 관련과정에 이르는 하나의 물적 시스템으로 생각할 수 있다. 이러한 물적 시스템에는 ㉠ 물적인 흐름을 관리하고, ㉡ 입고 이동과 출고 이동 간에 재고품이 분실되지 않도록 노력하고, ㉢ 창고 내에서 실시하는 모든 활동을 기록하는 등 통제를 한다. 이들 창고활동은 〈표 2-2〉와 같이 나타낼 수 있다.

③ 창고 종류

보관 활동은 창고가 주체가 되는데, 그 종류는 다양하다. 타인의 물품을 위탁받아

〈표 2-1〉 물류원가의 계산방식

첫 번째 예		두 번째 예	
공공창고와 배송센터를 사용하는 경우	단위비용 (단위: 원)	고객에게 직송하는 경우	단위비용 (단위: 원)
원자재 메이커		원자재 메이커	
원재료 입하운송	2,000	원재료 입하운송	2,000
공장창고 원재료	1,000	공장창고 원재료	1,000
제조공정		제조공정	
공장창고 완성품	1,000	공장창고 완성품	1,000
시설간 운송	3,000	시설간 운송	
배송센터	3,000	출하운송	3,000
출하운송	1,000		
창고비와 운송비의 합계	11,000	창고비와 운송비의 합계	7,000

〈표 2-2〉 창고 활동의 요약

투입	처리				산출
입고	입고이동	보관	오더파킹	포장 · 파킹 출고준비	출고
운송기관에서 화물을 내린다. 제품의 파손여부를 점검한다.	제품의 보관 장소를 식별하고, 재고 기록을 갱신한다.	제품을 물리적으로 보관한다.	제품을 보관 장소에서 꺼낸다. 재고 기록을 갱신한다.	제품을 적절하게 포장하거나 레이블을 붙여 출구로 옮긴다.	운송기관에서 싣는다. 화물인도증과 출하통지서를 작성한다.

핵심 Note

▸ 창고의 중요한 기능
① 저장
② 혼재
③ 생산 물류
④ 배송
⑤ 예측 불능 사태에서의 대응 계획

창고에 넣고 보관하는 것을 업으로 하는 경우, 그 창고는 영업 창고라고 한다. 창고를 용도, 구조, 보관 물품, 입지 등의 관점에서 분류하면 다음과 같다.

- **용도에 의한 분류:** 자가 창고, 영업 창고, 공공 창고, 보세 창고
- **보관 물품에 의한 분류:** 원료 창고, 제품 창고, 냉장 창고, 위험품 창고, 농업 창고, 야적 창고, 정온(定溫) 창고
- **구조에 의한 분류:** (평옥)平屋 창고, 다층 건물 창고, 자동화 창고, 사이로
- **입지에 의한 분류:** 항만(부두) 창고, 내륙 창고, 역 창고, 터미널 창고, 도시 창고, 공장 창고

④ 재고관리

재고관리란 일반적으로 유통과정에서의 상품의 수량적인 관리를 말한다. 적정량의 재고확보를 위해서 오늘날에는 컴퓨터가 활용되고 있으며 POS(판매시점정보, Point of Sales) 시스템의 도입에 의해 단품관리 시스템을 많이 도입하고 있다. 단일 제품 수준에서 재고관리가 가능해진 대형 소매점은 최소의 재고 유지를 지향하고, 그 결과 거꾸로 납입 도매업의 재고관리나 납품 비용의 상승을 발생시킨다고 하는 문제점도 있다.

그러한 문제점에도 불구하고, 컴퓨터에 의한 재고관리의 고도화는 단지 상품의 재고상태를 파악하는 것뿐만 아니라, 그 결과는 각종 전략계획과 합리화계획 등에 활용되고 있다.

3. 하역활동

상품의 운송, 보관 활동에 수반되어 발생하는 반출입 작업을 하역이라고 한다. 하역활동을 구체적으로 분해하면, 예컨대 도매업의 경우 메이커로부터 상품이 운반되어 온 것을 차에서 '내려', 창고 내 소정의 장소로 '이동하고', 소매점으로부터의 주문에 응해 '끄집어 내어', '분류하고', '화물을 정리하며', 배송 차에 '싣는다' 고 하는 일련의 작업이 하역활동이다.

하역은 그 발생 장소에 의해 창고 하역, 항만 하역 등으로 구분되고, 운송수단에 의해 화차 하역, 선박 하역 등으로, 화물 형태에 따라 벌크 화물 하역, 케이스 하역, 팔레트 하역, 컨테이너 하역 등으로 구분되고 있다.

핵심 *Note*

▶ 근래 물류센터가 근대화, 고도화하는 속에서 하역에서도 특히 분류나 picking의 중요성이 높아지고 있다. 하역을 효율적으로 행하기 위해서는 팔레트화나 컨테이너화 같은 유니트 로드(unit load)화를 도모하고, 하역의 기계화와 생력화(省力化)를 실현하는 것이 바람직하다.

유니트화의 목적을 요약하면 다음과 같다.

- 취급단위를 어느 정도 크게 해서 작업 능률을 올린다.
- 운반의 간편성을 제고시킨다.
- 취급단위를 균일하게 하여 작업의 표준화를 도모한다.
- 개별화물에 손이 닿지 않도록 하여 물품의 보호 효과를 향상시킨다.

4. 포장활동

포장은 내용물의 보호, 하역의 편의, 유니트화, 상품의 구분 표시 등을 목적으로 하고 있다. 많은 경우 포장은 생산 공정의 최후에 위치하고, 그 이후는 물류의 공정이기 때문에 생산과 물류의 접점에 있다. 포장은 개장, 내장, 외장으로 분류되는데 그 각각을 살펴보면 다음과 같다.

(1) 개장

낱개의 물품에 대한 포장이다. 물품의 상품 가치를 높이기 위해 혹은 물품을 보호하기 위해 적절한 재료, 용기 등을 물품에 덧붙인 상태 혹은 덧붙이는 기술이다. 그리고 상품에서는 표시 등 정보 전달의 매체로도 이용할 수 있다.

(2) 내장

포장 화물의 내부에 하는 포장이다. 물품에 대해 물, 습기, 광열, 충격 등이 가해지지 않도록 적절한 재료, 용기 등을 물품에 덧붙인 상태 혹은 덧붙이는 기술이다.

(3) 외장

포장 화물의 외부에 하는 포장이다. 물품 또는 포장 용품을 상자, 포대 등의 용기에 넣고 기호, 화인 등을 덧붙인 상태 혹은 덧붙이는 기술이다.

(4) 상업포장과 공업포장

① 상업포장은 상품을 매력적으로 하고 소비자의 구매의욕을 환기하기 위한 포장이다. 상품을 보호한다고 하는 물리적인 기능보다도 마케팅적 기능을 중시하고 있다.
② 공업포장은 운송포장이라고도 하는데, 생산거점에서 마지막의 판매거점까지 상품을 정리하여 안전하고 확실하게 보내기 위한 포장이다.

5. 유통가공

유통가공이란 유통단계에서 행해지는 제품의 간단한 가공이나 조립, 재포장, 주문에 맞추는 조정 등의 작업을 의미한다. 예컨대 식육, 선어 등을 고객의 주문에 따른 해체, 조정, 가전제품의 조립, 진열된 의료품의 가격표 부착이나 옷걸이 걸기 등이 여기에 해당한다.

기업의 네트워크 간 경쟁이 치열한 가운데, 생산공정과 판매거점까지 포함한 형의 공급 네트워크의 재편성이 일어나고 있는 지금, 유통가공이 변화의 핵심이 되고 있다. 유통가공의 목적, 종류 및 실행 장소를 요약하면 〈표 2-3〉과 같다.

〈표 2-3〉 물류원가의 계산방식

목적	① 판매촉진(고객 니즈에의 적합) ② 생산효율지원(계획, 대량생산지원) ③ 물류합리화(운송 로트화, 타이밍 조정, 식별정보 부가)
종류	소분류, 가격표 부착, 레이블 부착, 선별, 마킹, 조립분해, 설치, 배선, 절단, 표면가공, 열처리, 가열, 냉각 등
실행 장소	유통센터, 운송중, 점포, 판매시점 등

6. 물류정보

물류정보는 기업의 물류활동에 의거하여 발생하는데, 물류의 제 기능인 운송, 보관, 하역, 포장 및 유통 가공을 원활하게 하기 위해 필요 불가결한 것이다. 물류정보를 물류활동에서의 역할로 분류하면, 다음 다섯 가지가 포함된다.

- 수주정보
- 재고정보
- 생산지시 정보(구입지시 정보)
- 출하정보
- 물류관리 정보

물류정보 시스템의 목표는 첫째로 고객 서비스의 향상이다. 즉 주문을 받은 상품을 신속, 정확하게 보내는 것이다. 둘째의 목표는 총물류 비용의 삭감이다. 이것은 물류활동에 관계하는 낭비를 배제하고, 원활하고 효율적인 물류 시스템을 운용하여 총비용을 삭감하는 것이다.

핵심 *Note*

▶ 물류정보의 특징

① 정보의 절대량이 많다.
② 물류 수요가 클 때와 보통일 때의 정보량에 차이가 많다.
③ 정보의 발생원, 처리장소, 전달처가 광역적으로 분산되어 있다.
④ 화물과 정보에서 흐름의 동시성이 요청된다.
⑤ 상류 등 타 부문과의 관련성이 높다.

그러나 이 두 목표에는 상호 상반되는 요소가 포함되어 있다. 즉 고객 서비스의 향상과 비용삭감은 트레이드 오프의 관계에 있다. 비용의 삭감에 힘을 쏟으면 고객 서비스에 약간의 희생을 초래하지 않을 수 없고, 반면에 고객 서비스의 대폭적인 향상은 물류 비용을 인상시킨다.

따라서 물류정보 시스템은 물류기능들을 관리하면서, 이 점을 적절하게 조화시키는 역할을 맡는다고 할 수 있다.

그림 2-1은 물류기능의 합성을 나타내고 있다. 이들 여섯 가지 물류활동의 부분적 기능을 합성하면, 물류에서 요구되고 있는 전체적 기능을 창출할 수 있다.

전체적 기능이란 '제품을 고객이 이용할 수 있는 상태로 한다'는 것이다. 이와 같이 운송, 보관, 포장, 하역, 유통가공, 물류정보는 물류의 목적을 달성하기 위한 수단이다.

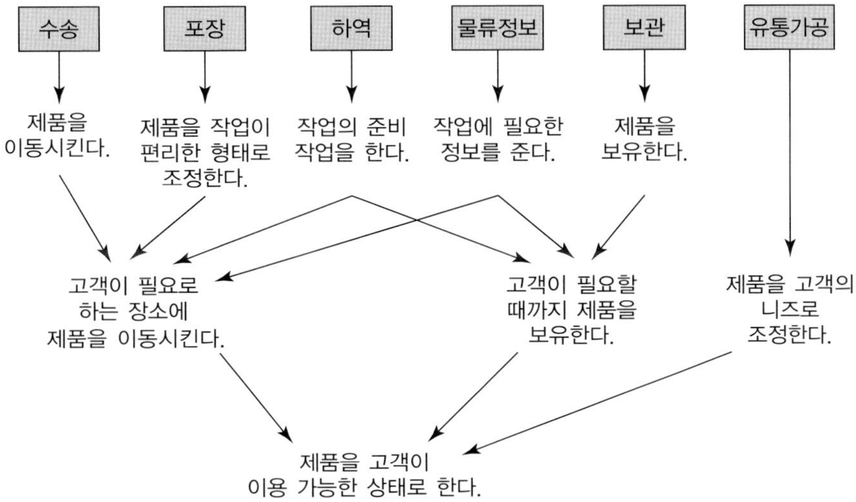

그림 2-1 물류경로

제2장

물류활동의 구성요소

II. 핵심문제 및 예상문제

출제포인트

- 각 운송수단(방식)의 장 · 단점
- 포장, 보관, 하역의 기능
- 물류 표준화
- 유닛 코드 시스템

객관식 연습문제

1. 다음 중 기후의 영향을 비교적 받지 않는 운송이며, 긴급 시 배차관계로 운송이 불가능한 경우가 있는 운송과 관련이 많은 것을 고르시오.

① 철도운송　② 자동차운송
③ 선박운송　④ 항공운송
⑤ 복합운송

해설 | 철도운송(제2장 1절 참조)　답 ①

2. 다음 중 문전에서 문전까지의 일관서비스에 적합하여, 대량운송에 부적절한 운송과 관련이 많은 것을 고르시오.

① 철도운송　② 자동차운송
③ 선박운송　④ 항공운송
⑤ 복합운송

해설 | 자동차운송(제2장 1절 참조)　답 ②

3. 다음 중 운임부담력이 작은 대량상품의 원거리 운송에 적합하며 싸고 저렴한 반면에, 기후에 의해 운송이 좌우되기 쉬운 운송과 관련이 많은 것을 고르시오.

① 철도운송　② 자동차운송
③ 선박운송　④ 항공운송
⑤ 복합운송

해설 | 선박운송(제2장 1절 참조)　답 ③

4. 다음 중 운송속도가 아주 빠르며 운송부담력이 큰 소량상품의 운송에 적합한 반면, 저가격 상품의 운송에 적합하지 않은 운송과 관련이 많은 것을 고르시오.

① 철도운송 ② 자동차운송
③ 선박운송 ④ 항공운송
⑤ 복합운송

해설 | 항공운송(제2장 1절 참조) 답 ④

5. 다음 중 '보관' 의 기능과 관련이 많은 것을 고르시오.

① 시간조정과 가격조정 ② 가격조정과 구역조정
③ 구역조정과 단위조정 ④ 단위조정과 시간조정
⑤ 시간조정과 구역조정

해설 | 시간조정과 가격조정, 보관활동의 중요한 두 기능이 시간적 조정과 가격조정 기능이다.
답 ①

6. 다음 중 유니트화의 목적과 관련 없는 것을 고르시오.

① 취급단위를 어느정도 작게 해서 작업능률을 높임
② 운반의 간편성 제고
③ 취급단위를 균일하게 하여 작업 표준화 도모
④ 개별화물에 손이 닿지 않도록 하여 물품의 보호 효과 향상
⑤ 판매 촉진

해설 | 판매 촉진은 유니트화의 목적과 관련이 적다. 답 ⑤

7. 물류환경의 변화에 관한 다음 설명 중 가장 거리가 먼 것은?

① 제품 수명주기의 연장
② 소비자의 구매욕구 다양화
③ 과학기술의 급속한 발전
④ 다품종 소량생산 시대
⑤ 유통시장 개방 등 무역 자유화 진전

해설 | 제품 수명주기가 짧아지고 있다. 답 ①

8. 제품의 운송에 적합한 운송 방식 선택에 있어 화물의 특징이 중요하다. 다음 중 화물 운송 선택에 있어 직접적 특징에 해당하지 않는 것을 고르시오.

① 제품수명, 진부화 ② 부패의 속도
③ 밀도 또는 그 역수 ④ 상품 가격
⑤ 1일 판매량

해설 | 1일 판매량은 간접적 특징에 가깝다. 답 ⑤

9. 제품의 운송 방식의 선택 중 간접적 특징에 해당하지 않는 것을 고르시오.

① 1일 판매량과 매상고 ② 계절성
③ 고객의 규모와 위치 ④ 시장 점유율과 경합
⑤ 부패의 속도

해설 | 부패의 속도는 직접적 특성에 해당한다. 답 ⑤

10. 생산과 소비(혹은 판매) 사이에는 많든 적든 시간적 격차가 있기 마련인데, 이 수요 공급의 시간적 조정이 ( ) 활동의 주요 기능이다. 괄호의 내용이 무엇인지 고르시오.

① 유통 ② 보관
③ 하역 ④ 포장
⑤ 가공

해설 | 보관 답 ②

11. 다음 중 창고 기능에 해당하지 않는 것을 고르시오.

① 저장 ② 혼재
③ 생산 물류 ④ 판매
⑤ 예측 불능 사태에의 대응 계획

해설 | 판매, 일반적으로 판매는 창고 기능으로 보지 않는다. 답 ④

12. 상품의 운송, 보관 활동에 수반되어 발생하는 반출입 작업을 무엇이라고 하는가?

① 포장 ② 하역
③ 보관 ④ 유통
⑤ 가공

해설 | 하역, 예컨대 도매업의 경우 메이커로부터 상품이 운반되어 온 것을 차에서 '내려', 창고 내 소정의 장소로 '이동하고', 소매점으로부터의 주문에 응해 '끄집어 내어', '분류하고', '화물을 정리하여', 배송차에 '싣는다' 고 하는 일련의 작업이 하역이다. 답 ②

13. 유니트화의 목적에 대한 설명 중 틀린 것을 고르시오.

① 취급단위를 어느 정도 크게 해서 작업 능률을 올린다.
② 운반의 간편성을 제고시킨다.
③ 현재는 가격 대비 효율성이 낮아서 거의 쓰이지 않는다.
④ 취급단위를 균일하게 하여 작업의 표준화를 도모한다.
⑤ 개별화물에 손이 닿지 않도록 하여 물품의 보호 효과를 향상시킨다.

해설 | 가격 대비 효율성이 높다. 답 ③

14. 다음 중 포장과 관련된 설명으로 잘못된 것을 고르시오.

① 낱포장이란 팔레트 및 컨테이너 등을 사용하지 않고 포장화물 자체를 결속재료 등을 사용하여 단위화하는 것을 말한다.

② 포장 설계시 고려해야 할 사항으로는 하역성, 표시성, 작업성, 경제성, 보호성 등이 있다.

③ 포장의 표준화는 하역작업의 능률을 향상시켜 유통의 합리화를 도모하는 것이다.

④ 적정포장이란 상품의 품질보존, 취급상 편리성, 판매촉진 등을 만족시키는 가장 경제적인 포장을 말한다.

⑤ 포장은 내용물을 보호하고 취급을 편리하게 하여 판매를 촉진하는 물류의 시발점이라 할 수 있다.

해설 | 낱개 포장이란 물품의 상품 가치를 높이기 위해 혹은 물품을 보호하기 위해 적절한 재료, 용기 등을 물품에 덧붙인 상태 혹은 덧붙이는 기술이다. 답 ①

15. 물류정보를 물류활동에서의 역할로 분류하는 데 있어서 다음 중 관련 없는 하나를 고르시오.

① 수중정보 ② 재고정보

③ 생산지시 정보(구입지시 정보) ④ 판매정보

⑤ 출하정보

해설 | 판매정보는 속하지 않는다. 답 ④

16. 물류정보의 특징들 중 관련이 없는 하나를 고르시오.

① 정보의 절대량이 많다

② 물류 수요가 클 때와 보통일 때의 정보량에 차이가 많다.

③ 정보의 발생원, 처리장소, 전달처가 광역적으로 분산되어 있다.

④ 화물과 정보에서 흐름의 동시성이 요청된다.

⑤ 상류 등 타 부문과의 관련성이 적다.

해설 | 상류(商流) 등 타 부문과도 관련성이 매우 높다. 답 ⑤

17. 유닛로드 시스템(Unit Load System)을 도입하기 위한 선결과제로 가장 거리가 먼 것을 고르시오.

① 창고규모의 표준화 ② 팔레트 표준화

③ 수송 장비 적재함의 규격 표준화 ④ 거래단위의 표준화

⑤ 운반하역 장비의 표준화

해설 | 창고규모를 표준화시키는 것은 유닛로드 시스템 도입과 관련이 없다. 답 ①

18. 물류 표준화의 당위성으로 적절하지 않은 것을 고르시오.

① 물류활동에 소요되는 물류비용의 절감
② 물류활동과 관련된 각 부문 상호 간의 효과적 연계
③ 물류활동과 관련된 신기술을 적용하기에 적합
④ 물류활동과 관련된 부분들의 독립적 운용을 촉진
⑤ 물류활동의 물류정보화 구축에 밑바탕 역할

해설 | 물류활동과 관련된 부분들의 독립적 운용 답 ④

19. 다음은 주요 운송수단에 대한 장점, 단점을 설명한 것이다. 올바르지 않은 것을 고르시오.

① 도로운송은 근거리와 중거리 운송에 적합하며 문전에서 문전까지의 일관수송이 가능하다.
② 도로운송은 장거리 운송 시 운임이 비싸며 공해문제와 교통체증 등을 발생시키는 문제점이 있다.
③ 항공운송은 운송시간이 짧고 경량품의 장거리 운송에 유리하며, 일관운송체계의 구축이 용이하다.
④ 철도운송은 대량화물의 중, 장거리 운송에 유리하며 운송의 안전성 측면에서 타 운송수단에 비해 장점이 있지만 운행시간의 탄력적 운용이 어려운 측면이 있다.
⑤ 해상운송은 대량화물의 중, 장거리 운송에 이용되며 화물의 중량제한을 적게 받는 장점이 있지만, 기후의 영향을 받는다는 단점이 있다.

해설 | 일관운송체계의 구축이 용이한 수단은 도로운송이다. 답 ③

20. 유통가공의 목적으로 올바르지 않은 것을 고르시오.

① 판매촉진 ② 생산효율 지원
③ 고객 니즈 충족 ④ 물류 합리화
⑤ 보관 관리

해설 | 유통가공의 목적으로는 판매촉진, 고객 니즈에 적합, 물류 합리화, 생산효율 지원이 있다. 답 ⑤

21. 포장 합리화의 원칙과 거리가 먼 것은?

① 집중화, 집약화의 원칙
② 규격화, 표준화의 원칙
③ 소량화, 소형화의 원칙
④ 사양변경의 원칙
⑤ 시스템화, 모듈화의 원칙

해설 | 소량화, 소형화의 원칙은 포장 합리화와 거리가 멀다. 답 ③

22. 물품의 운송과정에서 내용물의 보호 및 취급의 편리성 기능에 중점을 두고 있는 포장분류는 무엇인가?

① 상업포장 ② 공업포장
③ 내부포장 ④ 방청포장
⑤ 개별포장

해설 | 공업포장은 운송포장이라고도 하는데, 생산거점에서 마지막의 판매거점까지 상품을 정리하여 안전하고 확실하게 보내기 위한 포장이다. 반편, 상업포장은 상품 보호라는 물리적 기능보다는 마케팅적 기능을 중시하는 포장이다. 답 ②

23. 포장은 여러 가지 관점에서 분류할 수 있다. 포장을 소비자 포장과 공업 포장으로 나눈 것은 어떤 관점에서 분류한 것인가?

① 형태별 분류 ② 기능별 분류
③ 포장 재료별 분류 ④ 포장 방법별 분류
⑤ 상품별 분류

해설 | 기능별 분류 답 ②

24. 물류 표준화에 해당하지 않는 것은?

① 행정지원의 표준화 ② 보관시설 표준화
③ 포장 표준화 ④ 수송용기 표준화
⑤ 수송장비 표준화

해설 | 행정지원의 표준화는 물류 표준화와 거리가 멀다. 답 ①

25. 다음 중 보관의 원칙 중 출입구가 동일한 경우에 출입구 근처에는 입출하 빈도가 높은 상품을 보관하고 입출하 빈도가 낮은 경우는 출입구에서 다소 먼 곳에 보관한다는 원칙은?

① 회전대응보관의 원칙 ② 위치표시의 원칙
③ 통로면 보관의 원칙 ④ 선입선출의 원칙
⑤ 네트워크 보관의 원칙

해설 | 위치표시의 원칙은 레스토랑의 경우를 예를 들어 다음과 같은 원칙으로 설명할 수 있다.

① 저장위치 표시의 원칙
식자재의 저장위치를 규정하여 물품별 정리규정에 따라 누구든지 필요한 식자재를 찾을 수 있도록 구분한다.

② 분류저장의 원칙
식자재를 최상의 상태로 저장하는 저장기준에 따라 식자재를 분류하여 저장을 하는 것이다.

③ 품질유지의 원칙
일반적인 식품별 적정 저장온도와 습도, 저장기간 등을 식자재에 적용하여 메뉴제공에 문제가 되지 않도록 식자재의 품질을 유지하는 것이다.

④ 선입선출(FIFO)의 원칙
식품의 특성을 고려하여 식자재의 관리는 선입선출을 이용한다. 특히 변질이 쉬운 식자재와 유효기간이 설정된 식자재의 관리에 유의한다.

⑤ 공간활용의 원칙
식자재의 저장과 관리는 위에서 언급한 선입선출이 가능하도록 하며, 동선이라는 요소도 중요하게 고려하여야 한다.

답 ②

단답식 연습문제

1. 주문이나 기타 작업지시 정보에 따라 상품을 보관 장소에서 끄집어 내어 화물정리를 하는 작업을 무엇이라고 하는가?

답 피킹(picking)

2. (　　) 은 내용물의 보호, 하역의 편의, 유니트화, 상품의 구분 표시 등을 목적으로 한다.

답 포장

3. (　　) 이란 유통단계에서 행해지는 제품의 간단한 가공이나 조립, 재포장, 주문에 맞추는 조정 등의 작업을 의미한다.

답 유통가공

주관식 연습문제

1. 창고의 기능에 대해서 설명하시오.

창고의 기능으로는 저장, 수급조정, 혼재, 생산 물류, 배송, 예측 불능 사태에의 대응 계획 등의 기능이 있다.

2. 철도운송의 단점은 무엇인지 설명하시오.

① 근거리 운송의 운임은 비교적 높다.
② 긴급시에 배차 관계로 운송이 불가능한 경우가 있다.

3. POS(Point of Sales)에 대해서 간략하게 설명하시오.

판매시점 정보이며, POS의 대표적인 예는 슈퍼마켓이나 편의점의 계산대에서 볼 수 있다. 상품에 붙어 있는 바코드의 태그를 읽어 들이는 것이다.

4. 포장은 상업포장과 공업포장으로 분류할 수 있다. 상업포장과 공업포장의 차이에 대하여 설명하시오.

① 상업포장은 상품을 매력적으로 하고 소비자의 구매의욕을 환기하기 위한 포장이다. 상품을 보호한다고 하는 물리적인 기능보다도 마케팅적 기능을 중시하고 있다.
② 공업포장은 운송포장이라고도 하는데, 생산거점에서 마지막의 판매거점까지 상품을 정리하여 안전하고 확실하게 보내기 위한 포장이다.

5. 유닛로드 시스템에 대해서 설명하시오.

유닛로드 시스템은 물류 표준화를 전제로 하여야 하며, 물류활동의 효율화를 기할 수 있는 시스템을 말한다.

Ⅲ. 읽을거리

최첨단 기술로 진화하는 물류업계

물류업계가 진화하고 있다. 스마트폰 이용자가 폭발적으로 증가하고 있는 현실에 발맞춰 물류업계도 관련 애플리케이션을 연이어 개발하고 최첨단 기술을 업무에 적용하면서 고객몰이에 나서고 있다.

일반 소비자들과 가장 접촉이 많은 택배 부문에서는 스마트폰과 다양한 서비스를 활용해 편의성과 보안, 효율성을 고루 향상시키는 데 주력하고 있다. 3자물류(3PL) 사업 현장에서는 무선인식전자태그(RFID) 기술을 비롯한 최첨단 기술을 적용, 물류업의 진화를 주도한다는 전략이다.

택배, 보낼 때도 받을 때도 편리하게

CJ GLS는 업계 최초로 기존 온·오프라인에서 제공하던 서비스를 스마트폰에서 모두 이용할 수 있는 'CJ택배' 애플리케이션을 개발해 서비스하고 있다.

이 앱은 택배 예약 접수와 배송 상황 조회는 물론 현재 위치에서 가장 가까운 택배 대리점 위치와 주소, 발송 물품의 무게와 거리에 따른 택배 예상요금 등 다양한 정보를 제공한다. 지금까지 총 3만 5000여 명이 앱을 내려받아 월평균 약 15만 여 건의 배송 조회를 하고 있다.

CJ대한통운은 업계에서 처음으로 구축한 QR(신속대응 시스템, Quick Response) 코드를 통한 배송추적 시스템을 자랑한다. 이 시스템은 고객이 열자리 가까운 운송장 번호를 일일이 입력해야 했던 번거로움을 덜어주고 스마트폰으로 스캔만 하면 자동으로 배송추적 화면으로 이동한다. 때문에 한결 빠르고 편리하게 택배화물이 어디에 있는지 알 수 있다. 특히 반품할 때 QR 코드를 스캔하면 자동으로 접수돼 편리하다.

CJ대한통운이 택배업계 최초로 도입해 운영하고 있는 모바일 운송장 프린터는 고객이 손으로 운송장에 주소 등을 기입하는 불편함을 없앴다. 이 장비는 현장에서 바로 운송장을 출력해 상자에 붙일 수 있어 고객은 전화나 애플리케이션, 인터넷 등을 통해 접수만 하면 된다. 운송장을 출력한 직후부터 배송추적이 가능하다.

업계 최초로 출시한 '원메일'도 좋은 반응을 얻고 있다. '원메일'은 집에서 편리하게 등기우편물을 보낼 수 있는 민간우편 서비스로 일괄 3000원에 전국 어디나 보낼 수 있고 전용 파우치를 제공해 서비스 차별화를 꾀했다.

한진 역시 고객특화 서비스를 개발해 차별화를 꾀하고 있다. 지난 2009년 업계 최초로 도입한 시간지정 집하서비스는 기존 '반나절이나 하루' 단위로 방문 접수하던 보통의 택배서비스가 아닌 '1시간' 단위로 세분해 집하 방문하는 차별화된 특화 서비스다.

이 서비스는 택배기사의 집배송 일정에 따라 무작정 기다려야 했던 보통의 서비스와 달리 고객이 한진택배 홈페이지에서 원하는 방문시간과 장소를 직접 선택할 수 있어 기다림은 줄이고 편리함은 높였다. 이용 건수도 최초 도입 이후 꾸준히 증가하고 있는 추세다.

무인택배 키오스크(KIOSK)인 '스마트박스'도 한진의 작품. 고객이 15인치 터치스크린에 입력한 정보는 바로 전산에 등록되고 내장된 전자저울로 정확한 운임도 측정할 수 있다. 한진은 현재 편의점, 대형마트 등 한진택배 취급점에 단계적으로 스마트박스 설치를 확대하고 있다.

동부익스프레스는 지난 2008년 국내 물류업계 유일의 위치정보사업자로서 화물정보시스템 '엔콜트럭'을 구축했다. 웹을 통한 온라인 업무지원 시스템과 PDA를 통한 쌍방향 무선 데이터 통신시스템을 통해 화주와 차주 모두 24시간 실시간으로 차량과 화물정보를 제공받을 수 있다.

현대로지스틱스 역시 스마트폰과 첨단 택배시스템을 통해 고객에게 정확한 집배송 예정시간과 실시간 화물정보를 제공하고 있다. 특히 택배업계 최초로 고객 전화번호 유출 차단 서비스와 택배요금 카드 결제 서비스를 도입, 국내 택배서비스의 수준을 한 단계 발전시켰다는 평을 받고 있다.

고객 전화번호 보호 서비스는 택배운송장에 실제 고객 전화번호를 기재하지 않고 암호화 프로그램에 의해 변환된 가상전화번호가 운송장에 사용되는 시스템이다. 고객의 연락처는 모두 가상의 임시번호로 전환되며, 운송장에 사용된 가상의 전화번호는 택배 배송 완료와 함께 전산 프로그램에서 자동 삭제된다.

물류센터도 최첨단 기술… '원스톱' 으로 효율↑

최근 물류업계가 적용하고 있는 RFID란 무선주파수를 활용한 자동인식기술로, 무선전파로 각 개체끼리 정보를 주고받는 기술이다. 박스나 개별 제품에 그 제품의 다양한 정보를 담고 있는 태그(작은 칩)를 부착하면 다른 곳에 설치된 리더기가 이를 읽어내 위치와 내용물 등을 확인할 수 있다.

물류업계에서는 태그를 팔레트, 박스, 제품 등에 붙이면 일일이 재고를 파악할 필요가 없고 입출고시에도 리더기가 설치된 게이트만 통과하면 입출고 제품의 종류나 수량을 정확하게 파악할 수 있다. 배송차량에 부착하면 배차, 차량위치정보 등을 실시간으로 확인할 수 있다.

CJ GLS는 지난 2010년 3월 업계 최초로 물류센터에 RFID 시스템을 적용했다. 이 기술을 기반으로 센터 내 랙(선반)에 보관된 제품의 성질, 유통기한, 재고보관일수 등의 정보를 한눈에 파악하고 있다. 또 RFID로 실시간으로 온 · 습도 정보를 수집, 온 · 습도 관리에 활용하는 '쿨 가디언(Cool Guardian)' 도 개발했다.

CJ GLS는 최근 파주 물류센터에 RFID와 태블릿PC를 결합한 스마트 물류시스템을 구축했다. 이 시스템은 제품 출고 분류 등의 업무에서도 탈부착이 가능한 다목적 물류시스템(MPS: Multi Purpose System)과 태블릿PC를 결합시킨 것이다. 작업자가 별도의 작업지시서 없이 출고 업무를 훨씬 빠르게 진행할 수 있다.

상품 주문이 발생하면 RFID 태그가 부착된 피킹 박스가 컨베이어벨트에 투입되고, 각 구역마다 부착된 태블릿PC에 피킹(출고) 상품의 수량과 품목이 나타난다. 작업자가 박스에 상품 적재를 마치면 RFID 태그 정보를 기반으로 자동으로 검수까지 완료할 수 있다. 별도의 라벨 부착이나 바코드 스캔 작업도 필요 없다.

한진은 육상운송, 항만하역, 해상운송 등 사업부문의 기능을 통합해 관리할 수 있는 DLS(전자 물류 시스템, Digital Logistics System)를 자체 개발했다. 또 창고관리시스템(WMS), 운송관리시스템(TMS) 주문관리시스템(OMS) 등 첨단 통합 물류IT 시스템을 도입해 화주의 원자재 구입에서부터 유통, 회수까지 제품의 흐름 전 과정을 관리하고 있다.

특히 지난해 8월에는 화주나 화물운전자가 온라인에서 화물정보를 직접 공유할 수 있는 화물운송정보망 'e트럭(eTruck)' 서비스를 개시했다. 가입 회원 수도 매월 꾸준히 증가해 수도권뿐 아니라 화물운송 수요가 가장 많은 경남권 등 폭넓은 수배망의 전국적인 네트워크를 구축했다.

스마트폰 애플리케이션을 통해 공차등록, 화물검색, 거래요청은 물론 위치관제 시스템을 통한 효율적인 차량운행으로 유류비 부담을 덜고 탄소배출량을 감소시키고 있다. 또 배송이 완료된 후 화물운전자에게 운임을 지급하는 안전결제시스템(에스크로 서비스)을 제공, 고객 편의를 한층 높였다.

동부익스프레스도 전국 주요 항만의 하역거점에서 스마트폰을 활용해 화물의 확인 및 입출고 정보를 현장에서 바로 시스템에 등록한다. 이외에도 전화나 팩스, 이메일로 주고받던 주문 정보 등을 정해진 양식의 전자문서(EDI)를 통해 교환하는 인터페이스를 구현해 적용하고 있다.

현대로지스틱스는 선진 IT 시스템 구축을 위해 고객중심 IT 실현, 운영최적화, 실시간 경영정보체계 확립을 3대 정보화 방향으로 설정하고 국제 3PL 물류의 통합관리를 위한 지식물류시스템 구축에 박차를 가하고 있다.

현대로지스틱스의 IT 시스템은 전사적 자원관리 시스템(ERP)과 데이터웨어하우스(DW) 구축, 고도의 정보처리 능력 배양 등 3차원의 입체시스템으로 운영되고 있다. 물류와 정보의 흐름을 하나로 묶고 정보의 흐름을 실시간으로 분석하는 것이 특징이다.

물류업계 관계자는 "다자간의 연결인 물류가 진행과정에서 흐름이 왜곡되지 않도록 정확하게 파악해 실시간으로 대처하는 것이 중요하다"며 "이를 위해 끊임없는 IT 개발은 필수적이며 스마트 물류시스템이 국내 물류정보화의 수준을 한 단계 끌어올리는 데 큰 역할을 할 것"이라고 말했다.

(뉴시스, 2012-09-26) 추인영 기자 iinyoung85@newsis.com

생각해 봅시다

1. 현재 물류활동에 활용되는 EDI 시스템에 대해 알아봅시다.
2. 국제 물류 업체의 EDI 시스템 도입에 따른 장·단점에 대해 생각해 봅시다.

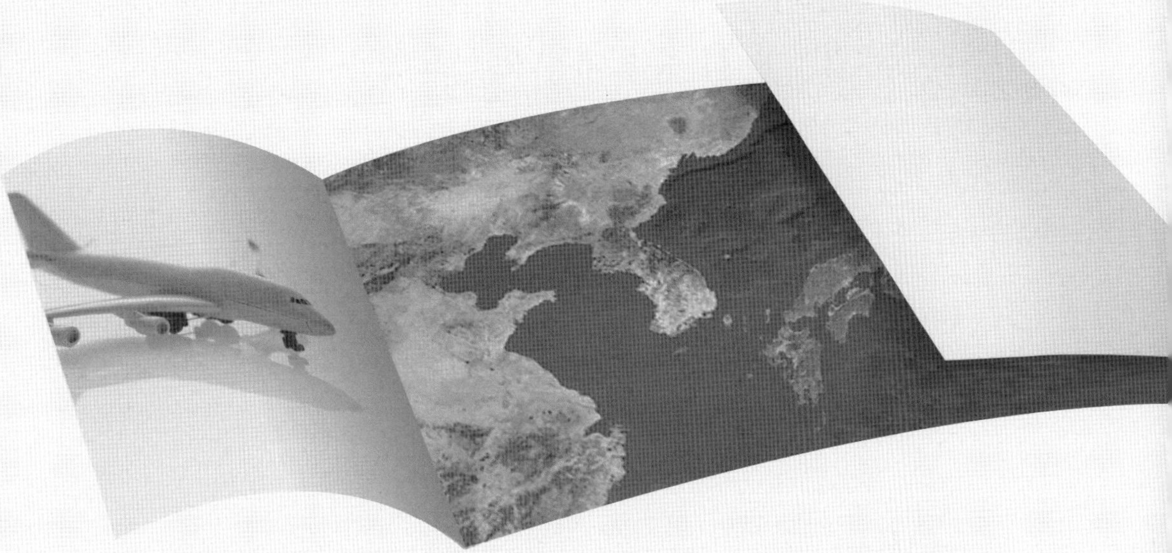

제3장

물류관리

제3장

물류관리

I. 중요내용 핵심요약

출제경향 예상분석

- 물류관리의 의의 및 역할
- 물류원가의 계산방식
- 물류관리 조직의 형태 및 특징

1. 물류관리의 의의와 역할

(1) 물류관리의 의의

물류관리란 경제재의 효용을 극대화시키기 위한 재화의 흐름에 있어서 운송, 보관, 하역, 포장, 정보, 가공 등의 제 활동을 유기적으로 조정하여 하나의 독립된 시스템으로 관리하는 것을 말한다.

(2) 물류관리의 역할

① 고객과 약속한 물류서비스를 틀림없이 제공하는 것이다. 이 때문에 재고관리, 작업관리, 배송관리가 행해진다.

② 동일 서비스를 가능한 한 저비용으로 행하는 것이다. 물품부족을 초래하지 않으면서도 재고는 가능한 한 적게 운영하고, 실수가 없는 작업을 효율적으로 하는 것이 요망된다.

(3) 물류관리의 목적

① 고객서비스의 수준을 향상시키는 데 있다.

② 물류생산성을 효율화시키는 데 있다. 트레이드오프(trade-off) 관계에 있는 물류비용와 고객서비스의 수준을 알맞게 조절한다.

③ 물류 이익을 추구하는 데 있다.

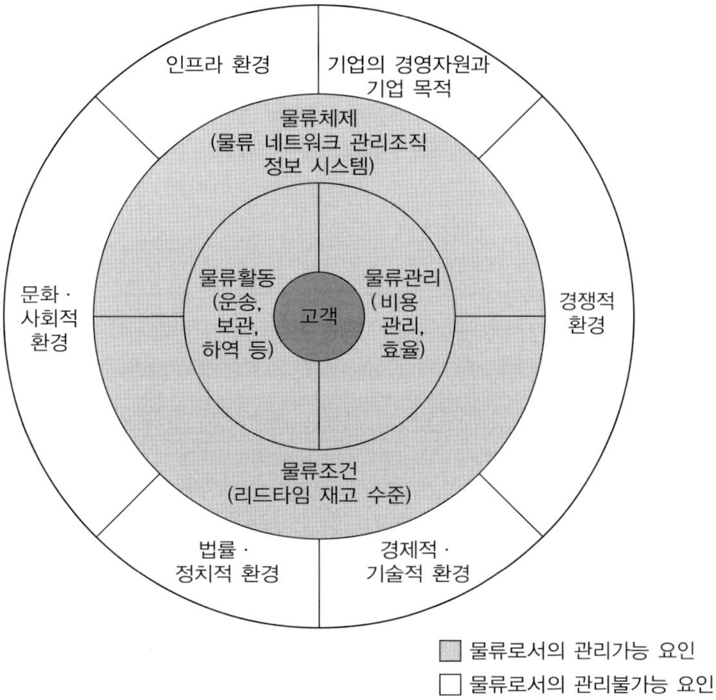

출처: 官不正房, 中田信哉, 물류의 지식, 일본경제신문사, 1996, p.41.

그림 3-1 물류관리의 모델

2. 물류 네트워크

① 물류 네트워크는 물류의 가장 기초적인 부분으로 수급의 시간적 · 공간적 격차를 메우거나 생산시점에서 시장으로 재화를 보내기 위해서는 기능적으로 분업화되거나 혹은 공간적으로 분산된 거점(node)을 네트워크로써 연결할 필요가 있으며, 그러한 구조가 있어야 비로소 '물류' 의 기능이 발휘된다.

② 물류 네트워크는 물류단계와 거점위치라는 두 가지 측면을 지니고 있다. 생산거점으로부터 지역적으로 분산되어 있는 고객의 요구를 충족시키기 위해 시장 구역 내에 일정 재고를 분산 배치해 두지 않으면 안 되는데 여기에 전방의 물류거점이 배치된다. 또한 이 사이에 소수의 집약 거점을 설치하여 효율을 높일 수 있는데 이러한 후방 거점을 '데포(depot)' 라 한다.

③ 제품 물류가 아닌 광의 물류를 고려하면 물류 네트워크는 조달, 생산, 판매 등의 거점을 포함한 네트워크로 다음과 같은 사항이 해당된다.

- 원재료 등을 어디서 조달하고 그것을 위한 거점을 어디에 배치하는가?
- 시장을 어디에 설정하고, 그것을 위한 거점(공장)을 어디에 배치하는가?
- 생산을 어디에서 행하고, 그것을 위한 물류거점을 어디에 배치하는가?

즉 물류 네트워크란 조달 네트워크, 생산 네트워크 그리고 협의의 물류 네트워크가 개별적이 아닌 통합적으로 조합된 것임을 알 수 있다.

핵심 *Note*

- ▶ 물류관리란 경제재의 효용을 극대화시키기 위한 재화의 흐름에 있어서 운송, 보관, 하역, 포장, 정보, 가공 등의 제 활동을 유기적으로 조정하여 하나의 독립된 시스템으로 관리하는 것을 말한다.
- ▶ 물류 네트워크란 조달 네트워크, 생산 네트워크 그리고 협의의 물류 네트워크가 개별적이 아닌 통합적으로 조합된 것임을 알 수 있다.

3. 물류비용 관리

(1) 물류원가의 개념

① 물류활동(포장, 수송, 보관, 하역 및 정보 등)에 소요된 직접 또는 간접비용을 통틀어 말한다.

② 직접비용은 자사 내 물류활동에 소비되는 자가 물류비와 물류활동의 일부를 사외업자에게 위탁하여 그 대가로 지불하는 위탁 물류비로 구분한다.

③ 간접비용은 처음에는 거래선 기업이 지불 또는 소비하지만, 실질적으로는 특정의 제조업자가 부담하는 것을 말한다.

(2) 물류원가 계산의 목적

물류관리의 효율화 내지 합리화를 추구하는 데 있다.

① 물류비 소요규모의 크기와 사내 물류의 중요성을 이해시킨다.

② 물류활동에 있어서 문제점을 파악한다.

③ 물류활동의 계획과 통제, 업적을 평가하는 데 정보를 제공한다.

④ 물류활동의 불합리성을 찾아 생산과 판매의 원활화에 기여한다.

(3) 물류원가 계산

물류관리의 가장 기본이 되는 것은 물류비 실태를 정확히 파악하는 것으로 이를 위해 물류원가 계산이 필수 불가결하다. 물류원가 계산방식에는 관리회계방식과 재무회계방식이 있다.

〈표 3-1〉 물류원가의 계산방식

구분	관리회계방식 물류비 산출	재무회계방식 물류비 산출
내용	물류관리의 목표를 효과적으로 달성하기 위한 활동에 관여하는 인력, 자금, 시설 등의 계획 및 통제에 도움이 되는 회계정보의 작성을 목적으로 한다.	기업활동의 손익과 재무상태를 정적으로 명확하게, 회계제도 속에서 물류활동에 소비된 비용을 추출하여 물적유통비의 기간결과를 파악하는 것이다.
산출방식	물류활동의 관리와 의사결정에 필요한 회계정보를 입수하는 것으로부터 물류활동을 관리 목적에 따라 기능별로 나누어 각각의 기능영역에 있어서 발생한 비용을 집계해 나가는 방식이다.	형태별 비목 중에서 물류활동에 소비된 비용이 혼입되어 계산되고 있기 때문에 이것을 비목마다 배부기준을 근거로 하여 산정한 후, 각각의 형태별 비용항목의 물류부분을 집계해서 물류비의 당해 회계기간의 총액을 구한다.
장점	기능별로 발생한 비용을 집계하기 위해 업무마다 비용을 파악할 수 있으므로, 예산대비의 차이가 회계상과는 관계없이 명확하게 되어 관리통제가 유효하게 행해질 수 있고 물류활동의 개선안과 개선항목을 보다 명확히 파악할 수 있다.	물류비의 기능별 파악은 할 수 없더라도 분류항목에 따라서 비용을 파악할 수 있다. 때문에 새롭게 물류비 계산절차를 만드는 어려움이 없고 당장 필요한 물류비 파악이 가능하다.
단점	기록 자체에 복잡함이 수반되면 현실적으로 행하기에는 상당한 사무적인 절차가 필요하게 된다.	관리회계에 의한 물류비의 파악과 같이 기능별로 자세히 기록되지 않으므로 구체적인 업무평가와 개선목표가 세워지기 힘들다.

(4) 물류비용의 트레이드 오프

① 물류활동에서는 총물류비를 생각할 필요가 있는데, 이 경우 트레이드 오프의 관계를 고려하지 않으면 안 된다. 트레이드 오프란 두 개의 정책목표 가운데 하나를 달성하려고 하면 다른 목표의 달성이 늦어지거나 희생되는 경우의 양자 간의

관계를 말한다.

② 물류활동에서 존재하는 트레이드 오프

- 물류서비스와 물류비용의 트레이드 오프
- 물류서비스를 구성하는 각 개별 기능 간(운송, 보관, 하역, 포장, 유통가공, 정보)의 트레이드 오프
- 물류비용을 구성하는 각 개별 비용 간의 트레이드 오프
- 각 개별 기능과 각 개별 비용 간의 트레이드 오프

③ 트레이드 오프의 사고방식에 의한 물류 합리화는 물류활동에서 인터페이스하고 있는 활동 상호 간, 나아가 기업활동 및 외부요인과 관련해서 총비용 접근에 의해 총물류비의 절감을 도모하는 것, 즉 종합적 최적화를 고려하는 것이다.

(5) 최적 발주량과 재고

기업이 재화를 발주하고 창고에 보관하는 경우 발생하는 발주비와 보관비를 전체적으로 최소로 하는 최적 발주량을 결정할 수 있으며 이와 관련하여 다음과 같은 압력이 발생한다.

① 발주 횟수를 늘리면 발주비용이 증대하므로 보다 큰 로트를 구하려고 하는 압력

② 재고의 평균수준을 높이면 재고유지비용이 증대하므로 보다 작은 로트를 구하려고 하는 압력

따라서 발주량은 재고유지비용과 발주비용의 합이 최소가 되는 것이 바람직하며, 이 발주량을 '경제적 발주량(EOQ: Economic Order Quantity)' 또는 '경제 로트 사이즈(ELS: Economic Lot Size)' 라고 한다.

$$\text{경제적 발주량} = \frac{\sqrt{\text{연간 사용량} \times \text{건당 발주비용} \times 2}}{\text{연간 단위당 재고유지비율} \times \text{구매단가}}$$

핵심 Note

- 물류원가의 계산방식: 관리회계방식 물류비 산출과 재무회계방식 물류비 산출이 있다.
- 물류활동에서는 총물류비를 생각할 필요가 있는데, 이 경우 트레이드 오프의 관계를 고려하지 않으면 안 된다.
- 발주량은 재고유지비용과 발주비용의 합이 최소가 되는 것이 바람직하며, 이 발주량을 '경제적 발주량(EOQ: Economic Order Quantity)' 이라고 한다.
- $경제적\ 발주량 = \frac{\sqrt{연간\ 사용량 \times 건당\ 발주비용 \times 2}}{연간\ 단위당\ 재고유지비율 \times 구매단가}$

4. 물류관리 조직

(1) 물류조직의 형태

① 우리나라 조직의 발달 과정

다음의 네 단계로 구분되어 발달해 왔다.

직능형 조직 → 라인과 스탭형 조직 → 사업부형 조직 → 그리드형 조직

② 분류

- **직능형 조직:** 1950년대까지의 조직 형태로 스탭부분과 라인부분이 미분된 조직 형태를 말한다. 이 조직은 총무부와 경리부에 물류부를, 제조공장에 발송과를, 판매부에 영업과, 창고과를 두는 형태로 되어 있다.

  단점으로는 물류정책과 전략의 수립이 어려우며 업무영역이 부문적으로 흐르기 쉽고 조직 자체가 단순한 형태이므로 미래지향적이지 못하며 업무에 대한 전문성을 유지하기 곤란하다는 점이 있다.

- **라인과 스탭형 조직:** 직능형 조직의 결점을 보완한 조직 형태로 라인과 스탭의 기능을 나누어 세부화한 조직 형태로 물류관리 조직의 핵이 되는 조직 형태이다. 이 조직 형태는 작업기능과 지원기능으로 구분되어 있어 스탭이 라인을 지원한다.

  반면에 탁상 계획이 되기 쉽고, 창조적인 아이디어를 기대하기가 곤란하다는 단점이 있다.

〈표 3-2〉 물류에서의 라인활동과 스탭활동의 내용

라인활동	스탭활동
• 주문처리 • 재고관리 • 창고보관 • 커뮤니케이션 • 차량관리 • 운송	• 재고분석 • 시스템과 절차 • 창고배치 • 자재관리공학 • 지역화 계획

- **사업부형 조직:** 사업부형 조직 형태는 상품을 중심으로 하는 사업부형과 지역을 중심으로 하는 지역별 사업부형을 절충한 조직 형태이다.

  이 조직 형태는 기업의 규모가 커지고 최고 경영자가 기업의 모든 업무를 관리하기가 어려움에 따라 등장한 조직이며, 하나의 조직 자체가 소규모 회사로 인정되므로 최고 경영자의 후계자 육성에 뛰어난 조직으로 평가되고 있다. 현재의 물류조직은 이 조직 형태가 일반적이다.

  단점으로는 사업부 수익이 최우선시되므로 전사적인 설비투자나 연구개발 등의 합리성이 결여되어 경영효율이 저해될 수 있으며 설비투자, 연구개발 등의 통합성이 결여되기 쉽다는 점이 있다.

- **그리드형 조직:** 다국적기업에 많이 이용되고 있으며, 모회사와 자회사 간에 권한 위임이라는 유형으로 모회사의 스탭부문이 자회사(子會社)의 해당 부문을 횡적으로 조망하여 관리 · 지원하는 조직 형태를 말한다.

(2) 로지스틱스 시대의 물류조직

① 과거의 물류는 생산과 판매에서 독립된 독립형 물류조직이었으나 최근 로지스틱스 개념의 도입으로 생산과 물류의 일체화를 추구하고 있다.

② 로지스틱스는 시장 판매동향에 맞추어 상품을 과부족 없이 공급하려는 관리이므로, 시장동향에 즉시 대응할 수 있도록 생산과 매입, 물류라는 상품공급에 관련되는 기능을 통합하여 하나의 체제 속에 포괄하고자 한다. 즉 각각이 정합성을 가지고 움직일 수 있도록 통합적인 기준으로 관리하는 것이다.

핵심 Note

▶ 물류조직의 형태

① 직능형 조직: 1950년대까지의 조직 형태, 스탭부분과 라인부분이 미분된 조직 형태를 말한다.

② 라인과 스탭형 조직: 라인과 스탭의 기능을 나누어 세부화한 조직 형태로 물류관리 조직의 핵이 되는 조직 형태이다.

③ 사업부형 조직: 사업부형 조직 형태는 상품을 중심으로 하는 사업부형과 지역을 중심으로 하는 지역별 사업부형을 절충한 조직 형태이다.

④ 그리드형 조직: 모회사와 자회사 간에 권한 위임이라는 유형으로 모회사의 스탭부문이 자회사(子會社)의 해당 부문을 횡적으로 조망하여 관리 · 지원하는 조직 형태를 말한다.

5. 물류의 문제

경제성장과 함께 물류도 현저히 증가한 반면, 물류수요에 공급이 충분히 대응하지 못함에 따라 물류비용이 상승하고 물류공급 부족이 초래되는 등 물류문제가 경제활동의 애로요인으로 작용하고 있다.

물류 공급의 측면	물류 수요의 측면
서비스 산업의 발전으로 물류 측면에서 대응의 필요를 느끼지 못한 점이 공급의 대응을 지체시켰고, 노동력 수급의 불균형하에서 물류 부문의 구인난, 항만 인프라 등의 지체 등 운송 수단의 정비문제가 부각되고 있다.	소비자 수요가 다양화되고 기업측의 재고 최소화 동향에 따라 수요가 증대하고 있다. 이로 인해 경제활동의 확대를 상회할 만큼 물류가 증가하고 있다.

물류 문제	첫째, 지가상승으로 인한 물류센터나 창고 등의 시설정비비용 상승 둘쌔, 내도시 과밀로 인한 도로체증 유발 및 화물운송효율 저하 셋째, 차량배기가스 및 상품 포장재 소각 등으로 인한 공해 및 소음 발생 등 환경문제 발생

6. 물류문제의 대응방안

(1) 경제활동에서의 대응

① 화주측과 물류측의 파트너십 확립

화주측과 물류측이 공통의 관점에서 파트너십을 확립하는 것은 물류문제를 생각할 때 필요 불가결한 전제라고 할 수 있다.

② 적정한 비용부담

노동력 부족에 의한 인건비 상승에 기인하여 물류비가 급등한 상황에 대해 앞으로는 물류측이 비용을 바르게 산정 · 파악하고, 화주측이 물류비를 독립 비용으로 인식하고, 물류 서비스의 수익에 따른 적절한 비용 분담을 행할 필요가 있다.

③ 물류의 효율화

물류 수급 불균형 해소는 직접적으로 물류의 공동화, 정보화, 표준화 등을 통해 물류의 수급 양면의 효율화를 도모하고, 물류 수요의 적정화 및 물류 공급의 증대를 실현함으로써 가능하다.

- **물류 공동화의 추진:** 공동창고와 공동 배송센터의 설치, 물류 터미널의 공동화 등 물류 공동화는 공동집하, 공동배송, 혼재 등을 통한 운송 로트(lot)의 대량화에 의한 물류수요의 적정화, 돌아오는 운송기관의 활용 및 운송경로 중복의 회피 등에 의한 운송효율 자체의 향상에 의한 물류공급의 증대 효과를 낳기 때문에 그 추진은 물류문제에 대한 대응에서 아주 중요하다.
- **물류 표준화의 추진:** 물류 공동화는 하드(hardware)면의 공동화인 반면, 물류 표준화는 소프트(software) 면의 공동화이다. 물류 표준화는 규격의 표준화와 서비스의 표준화 두 가지로 나누어진다.
- **물류 정보화의 적극 추진:** 국제화가 진행되고, 이동의 범위와 양이 확대하고, 더구나 스피드가 요구되는 현대에 물류정보화는 불가결한 것이다.

④ 물류수요의 표준화

물류수요는 계절 · 요일 등에 의한 변동이 크고, 그것이 특정 시기에 물류에 대한 수요를 집중적으로 불러일으켜 비효율적인 물류 공급체제와 교통체증 등의 원인이 되고 있다. 이 물류수요의 파동성은 상관행 등에 의한 것이 많기 때문에 물류면에서만 발본적인 개선책을 내는 것은 효과가 적다고 본다. 하지만 다음과 같은 대책은 어느 정도의 효과를 기대할 수 있다.

- **비용 개념의 도입:** 물류수요의 집중기에 높은 요금을 설정하는 등 실상에 맞춘 요금 등의 체계를 확립함으로써, 물류작업의 비용 개념을 생산자, 소비자에게 확고히 주지시킴과 동시에 물류수요의 평준화를 제고한다.
- **완충 기능(재고 등 지원시설) 및 제도의 정비, 강화, 확충:** 생산지와 소비지 양쪽에서 창고 등의 지원시설을 정비하고, 물류공급 면에서 기본적인 잠재력을 강화함으로써 물류수요의 파동성을 줄인다.

⑤ 물류공급 면에서의 대응

- **운송기관 분담의 적정화:** 현재 운송기관의 분담을 보면 트럭 운송의 쉐어가 아주 높아, 이것이 배기가스 등의 환경 문제, 운전자 부족 등의 원인이 되고 있다. 그 대응책으로서 철도, 선박으로의 전환, 즉 modal shift가 고려되고 있다. 하지만 단순히 전환한다고 해도 이들 운송기관의 능력에도 한계가 있기 때문에 각 운송기관의 특성을 살려 효과적인 분담을 검토해야 한다. 따라서 지역 간 장거리를 철도나 선박으로 운송하고, 지역 내의 'door to door' 부분을 자동차에 의한 도로 화물운송으로 행하는 조합이 유효할 것이다.
- **노동력 확보:** 최근 물류의 큰 문제점은 노동력 부족인데, 그 해결은 물류문제에 있어서 기본적이면서 아주 중요한 대응책이다. 노동력 확보대책으로서는 대우개선(노동시간, 작업환경, 임금 등), 복리후생의 충실, 인재육성, 여성의 활용, 그리고 성력화 · 합리화 투자 및 성력화 · 자동화의 기술개발을 추진하는 것을 들 수 있다.

⑥ Just In Time(JIT) 방식

소위 소량 · 다빈도 배송은 물류수요 증대를 위시한 물류문제의 한 요인이다. 그러나 이것은 물류활동이 경제활동의 변화에 대응한 결과 생긴 것이라고 하는 측면이 있지만, 소량 · 다빈도 배송을 억제하는 것은 경제활동을 제약하는 것이기도 하다. 이렇게 생각하면 소량 · 다빈도 배송에의 대응은 그 적정화 · 효율화의 방향으로 행해야 한다.

(2) 정책적 대응

① 물류문제에 대한 경제활동의 대응이 원활하게 수행될 수 있도록 정부의 정책적인 지원이 요망된다.

② 이러한 지원 방안에는 다음과 같은 것이 포함될 것이다.

물류의 비효율성에 대한 대응으로서 물류 규격의 표준화, 체계화의 추진, 물류 효율화를 위한 공동배송의 추진, 물류에 관한 정보화의 촉진, 물류 효율화를 위한 규제완화, 상관행에 대한 대응 등을 들 수 있다. 그리고 물류수요 평준화의 추진, 운송기관 분담률 적정화의 추진 및 도로 등 관련 사회간접자본의 충실 등을 위한 정부의 정책적 지원이 필요하다.

핵심 *Note*

- Just In Time 방식도 혼재, 공동집하, 공동배송에 의해 배송방식, 혼재율 등을 검토하면 물류량을 감소시킬 수도 있다.
- 물류문제에 대한 경제활동의 대응이 원활하게 수행될 수 있도록 정부의 정책적인 지원이 요망된다.

제3장

물류관리

II. 핵심문제 및 예상문제

출제포인트

- 물류관리의 중요성
- 물류관리 조직
- 물류비용 관리
- 물류 네트워크

객관식 연습문제

1. 다음 중 "물류 관리에서 총비용 접근에 의해 총물류비의 절감을 도모하는 것" 과 관련 있는 것은?

① Trade Off ② Trade On
③ Off Shore ④ On Shore
⑤ Total Cost Approach

해설 | 트레이드 오프의 사고방식에 의한 물류 합리화는 물류활동에서 인터페이스하고 있는 활동 상호 간, 나아가 기업 활동과 외부요인과의 관련에서 총비용 접근에 의해 총물류비의 절감을 도모하는 것, 즉 종합적 최적화를 고려하는 것이다. 답 ①

2. 물류 네트워크를 설계할 경우 가장 우선적으로 고려해야 할 사항은 어느 것인가?

① 운송효율의 극대화 ② 물류 표준화
③ 대량수송을 통한 규모의 경제 달성 ④ 공차율의 최소화
⑤ 총물류비의 최소화

해설 | 물류 네트워크 설계시 가장 중요한 것은 먼저 총물류비를 최소화하는 것이다. 답 ⑤

3. 다음 중 JIT와 관련성이 적은 것은?

① perfect zero stock ② 불필요한 재고를 줄임
③ 필요한 만큼 생산, 공급 ④ 대량생산, 대량판매
⑤ 재고를 최소한으로 줄임

해설 | JIT는 필요할 때 필요한 만큼만 생산하는 방식으로 대량생산과 대량판매와는 거리가 멀다. 답 ④

4. 경제적 주문량(Economic Order Quantity) 모형에서 총비용은 주문비용과 재고유지비용 및 구입원가로 구성된다. 아래와 같은 조건에서의 경제적 주문량은?

- 연간 수요량: 2,500개
- 1회 주문비용: 4원
- 연간 단위당 재고 유지비용: 8원

① 40개 ② 45개
③ 50개 ④ 55개
⑤ 60개

해설 | 경제적 주문량 $= \sqrt{\dfrac{25,000 \times 2 \times 4}{8}} = 50$ 답 ③

5. 물류원가 계산방식 중 관리회계방식에 관한 설명이 아닌 것은?

① 기록 자체에 복잡함이 수반되면 현실적으로 행하기에는 상당한 사무적 절차가 필요하다.
② 예산대비의 차이가 회계상과는 관계없이 명확하게 되어 관리통제가 유효하게 행해질 수 있다.
③ 물류비의 기능별 파악은 할 수 없더라도 분류항목에 따라서 비용을 파악할 수 있다.
④ 물류활동의 개선안과 개선항목을 보다 명확히 파악할 수 있다.
⑤ 물류관리의 목표를 효과적으로 달성하기 위한 활동에 관여하는 인력, 자금, 시설 등의 계획 및 통제에 도움이 되는 회계정보의 작성을 목적으로 한다.

해설 | ③은 재무회계방식 물류비 산출방법이다. 답 ③

6. 다음 중 물류 네트워크 설계와 관련된 내용으로 잘못된 것은?

① 입지문제와 수송문제는 독립적으로 이루어진다.
② 물류시설 문제는 입지, 시설 수, 시설 규모 등을 결정하는 것이 핵심이다.
③ 물류서비스 및 총물류비 최소화를 고려하여 설정한다.
④ 주요 의사결정 문제는 물류시설 입지, 수송 의사결정, 재고 의사결정 등이다.
⑤ 수송의사결정 부문은 수송수단 선택을 결정한다.

답 ①

7. 물류관리의 중요성이 인식되게 된 원인과 크게 관련이 없는 항목은?

① 소비자 요구의 다양화 ② 대형 할인매점의 증가
③ 재고비의 상승 ④ 다품종 소량생산 체제의 등장
⑤ 운송 시간비용의 증가

해설 | 대형 할인매점의 증가로 인해 물류관리의 중요성이 인식된 것은 아니다. 답 ②

8. 다음 중 기업의 물류조직에 대한 설명으로 잘못된 것은?

① 조직의 형태는 직능형 조직, 라인과 스탭형 조직, 사업부제형 조직, 그리드형 조직 등이 있다.

② 직능형 조직은 라인부문과 스탭부문이 미분화된 조직 형태이다.

③ 라인과 스탭형 조직은 사업부제형 조직의 결점을 보완하여 라인과 스탭의 기능을 분화하고 실제 작업부문과 지원부문으로 분리한 조직으로서 직능형 조직 다음에 등장한 형태이다.

④ 사업부제형 조직은 기본적으로 상품별 사업부제와 지역별 사업부제의 두 가지 유형이 있으며, 라인과 스탭형 조직과 같은 집권조직에 비해 분권적인 조직이라는 특징이 있다.

⑤ 그리드형 조직은 자사의 경영자와 모회사 물류본부의 지시를 받는 이중구조로 되어 있다.

해설 | 라인과 스탭형 조직은 직능형 조직의 결점을 보완한 조직 형태이다. 답 ③

9. 직능형 물류 조직의 특징이 아닌 것은?

① 1950년대까지 대표적인 조직 형태이다.

② 스탭과 라인이 미분리된 조직 형태이다.

③ 업무 영역이 부문적으로 흐르기 쉽다.

④ 물류정책과 전략 수립이 어렵다.

⑤ 다국적기업에 많이 이용되고 있는 조직 형태이다.

해설 | ⑤는 그리드형 조직에 관한 설명이다. 답 ⑤

10. 물류에서의 라인활동에 해당하지 않는 것은?

① 차량관리
② 운송
③ 주문처리
④ 창고배치
⑤ 커뮤니케이션

해설 | ④는 물류에서의 스탭활동이다. 답 ④

11. 다음 중 물류원가에 관한 설명으로 올바르지 않은 것은?

① 물류원가의 개념은 물류활동(포장, 수송, 보관, 하역 및 정보 등)에 소요된 직접 또는 간접비용을 통틀어 말한다.

② 물류원가의 개념 중 직접비용은 처음에는 거래선 기업이 지불 또는 소비하지만, 실질적으로는 특정의 제조업자가 부담하는 것을 말한다.

③ 물류원가 계산의 목적은 물류활동의 계획과 통제, 업적을 평가하는 데 정보를 제공하는 데 있다.

④ 물류원가 계산의 목적은 물류활동의 비합리성을 찾아 생산과 판매의 원활화에 기여하는 데 있다.
⑤ 물류원가 계산의 목적은 물류활동에 있어서 문제점을 파악하는 데 있다.

해설 | ②는 물류원가 개념 중 간접비용에 관한 설명이다. 답 ②

12. 다음 중 물류원가 계산 목적에 대한 설명이 아닌 것은?
① 물류비 소요규모의 크기와 사내 물류의 중요성을 이해시키는 데 있다.
② 물류활동에 있어서 문제점을 파악하는 데 있다.
③ 물류활동의 계획과 통제, 업적을 평가하는 데 정보를 제공하는 데 있다.
④ 물류활동의 비합리성을 찾아 생산과 판매의 원활화에 기여하는 데 있다.
⑤ 물류비 자료를 입수하기 위함이다.

해설 | 물류비 자료 입수는 물류원가 계산목적과 거리가 멀다. 답 ⑤

13. 물류관리의 목표를 효과적으로 달성하기 위한 활동에 관여하는 인력, 자금, 시설 등의 계획 및 통제에 도움이 되는 회계정보의 작성을 목적으로 하는 물류비의 원가계산 방법은?
① 관리회계방식 ② 재무회계방식
③ 총비용분석방식 ④ 일괄계산방식
⑤ 분산계산방식

해설 | ①은 관리회계방식에 관한 설명이다. 한편 관리회계방식의 단점은 기록 자체에 복잡함이 수반되면 현실적으로 행하기에는 상당한 사무적인 절차가 필요하게 된다는 점이다. 답 ①

14. 물류원가의 계산방식 중 재무회계방식에 관한 설명이 아닌 것은?
① 기업활동의 손익과 재무상태를 명확하게, 회계제도 속에서 물류활동에 소비된 비용을 추출하여 물적유통비의 기간결과를 파악하는 것이다.
② 물류활동의 관리와 의사결정에 필요한 회계정보를 입수하는 것으로부터 물류활동을 관리 목적에 따라 기능별로 나누어 각각의 기능영역에 있어서 발생한 비용을 집계해 나가는 방식이다.
③ 새롭게 물류비 계산절차를 만드는 어려움이 없고 당장 필요한 물류비 파악이 가능하다.
④ 기능별로 자세히 기록되지 않으므로 구체적인 업무평가와 개선목표가 세워지기 힘들다.
⑤ 물류비의 기능별 파악은 할 수 없더라도 분류항목에 따라서 비용을 파악할 수 있다.

해설 | ②는 물류원가의 계산방식 중 관리회계방식에 관한 설명이다. 답 ②

15. 물류비는 여러 구성요소들과 상충관계(trade- off)에 있기 때문에 주어진 고객서비스 수준 하에서 총비용 분석(total cost analysis)이 중요하다. 다음 중 상충관계가 아닌 것은?

① 단위당 운송비용과 로트 크기
② 재고유지비용과 운송비용
③ 주문처리비용과 재고유지비용
④ 고객서비스 수준과 물류비용
⑤ 창고의 수와 재고비

해설 | 창고의 수와 재고비는 상충관계라고 볼 수 없다. 답 ⑤

16. 다음은 물류조직의 한 유형인 라인(line)과 스탭(staff)형 조직을 설명한 것이다. 올바른 설명은 무엇인가?

① 물류정책과 전략의 수립이 어려우며 업무영역이 부문적으로 흐르기 쉽다.
② 이 조직 형태는 작업기능과 지원기능으로 구분되어 있어 스탭이 라인을 지원한다.
③ 다국적기업에 많이 이용되고 있다.
④ 상품을 중심으로 하는 사업부형과 지역을 중심으로 하는 지역별 사업부형을 절충한 조직 형태이다.
⑤ 사업부 수익이 최우선시되므로 전사적인 설비투자나 연구개발 등의 합리성이 결여되어 경영효율이 저해될 수 있다.

해설 | ①은 직능형 조직에 관한 설명이며, ③은 그리드형 조직에 관한 설명이다. 그리고 ④, ⑤는 사업부형 조직에 관한 설명이다. 답 ②

17. 물류비를 산정하여 관리하는 목적으로 적합하지 않은 것은?

① 제품 판매 시 수익성 여부를 판단하기 위해서
② 물류활동을 화폐적 가치로 파악하기 위해서
③ 물류관련 인건비의 파악을 위해서
④ 모든 기업활동 및 프로세스에 연관된 물류 관련 비용을 파악하기 위해서
⑤ 물류예산을 편성하고 통제하기 위해서

해설 | ①은 물류비를 산정하여 관리하는 목적과 거리가 멀다. 답 ①

18. 물류활동에서는 총물류비를 생각할 필요가 있는데, 이 경우 트레이드 오프(trade-off)의 관계를 고려하지 않으면 안 된다. 다음 중 상충관계가 아닌 것은 무엇인가?

① 물류서비스와 물류비용의 트레이드 오프
② 물류서비스를 구성하는 각 개별 기능 간(운송, 보관, 하역, 포장, 유통가공, 정보)의 트레이드 오프
③ 물류비용을 구성하는 각 개별 비용 간의 트레이드 오프
④ 창고의 수와 재고비
⑤ 각 개별 기능과 각 개별 비용 간의 트레이드 오프

해설 | 창고의 수와 재고비는 상충관계라고 볼 수 없다. 답 ④

19. 다음 그림은 '창고 수의 증가에 따른 비용과 서비스 수준의 관계' 를 보여주고 있다. 아래의 설명 중 맞지 않는 것은?

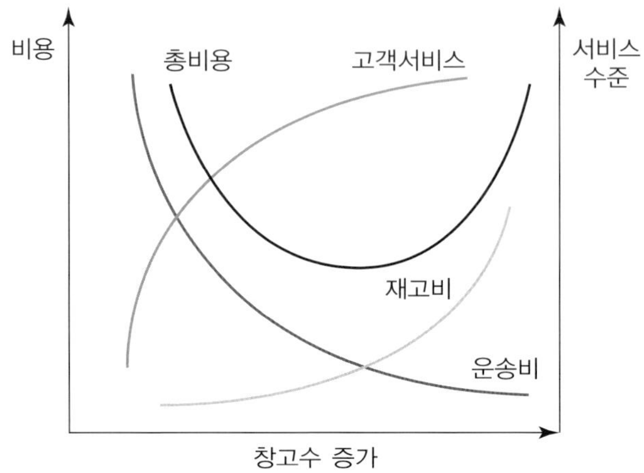

① 창고의 수가 증가할수록 고객서비스는 증가한다.
② 창고의 수가 증가할수록 운송비는 감소한다.
③ 창고의 수는 총비용이 가장 낮은 수준에서 결정되는 것이 바람직하다.
④ 창고의 수가 증가할수록 재고비는 증가한다.
⑤ 창고의 수가 증가할수록 총비용도 증가한다.

해설 | 창고의 수가 증가할수록 총비용은 어느 수준까지는 감소하다가 그 이후부터는 증가하게 된다. 답 ⑤

20. 다음 중 물류관리(Logistics Management)의 영역에 속하지 않는 것은?

① 물류 네트워크 설계 ② 리스크관리
③ 고객서비스 ④ 창고관리
⑤ 재고관리

해설 | 리스크관리는 물류관리의 영역에 속하지 않는다. 답 ②

21. 모회사의 스탭부문이 자회사의 해당부문을 횡적으로 조망하여 관리 · 지원하는 조직 형태는 무엇인가?

① 라인형 조직 ② 사업부제형 조직
③ 직능형 조직 ④ 그리드형 조직
⑤ 스탭형 조직

해설 | 그리드형 조직에 관한 설명이다. 답 ④

단답식 연습문제

1. 경제재의 효용을 극대화시키기 위한 재화의 흐름에 있어서 운송, 보관, 하역, 포장, 정보, 가공 등의 제 활동을 유기적으로 조정하여 하나의 독립된 시스템으로 관리하는 것은 무엇인가?

답 물류관리

2. 물류원가 계산방식 중 산출방식이 물류활동의 관리와 의사결정에 필요한 회계정보를 입수하는 것으로부터 물류활동을 관리 목적에 따라 기능별로 나누어 각각의 기능영역에 있어서 발생한 비용을 집계해 나가는 방식은 무엇이라고 하는가?

답 관리회계방식

3. 물류활동에 존재하는 트레이드 오프에 대해 설명하시오.

답 ① 물류서비스와 물류비용의 트레이드 오프
② 물류서비스를 구성하는 각 개별 기능 간(운송, 보관, 하역, 포장, 유통가공, 정보)의 트레이드 오프
③ 물류비용을 구성하는 각 개별 비용 간의 트레이드 오프
④ 각 개별 기능과 각 개별 비용 간의 트레이드 오프 등

4. 물류관리의 목적을 3가지 쓰시오.

답 고객서비스 수준의 향상, 물류 생산성의 효율화, 물류이익의 추구

5. 직능형 조직의 결점을 보완한 조직 형태로 라인과 스탭의 기능을 나누어 세부화하며 물류관리 조직의 핵이 되는 형태는 무엇인가?

답 라인과 스탭형 조직

6. 물류 네트워크는 물류단계와 거점위치라는 두 가지 측면을 지니고 있다. 생산거점으로부터 지역적으로 분산되어 있는 고객의 요구를 충족시키기 위해 전방의 물류거점이 배치되며 이 사이에 소수의 집약 거점을 설치하여 효율을 높일 수 있는데 이러한 후방 거점을 무엇이라 하는가?

답 데포(depot)

7. 다음의 괄호 안에 들어갈 알맞은 말을 쓰시오.
물류 네트워크란 (　　), (　　), (　　)가 개별적이 아닌 통합적으로 조합된 것임을 알 수 있다.

답 조달 네트워크, 생산 네트워크, 협의의 물류 네트워크

8. 발주량은 재고유지비용과 발주비용의 합이 최소가 되는 것이 바람직하며, 이 발주량을 '경제적 발주량(EOQ)' 이라고 한다. 경제적 발주량 모형의 공식을 쓰시오.

답 경제적 발주량 $= \frac{\sqrt{\text{연간 사용량} \times \text{건당 발주비용} \times 2}}{\text{연간 단위당 재고유지비율} \times \text{구매단가}}$

주관식 연습문제

1. 물류원가의 개념에 대해 설명하시오.

물류활동(포장, 수송, 보관, 하역 및 정보 등)에 소요된 직접 또는 간접비용을 통틀어 말하며, 직접비용은 자사 내 물류활동에 소비되는 자가 물류비와 물류활동의 일부를 사외업자에게 위탁하여 그 대가로 지불하는 위탁 물류비로 구분하고, 간접비용은 처음에는 거래선 기업이 지불 또는 소비하지만, 실질적으로는 특정의 제조업자가 부담하는 것을 말한다.

2. 물류관리의 역할에 대해 설명하시오.

물류관리의 첫 번째 역할은 고객과 약속한 물류서비스를 틀림없이 제공하는 것이며 두 번째 역할은 동일 서비스를 가능한 한 저비용으로 행하는 것이다.

Ⅲ. 읽을거리

국제 화물 운송 관리 정보화, 동향과 그 잠재력

국제 화물 운송을 운영 관리하는 것은 잠정적으로 화주들로 하여금 위험이 따르면서도 고비용의 업무에 노출하게 만드는 일련의 도전이라고 말할 수 있다. 변동 가능한 요율과 노골적으로 드러나지 않은 초과 비용들, 비효율적인 배송 노선, 분실된 물품 배송에 대한 약속, 너무 긴 운송시간, 용량 제한, 사이즈와 무게 규제 요인, 안전 및 보안 관련 이슈 등은 항공 및 해상 운송을 시험에 빠뜨리게 하는 문제들 중 하나이다.

화주들이 운송상황에 대해 더 잘 이해하면서 협상을 하고 계약을 충실히 지킬 수 있게 하는 해결책들은 이와 같은 기업재정과 운영에 관련된 위협적인 상황들을 유리하게 변경시킬 수 있다.

Logistics Management사가 실시한 '최근 시장에 대한 연구 조사' 결과는 국제 화물 운송 노선 계획과 운송 회사 선정, 운송 일정 짜기와 비용 산정, 선적 기획, 가이드라인 준수와 회계 감사, 송장 작성과 보고 등에 대한 올바른 정보와 결정이 더 나은 물류 운영 효율성이라는 결과를 가져올 뿐 아니라 상당한 비용 절감 효과도 낸다는 사실을 확인할 수 있다.

특히 이 연구 결과는 다음과 같은 내용을 도출하고 있다.

- 화물 운송 비용은 막대한 수준이며, 이는 별로 놀라운 일이 아니다. 설문 조사 참여자 가운데 4명 중 1명은 2010년 자사 전체 수입 중 15% 이상을 운송비용에 소비하고 있다고 밝혔다. 또한 2011년 역시 국제 운송 활동에 할애되었을 국제 화물 운송 서비스 비용 또한 상당하다고 답했다.
- 최선의 운송 요율을 찾고 이를 확보하기 위한 노력은 화주들 간에 최우선 과제 중 하나이다.
- 25% 이하의 응답자만이 운송요금 계산과 노선 및 수송회사 선정을 위한 필수

적인 응용 기술들을 자동화하고 있다고 밝혔다. 그러나 화물 운송 회계 감사, 송장 작성, 물류 집행과 계약 관리 기능들에 있어 많은 화주들은 아직 컴퓨터로 처리하지 않고 있다. 게다가 50% 이상의 응답자들은 이러한 업무를 보고하는 일조차도 자동화 처리를 할 계획이 없다고 답했다.

- 대다수의 응답자들은 계약 관리 솔루션을 사용하지 않고 있지만 일부 사용하는 기업들의 경우, 더 나은 운송 업체 선택, 더 적은 에러와 리스크, 공인된 화주들과의 더 큰 협력을 통해 자사의 운송 비용을 줄여 나가고 있다.

해상 및 항공 운송 서비스 비용

많은 회사들에게 있어 화물 운송 계획은 상당한 경비가 지출되는 일임은 분명한 사실이다. 조사에서 드러난 내용을 살펴보면 3분의 1(33%)에 해당하는 응답자들은 운송비용에 회사 수익의 5% 미만을 소비하고 있다고 답했고, 4분의 1(22%) 정도는 전체 수익의 15% 이상을 국제 및 국내 화물 수송에 투자하고 있다고 답했다.

눈에 띄는 사실은 4분의 1(26%)의 기업들이 매년 물류 비용으로 5천만 불 이상을 지출하고 있다는 점이다. 약 절반에 가까운 46%의 응답자들은 물류 운송 비용 중 15%를 국제 화물 운송 비용에 지출하고 있다고 밝혔다. 이 화주들은 평균적으로 국제 운송 비용에 총 운송비용의 5분의 1을 할당한다.

[도표 1. 2010년 총 화물 운송 비용]

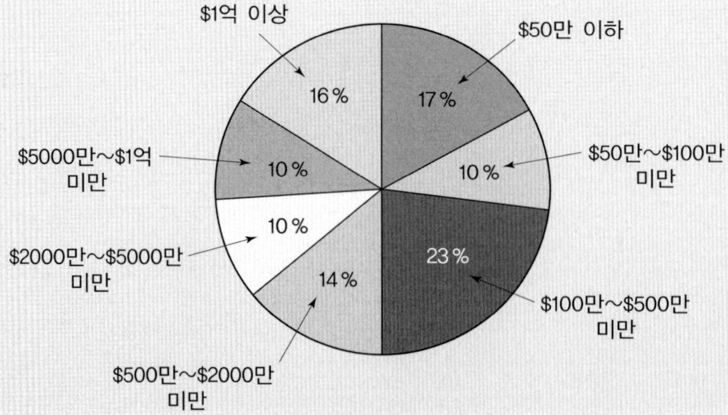

박스 : 평균비용 $2,980만

[도표 2. 2010년 국제 화물 운송에 대한 해상 물류 비용]

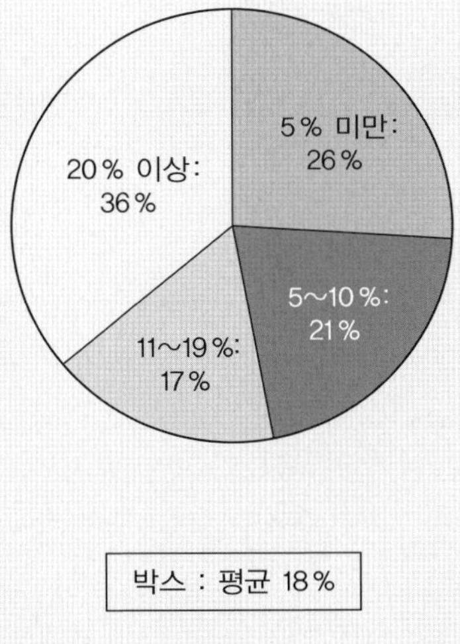

[도표 3. 2010년 대비 2011년 국제 운송비 변화]

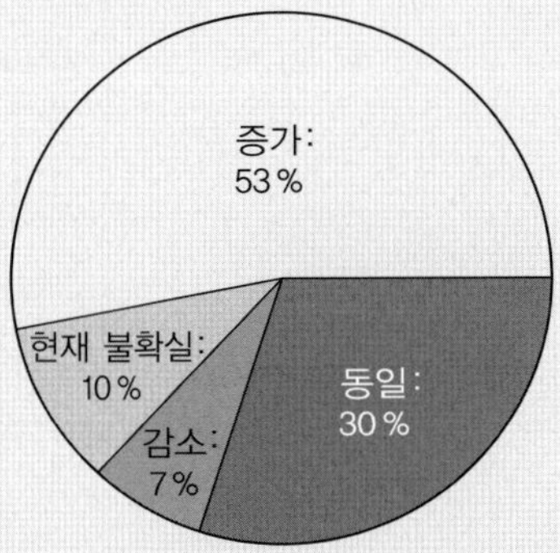

2011년 한 해 동안 절반 이상인 53%의 회사들이 2010년에 지출한 운송 비용보다 더 많은 비용을 지출하게 될 것이라고 밝혔으며 단 10%만이 그 비용이 줄 것이라고 추정했다.

국제 화물 운송 응용 기술

화주들은 경쟁사보다 더 나은 요율과 배송 노선 확보를 위하여 향상된 방법을 개발할 필요가 있다는 사실을 인지하고 있지만 설문 조사를 통해 나온 결과는 비교적 적은 수의 회사만이 실제로 이러한 목표 달성을 위한 솔루션 개발에 매진하고 있는 것으로 확인되었다.

가장 일반적으로 국제 화물 계획과 관련된 활동들을 위해 자동화된 처리 과정들은 운송요율 데이터와 계산들에 주로 초점이 맞춰져 있다. 5분의 1 이상의 응답자들은 물류 회계감사 및 지불을 더 잘 처리하기 위한 솔루션들을 자동화하고 있다.

최적의 노선과 운송회사의 선택, 예약, 성과 항목 설정, 이동 중인 화물의 가시성을 가능하게 하기 위한 솔루션들에 대한 컴퓨터화의 경우 거의 정착되어 가고 있는 것으로 보인다. 그렇지만 고비용과 고효율의 국제 배송 관리 프로그램과 같은 정보를 컴퓨터화하기 위한 계획들은 많은 회사들에게 있어 당장 이뤄질 것으로 보이진 않는다.

국제 운송 비용 관리

국제 운송 비용들은 여전히 상당히 높으며 모든 가능성 안에서 이 비용은 앞으로도 지속적으로 상승할 것이기 때문에 기업들은 이러한 비용을 더 잘 관리하고 또는 유지하기 위해 다양하면서도 복합적인 전략들을 수립하고 있다. 화주들은 가장 유리한 노선을 파악하고 선적을 최적화하며 운송을 통합 운영하고 또한 회계 관리 실행을 증진시키는 일 외에도 협력 업체의 수를 줄이는 일, 외국 관세와 규정을 더 잘 이해하는 일에 대해서도 노력하고 있다.

그러나 국제 배송을 효율적으로 관리하고 운송 요금을 예측하려는 화주들의 노력들은 수많은 장애들로 방해를 받는다. 예를 들어, 국제 경제는 여전히 회복기에 있으며 불안정한 연료비는 다양한 부대 배송 요금을 만들어 내고 있다. 신뢰할 수 없는 운송 업체들과 여타의 물류 관련 리스크들, 그리고 세계적 불확실성들은 물류 활동들에 막대한 수정을 가하도록 만든다. 이러한 수정 사항들 중 일부는 운송 파트너들이 하는 운영 방안과 직접적으로 관련이 있다.

이번 연구에서 약 3분의 1에 해당하는 응답자들은 지난 몇 년 동안 자사 정책상 막대한 변화들을 겪었다고 답했다. 추가적이면서도 확정적인 예상이 가능하기 어려운 보험과 보안 및 화물 운송 연료비의 추가, 물품 이동 중일 때의 운송 가시성, 낮은 단계의 고객 서비스와 커뮤니케이션, 그리고 요금 변동성은 화주들이 직면해야 할 다양한 이슈들이다. 이뿐만 아니라 전에는 운송 업체가 처리했어야 할 업무들이 이제는 화주들에게 직접적으로 부과되고 있다.

여러 가지 실례를 보면 운송 업체들이 만들어 낸 변화들은 화주들에게 이로웠고,

[도표 4. 화주들이 비용을 관리하고 유지하는 방법]

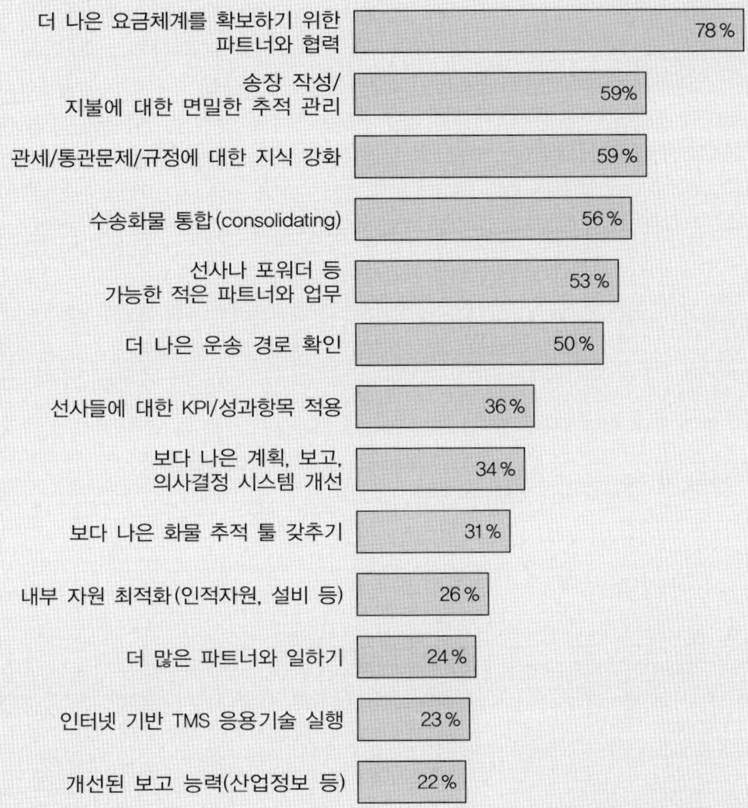

더 나아가 운송 효율성에 있어서도 향상을 이끌어 왔다. 운송 업체들은 운송망을 향상시키기 위해 기술을 적용하고 더 나은 일정 조율과 진보된 효율성, 비용 절약, 더 나은 처리 과정과 비용에 관한 가시성을 갖추게 하는 물류 관련 운영 방안들을 채택하고 있다.

향후 12개월에서 18개월 동안 이뤄질 운송 요금 협상들은 기업들이 국제 운송비용을 보다 합리적으로 통제하기 위한 수단이 될 것이다. 이외에도 기업들이 우선적으로 취해야 할 액션으로는 운송 상내에 대한 더 높은 가시성, 운송 통합 등이 있다.

국제 운송 관리(GTM) 솔루션의 사용

조사 참여자 중 15%만이 국제 운송 관리 플랫폼을 현재 자사 조직에 활용하고 있다고 답했다. 그러나 69%에 해당하는 대다수의 기업들은 운송 비용을 평가하는 일을 돕기 위해 지표를 운영하고 있다. 특히 비용 분석은 운송 업체, 용적, 최적의 운송

[도표 5. 국제 물류 비용을 더 잘 통제하기 위해 취해야 할 액션들]

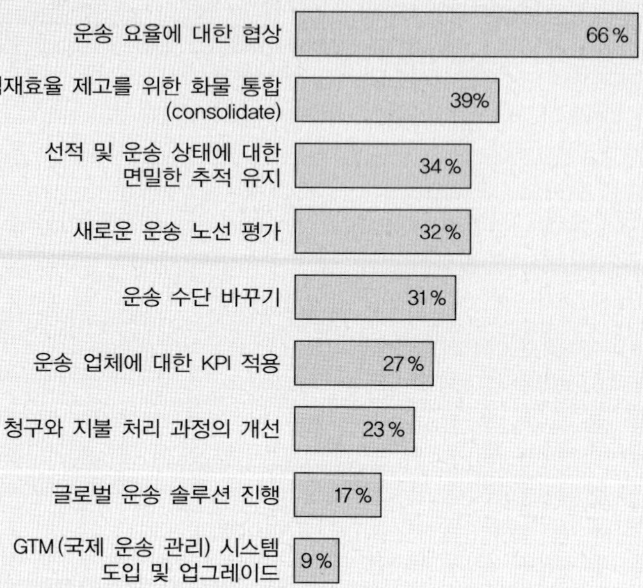

노선, 차선, 정시 배송 행위에 대해 행해지고 있다.

계약 관리 솔루션의 활용

대부분의 사업에서 자사의 국제 운송 업체와의 계약을 매년 갱신하는 기업이 52%이고, 그보다 덜 자주 한다는 회사가 23%에 달했다. 흥미로운 점은, 대다수 기업의 경우 무역 파트너 계약들을 처리하기 위한 계약 관리 응용 기술을 아직 채택하지 않고 있다는 점이다. 이는 계약 관리 응용 기술을 적용하는 기업의 수인 23%보다도 적은 수치였다.

그러나 계약 관리 솔루션을 활용하고 있는 기업들은 상당한 혜택을 얻고 있다. 기업들은 자사 배송 업체를 선택하는 과정을 더 잘 수립할 수 있고 이와 동시에 운송 비용도 줄이며, 공인된 화주들과의 업무 협력 혜택을 본다. 뿐만 아니라 물류 운송 회계감사와 송장 작성 과정에서 오는 오류들을 줄이게 됨으로써 실제적으로 비용 절감 효과를 얻을 수도 있다.

[도표 6. 국제 운송 관리(GTM) 소프트웨어 응용기술의 사용]

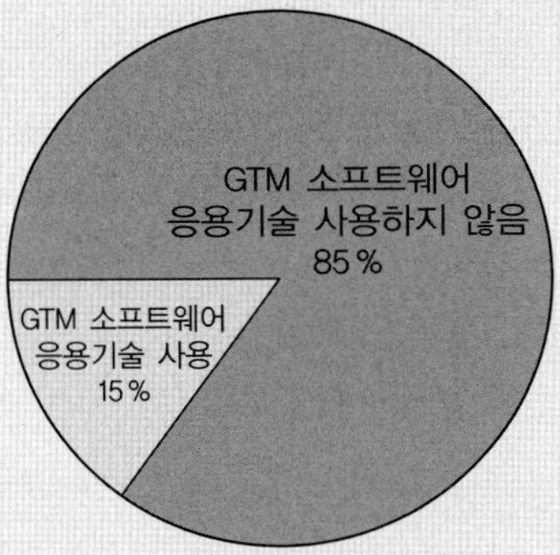

[도표 7. 운송비용 확인을 위해 지표 운영]

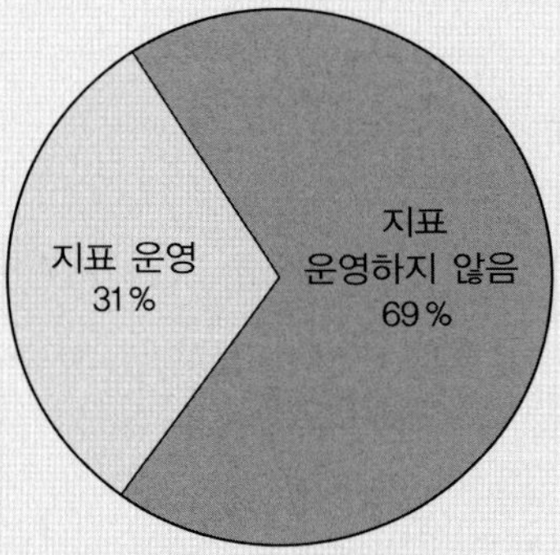

[도표 8. 계약관리 솔루션 사용 기업]

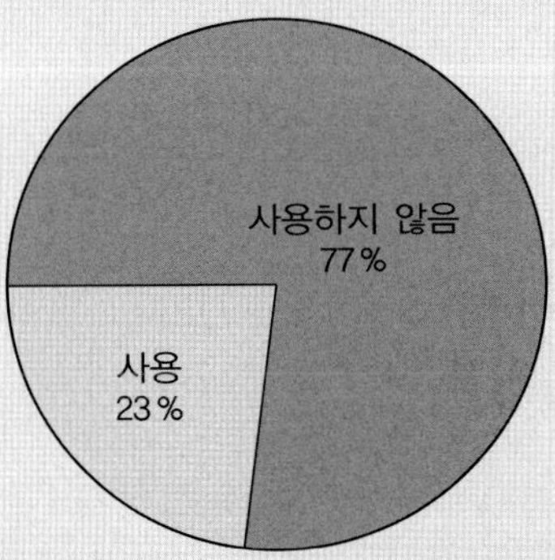

[도표 9. 계약관리 APP 사용시 얻을 수 있는 혜택]

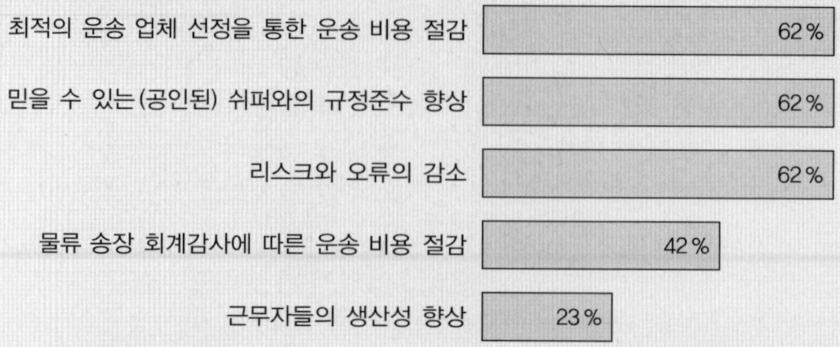

(물류신문, 2012-03-05) 이지현 기자 leeziehyun@naver.com

생각해 봅시다

1. 국제 화물 운송 관리 정보화의 장 · 단점에 대해 조사해 봅시다.
2. 물류의 보안 관리에 대해 조사해 봅시다.

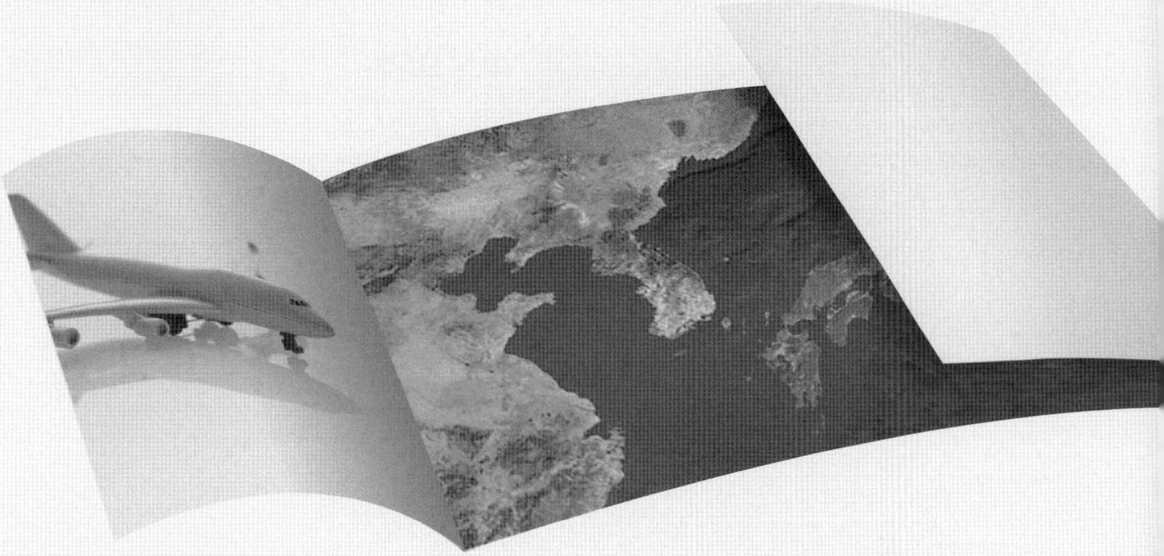

제4장

국제해상운송(I)

제4장

국제 해상운송(I)

I. 중요내용 핵심요약

출제경향 예상분석

- 해운의 특성과 기능
- 해상운송계약의 개념과 종류
- 해운성장 측정의 필요성과 제 기준
- 해운보호정책의 수단

1. 해운의 의의와 기능

(1) 해운의 의의

해운 또는 해상운송(shipping, ocean shipping, ocean transporta-tion, carriage by sea, marine transportation)이라 함은 해상에서 선박이라는 운송수단을 이용하여 사람이나 화물을 운송함으로써 그 대가인 운임을 획득하는 상행위를 말한다.

(2) 해운의 특성과 기능

① 해운의 특성

- 해상운송은 대량운송이다.
- 해상운송은 주로 대양을 횡단하는 원거리 운송이다.
- 해상운송은 운송비가 저렴하다.
- 해상운송은 운송로가 자유롭다.
- 해상운송은 국제성을 지니고 있다.
- 해상운송은 속력이 느리다.

② 해운의 기능

- **자원의 효율적인 배분:** 해상운송은 국가 간의 경쟁을 유발하여 시장 가격을 평준화시키므로 운송의 안전성, 신속성, 정확성의 향상과 운송비의 저렴성은

물론 상품의 유통을 촉진시키고 재고량을 감소시켜 유통자본의 회전율을 제고시킴과 함께 생산과 유통의 양면(兩面)에 걸쳐 산업 발전과 국민경제 발전의 기초적 조건을 조성하는 기능을 담당, 국제적인 분업과 교환을 촉진함으로써 경제활동을 원활하게 해준다.

- **국제경쟁력의 강화:** 무역상품의 해상운송은 항로개설을 통하여 자국 상품의 시장영역을 확대시키며, 저렴하고 안정적인 운송은 국제시장에서 시장경쟁력을 가능하게 해준다.
- **관련 산업의 육성:** 해상운송의 발전은 조선공업, 보험업 등 관련 산업과 밀접한 연관성을 가지며 이들 산업의 발전은 전후방 연관효과를 나타내므로 고용증대 및 국민경제에 미치는 영향이 크다.
- **국제수지의 개선:** 해상운송은 외화운임 수입뿐만 아니라 수출입 증대 등을 통한 간접적인 외화획득 및 절약효과로 국제수지 개선에 큰 기여를 한다.
- **국방력의 강화:** 전시에 여객선 및 일반상선을 군대와 군수품의 운송에 이용하여 전쟁수행을 원활하게 함은 물론 특수선으로 개조하여 군무에 종사하게 함으로써 전력을 크게 증대시킬 수 있다.
- **국민소득 증대에 기여:** 해상운송은 하나의 서비스산업으로서 운임수입은 국민소득을 형성하며, 직접적인 자본 및 노동의 투입부분으로서 국민소득의 증대에 기여할 뿐 아니라 자국선 이용 시 외화지출을 절감시켜 외화절약 효과를 가져온다.

〈표 4-1〉 해상운송의 장 · 단점

장점	단점
• 대량운송이 용이 • 대륙 간의 운송 가능 • 운송비의 저렴성 • 장거리 운송에 적합	• 운송시간의 장기화 • 기후에 민감 • 타 운송수단과 비교하여 높은 위험도 존재 • 항만시설에 하역기기 등의 설치 필요

핵심 *Note*

- 해운의 특성: 대량운송, 주로 대양을 횡단하는 원거리 운송, 운송비가 저렴, 운송로가 자유로움, 속력이 느림
- 해운의 기능: 자원의 효율적인 배분, 국민소득 증대에 기여, 국제수지의 개선, 관련 산업의 육성, 국방력의 강화, 국제경쟁력의 강화

2. 해상운송계약의 개념과 종류

(1) 해상운송계약의 개념

① 해상운송계약이란 항해용 선박에 의해 화물을 수송하는 계약을 선주 및 운송인과 화주 간에 체결하고 화주는 일정한 보수, 곧 운임을 지불하는 것을 약정하는 청부계약에 의한 낙성계약이다. 여기서는 주로 화물 운송을 중심으로 설명한다면 개품운송 계약과 용선운송 계약으로 구분할 수 있다.

② 개품운송은 주로 정기선(liner)에 의해 운송되며, 용선운송은 부정기선(tramper)에 의해 운송된다. 특히 최근에 와서는 정기선이 컨테이너선 운송으로 전환하게 되면서 국제복합운송이 출현하여 해상수송에 일대 혁명을 야기하고 있다.

(2) 해상운송계약의 종류

① **용선운송 계약**(contract of affreightment by charter party)

- 용선운송 계약이란 선주 또는 선주와 같은 입장에 있는 자가 운임을 받는 대신에 화물을 해상운송하여 주거나 또는 화물운송을 위하여 선복을 제공하여 준다는 취지를 합의할 때 이 합의를 운송계약이라고 한다. 이 경우 계약의 목적이 만선화물의 운송인가 또는 화물운송을 위한 선복제공인가에 따라 당사자 간에 계약이 이루어지며, 이를 용선계약이라 하고 이 경우에는 대개 용선계약서가 작성된다.
- 용선계약은 부정기선 시장에서 이루어지는 계약으로 그 종류를 보면, 항해 용선 계약(voyage charter), 정기용선 계약(time charter), 선박 임대차 계약 또는 나용선 계약(demise or bare-boat charter)으로 나눌 수가 있다. 항해 용선 계약은 일정 항해를 계약의 내용으로 한 것이고 정기용선과 나용선은 기간을 약

속하는 용선이다.

② 개품운송 계약(contract of affreightment in a general cargo)

- 개품운송 계약이란 다수의 화주로부터 위탁받은 개개의 화물운송을 받아들이는 계약을 의미하며, 때로는 특정 화주에 대해 장기운송 계약을 체결할 때 COA계약이라는 용어를 사용하기도 한다.
- 선주 또는 운송인이 선복 수요자로부터 집화된 화물의 운송을 수납하면 이로써 개품운송 계약이 체결되며, 동시에 그 운송 운임이 결정되면 송화인의 청구에 의해서 그 계약을 표시한 선화증권이 발행된다. 본 계약은 주로 정기선(liner)의 화물운송에 이용되고 있으며, 계약에 따라서 선화증권, 화물수취증, 화물운송증(parcel receipt)이 발행된다.

〈표 4-2〉 개품운송과 용선운송의 비교

	용선운송	개품운송
형태	선사는 특정의 상대방과 특약하여 선복을 빌려주어 운송을 인수한다.	선사는 다수의 화주로부터 위탁받는 개개 화물의 운송을 인수한다.
선박	부정기선(Tramper)	정기선(Liner)
화주	특정화주	불특정다수
화물	대량살물적화물 (원유, 철광석, 석탄, 곡물 등)	잡화와 같은 비교적 적은 화물
계약	용선계약서(Charter Party = C/P)	선화증권(Bill of Lading = B/L)
운임률	수급관계에 의한 시세(Open Rate)	공시운임률(Tariff Rate)(신고운임률)
운임조건	FI, FO, FIO	Berth term(= Liner Term)

핵심 *Note*

- ▶ 용선운송 계약이란 해상운송인이나 선박소유자가 선박의 일부 또는 전부를 제공하여 화물을 운송하기로 약정하고 이에 대해 화주(용선자)는 그 보수로서 운임(용선료)을 지급할 것을 약속하는 계약을 의미한다.
- ▶ 개품운송 계약이란 다수의 화주로부터 위탁받은 개개의 화물운송을 받아들이는 계약을 의미한다.

3. 해운서비스의 특성

(1) 서비스 생산의 특성

해운서비스는 무형성으로 인해 서비스의 생산량을 계측하는 편리한 척도가 없어 이를 위해 운송되는 대상의 수, 무게, 용적, 운송거리 및 운송에 요하는 시간 등을 조합한 단위를 사용한다.

(2) 서비스 수요 특성

해운서비스는 저장이 불가능하므로 생산과 공급 그리고 소비가 동시에 이루어지며 이러한 의미에서 즉시재이다. 이 때문에 규칙적 일정에 따라 운항하는 정기선은 집중경쟁이 치열하게 되고 화물단위에 맞는 부정기선의 용선이 경제성을 가지게 된다.

(3) 서비스 행위 특성

해운은 서비스 조직과 거리를 두고 있으므로 고객이 서비스 시설, 즉 선박을 볼 수 없고 서비스 요원인 선사의 직원이나 본선의 승무원들과 대면할 필요도 없다. 이 경우 서비스 제공과정보다는 행위로 인한 결과가 중요하게 여겨진다.

(4) 화주와의 거래 지속성

화주는 해운서비스를 계속적 간격으로 구매하기도 하고 지속적으로 구매하기도 한다. 해운서비스는 일반적으로 해운기업과 화주 사이에 비공식적 관계에서 계속적인 거래를 하는 것으로 볼 수 있다. 비공식적인 서비스에서는 해운기업은 누가 그들의 고객인지에 대한 정보를 잘 모르게 된다. 또한 지속적인 서비스가 되지 못하므로 서비스 가격 결정이 일정하지 못하다. 반면에 정기선 해운은 해운동맹을 통해 어느 정도 화주를 고정고객으로 묶어 둘 수 있어 회원관계로 지속적인 서비스를 제공할 수 있다. 해운기업과 화주 사이가 회원관계인 경우에는 해운 기업은 화주가 누구인지 사전에 알 수 있으므로 시장세분화를 위한 정보를 쉽게 얻을 수 있다.

(5) 해운서비스 산업 특성

① 해운서비스의 수요 특성

수요 형태의 다양성에 따른 이질적 개별수요(individual demand), 수요가 구체적으로 나타나는 형태로 개별수요가 집합해서 나타나게 되는 집합수요(collective demand), 근본수요로부터 파생되는 파생수요(derived demand), 그리고 항만, 도로, 철도 등 수송시설과 결합되어 나타나는 결합수요(combined demand)를 들고 있다.

② 해운서비스의 공급 특성

생산과 동시에 소비되는 즉시재(instantaneous goods)이며, 귀항시 화물이 없으면 空 운송을 피할 수 없다는 공적운송, 왕항과 복항이 공존하는 결합생산(joint production), 복수의 개별수요를 동시에 충족하는 복합생산(multiple production), 그리고 여타 수송수단에 비해 저렴하다는 특성을 들 수 있다.

핵심 *Note*

- ▶ 해운서비스는 무형성으로 인해 서비스의 생산량을 계측하는 편리한 척도가 없어 이를 위해 운송되는 대상의 수, 무게, 용적, 운송거리 및 운송에 요하는 시간 등을 조합한 단위를 사용한다.

4. 해운성장 측정과 해운정책

(1) 해운성장 측정의 필요성과 제 기준

해운정책을 수립하는 데 있어 자국의 해운이 요람기, 발전확장기, 구조변혁기, 불황기 및 쇠퇴기 중 어느 단계에 있는가를 파악하는 것이 선행되어야 하며, 이를 판단하는 기준이 해운성장지표이다.

우리나라는 국적개념에 입각하여 선복의 보유량 내지 국적선의 적취량만을 성장지표로 삼는 경향이 짙었다. 그러나 이것만으로는 국제해운의 구조에 비추어 본 해운정책 수립에 만전을 기할 수 없는바, 보다 다양한 성장지표, 즉 선복보유량, 운항선복량, 수출화물 및 운임수입뿐 아니라 해운기업의 수익 톤 · 마일, 그리고 해운산업의 부가가치 등 제 각기마다 의미를 부여하고 그것을 종합적으로 관찰함으로써 해운의 성장을 보다 정확히 측정할 수 있으며 나아가 보다 나은 정책을 수립할 수 있을 것이다.

① **선복보유량**

해운에 있어서 가장 통상적인 사고방식은 보유선복량의 증가를 측정기준으로 하는 방법이다. 이 방식은 과거의 선박정책적인 사고에 입각한 것으로 그 나라가 보유하는 선박은 잠재적인 군사능력이며 국제수지의 유지 · 개선을 위한 외화획득 내지 절약을 위한 기준능력이라고 하는 관점에서 도출된 것이다.

② **운항선복량**

직접 선박을 보유하지 않는 편의치적선이나 국적취득조건부 나용선 등도 수송능력에 포함시킬 수 있다. 이 경우 보유선복이 아닌 지배선복, 즉 운항선복이라고 하는 사고방식이 필요하다.

③ **수출화물 및 운임수입**

국민경제적으로는 운송화물량을 고려할 필요가 있으나 해운업의 경영이라고 하는 견지에서는 운임수입에 중점을 두어야 할 것이다. 더욱이 이것을 수정하여 산출한 운항수익이 영업규모를 측정하는 데 보다 유효할 것이다.

④ **톤 · 마일**

화물의 수송에 얼마만큼의 선복량이 필요한가는 물동량만으로는 결정할 수 없다. 해상무역량이 많아도 그 수송거리가 짧으면 일정 기간에 있어 선박의 운항수(회전율)가 많아지므로 수송에 필요한 선박이 적어도 된다. 반대로 해상무역량이 적어도 그 수송거리가 길면 일정기간에 있어 선박의 항해수(회전율)가 적기 때문에 그만큼 수송에 필요한 선박(선복량)은 많아야 한다. 그러므로 '해운(선복)수요' 라고 하는 것은 주로 해상무역량과 수송거리에 의해 결정된다. 이러한 의미에서 일반적으로 사용되는 기준이 '톤 · 마일' 이다.

⑤ **영업이익**

해운산업이 아무리 성장해도 해운기업의 영업이익에 마이너스이면 해운이 성장했다고 볼 수 없다. 그러므로 상각과 금리를 공제하지 않은 해운총이익이 성장기준으로서 무시되어서는 안 된다.

⑥ 부가가치

해운의 부가가치는 주로 운항이익으로 구성되어 있지만 국내선주가 선박을 국내조선소에서 건조한 경우, 국내조선산업의 부가가치 중 총 건조비에 대한 내수선 발주량의 비율에 해당되는 만큼이 해운산업의 부가가치로 간주되어야 할 것이다.

5. 해운정책의 개념과 유형

(1) 해운정책의 개념

해운정책이란 "경제정책과 사회정책의 개념을 초월한 국가정책의 범주 내에서 해운산업의 성과를 최적수준으로 달성하고자 취하는 시책의 체계이다"라고 정의할 수 있다.

해운정책 체계를 도표로 나타내면 그림 4-1과 같다.

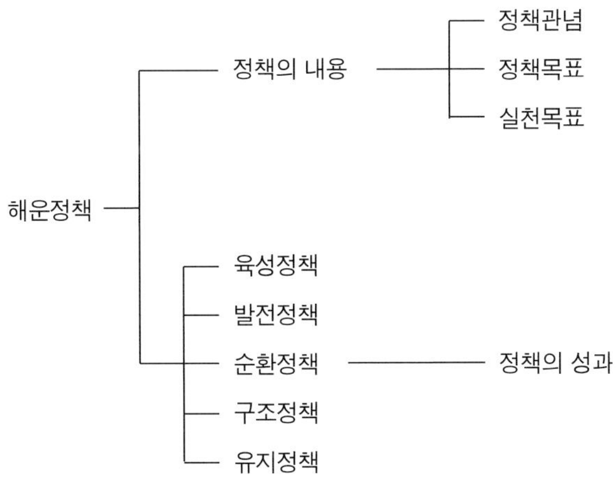

그림 4-1 해운정책 체계

(2) 해운정책의 유형

① 육성정책

해운업의 요람기에 발동하는 정책으로 장래 발전가능성이 있는 유치산업단계의 해운업이 선진 해운국으로부터의 경쟁과 다양한 환경변화 가운데서 자립발전의 힘을 갖출 때까지의 과정에 도입되는 유력한 국가지원 체제로서의 정책이다.

이 정책은 항구적 성격의 것이 아니고 육성정책의 지원을 받아 발전능력을 축적한 후 얼마 안 있어 자력발전을 이룰 수 있다는 점에서 쇠퇴기의 해운업에 대한 정책과는 근본적으로 다르다.

② 발전정책

확대발전기에 있는 해운업에 도입되는 정책은 해운업이 확대 발전해 가는 과정에서 발전을 저지하는 장해인 각종의 모순요인을 배제하고 계속적인 확대 발전을 유지시키기 위한 정책이어야 한다. 경제주체의 노력만으로 극복할 수 없는 재정적 곤란, 자금조달능력의 부족 및 자국상선대 개념에 근거를 둔 폐쇄적인 선박등록제도 내지는 국기차별규제 등으로 발전은 부득이 정체되지 않을 수 없다. 이러한 모순들의 본질적 동향은 계속 존속하므로 정책주체로 하여금 이것을 극복시키고 발전을 유치·촉진시키고자 하는 정책개념을 자각시켜야 한다.

③ 순환정책

해운불황시에 도입되는 정책이다. 자본주의 사회에서 불가피한 시장의 경기변동 또는 경기순환이라고 불리는 주기성을 지닌 파동현상이 일국의 해운업과의 관계에서 일어나는 국가적 모순을 극복하기 위해 발동되는 정책이다. 따라서 이 정책은 단기적 사명을 띠는 것을 그 기본적 특징으로 하고 있다.

④ 구조정책

구조변혁기에 발동하는 정책은 해운업이 시장구조의 변화와 시장의 확대변화라고 하는 외부적 압력 내지 국제경쟁력의 쇠퇴라고 하는 내부적 압력에 의해 일어나는 해운의 실태변화에 대응하는 정책이다.

⑤ 유지정책

정체 또는 쇠퇴기에 있는 해운업에 대한 정책이다. 이 정책은 항구적인 요인에 의해 국제경제력이 하락하고 장래 발전가능성이 없을 것으로 예상되는 해운의 실태와 그에 대한 국가적 욕구와의 괴리를 동인으로써 발동하는 정책적 실천이다. 따라서 이러한 모순요인으로서 시발되는 정책적 실천은 필연적으로 항구화(恒久化)하고 또한 보호주의 정책의 색채를 강하게 띠고 있다.

(3) 해운 육성정책의 전환시기

어느 일정 수준을 벗어나 발전확장기에 들어선 국가는 과감하게 육성정책에서 구조정책을 가미한 발전정책으로 탈바꿈해야 할 필요가 있다.

육성정책은 그 성과로서 자립발전의 잠재력을 현실화할 수 있을 정도로 성장하였다고 보는 단계에서 그 사명을 다한다. 그렇지만 현실적으로 해운의 실태를 목적에 두고 육성정책을 철폐해야 할 단계에 있는가 아닌가를 판단하는 것은 매우 어렵다.

핵심 *Note*

- 해운정책을 수립하는 데 있어 자국의 해운이 요람기, 발전확장기, 구조변혁기, 불황기 및 쇠퇴기 중 어느 단계에 있는가를 파악하는 것이 선행되어야 하며, 이를 판단하는 기준이 해운성장지표이다.
- 해운정책이란 경제정책과 사회정책의 개념을 초월한 국가정책의 범주 내에서 해운산업의 성과를 최적수준으로 달성하고자 취하는 시책의 체계이다.

6. 해운보호정책의 수단

해운정책을 국제적인 관점에서 살펴보면 무역정책의 구분처럼 해운보호정책과 해운자유정책으로 나누어진다. 역사적으로 대부분의 나라들이 해운보호정책을 채택해 왔고 오늘날에도 가시적으로 또는 비가시적으로 해운보호정책을 채택하고 있다. 따라서 이하에서는 해운보호정책에 대해 살펴보고자 한다.

과거의 해운보조정책은 외국선에 대한 차별이 기조를 이루었는데 국기차별(flag discrimination)이 절정에 달했던 것은 크롬웰의 항해조례(navigation law)였다. 1846년 항해조례의 폐지와 함께 해운보조정책의 기조는 일시적으로 보조금으로 이행되었지만, 1차 세계대전 이후 한 나라의 해운보조정책 중에서 보조금과 화물유보가 공존하기 시작하였다. 2차 세계대전 이후에는 전통해운국이 화물유보를 버리고 보조금을 기조로 하는 보호정책을 전개한 것에 대해 발전도상국은 화물유보를 채택하는 형태로 양자가 공존해 왔다. 그리고 초다국간 협정이라고 할 수 있는 정기선동맹 행동헌장(Code of Conduct for Liner Conference)이 발효되어 현재에 이르고 있다.

해운자유의 원칙에 반하는 해운보호정책의 수단은 국기차별, 해운보조제도, 자국선의 참여확보를 위한 정부의 동맹개입 등 크게 세 가지로 나눌 수 있다. 구체적으로 살펴보면 다음과 같다.

(1) 국기차별주의

국기차별(flag discrimination)은 법령이나 조약과 같은 구체적인 행정조치로 외국적의 선박에 대하여 불리한 대우를 하는 것으로 양국의 정부 상호 간의 협정에 의하거나 일국의 정부에 의하여 일방적으로 이루어지고 있다.

구체적으로 살펴보면 다음과 같은 실천수단으로 구성되어 있다.

- 항내에서의 우대
- 화물유보
- 환관리에 있어서의 우대
- 연안무역의 제한

(2) 해운보조제도

해운보조제도는 보조금의 지원이라는 직접적인 수단을 통하여 자국의 해운업을 조성하려는 것으로 채산이 맞지 않음에도 운항을 하여야 하는 정기선사 등에 대한 운항보조금과 자국에서의 선박건조를 지원하기 위한 건조보조금 및 특수해상보험에 대한 보조금이나 개별기업에 대한 국가소속의 선박에 대한 리스 등이 있다. 간접적인 보조제도로서는 국가재정에서의 저리융자나 이자보조 또는 해운금융기관의 설치나 지원과 같은 금융보조 및 선박에 대한 감가상각과 같은 세제상의 혜택을 주는 방법 및 제반세금의 감면제도 또는 항구나 운하의 건설에 대한 보조 등이 있다.

(3) 수송요구 혹은 과잉선복의 존재를 무시하면서 자국선의 참여확보를 위해 정부가 동맹에 개입하는 것

핵심 *Note*

- ▶ 해운자유의 원칙에 반하는 해운보호정책의 수단은 국기차별(flag discrimination), 해운보조제도, 자국선의 참여확보를 위한 정부의 동맹개입 등 크게 세 가지로 나눌 수 있다.
- ▶ 국기차별은 법령이나 조약과 같은 구체적인 행정조치로 외국적의 선박에 대하여 불리한 대우를 하는 것으로 양국의 정부 상호 간의 협정에 의하거나 또는 일국의 정부에 의하여 일방적으로 이루어지고 있다.

제4장

국제 해상운송(I)

II. 핵심문제 및 예상문제

출제포인트

- 해상운송의 특성 및 기능
- 해운서비스의 특성
- 해운정책
- 해운보호정책의 수단

객관식 연습문제

1. 다음 중 "해운의 기능"과 비교적 관련 없는 것은?

① 국제수지 개선　② 자원의 효율적 배분
③ 국민 소득 증대에 기여　④ 선박펀드의 활성화
⑤ 관련산업의 육성

해설 | 선박펀드의 활성화는 해운의 기능과 관련이 없다. 답 ④

2. 다음 중 해운의 특성이 아닌 것은?

① 해상운송은 운송로가 자유롭다.
② 해상운송은 주로 대양을 횡단하는 원거리 운송이다.
③ 해상운송은 운송비가 비싸다.
④ 해상운송은 대량운송이다.
⑤ 해상운송은 국제성을 지니고 있다.

해설 | 해상운송은 운송비가 저렴하다는 특성을 가지고 있다. 답 ③

3. 해상운송의 장점이 아닌 것은?

① 장거리 운송에 적합하다.　② 운송비가 저렴하다.
③ 대륙 간의 운송이 가능하다.
④ 기후의 영향을 비교적 받지 않는 운송이 가능하다.
⑤ 대량운송이 용이하다.

해설 | ④는 철도운송에 관한 설명이다. 해상운송은 기후에 민감하다. 답 ④

4. 해운서비스 공급특성에 해당하는 것이 아닌 것은?

① 생산이 일어난 후에 공급이 일어난다.
② 귀항시 화물이 없으면 空 운송을 피할 수 없다는 공적운송이다.
③ 왕항과 복항이 공존하는 결합생산(joint production)이다.
④ 복수의 개별수요를 동시에 충족하는 복합생산(multiple production)이다.
⑤ 여타 수송수단에 비해 저렴하다.

해설 | 해운서비스는 생산과 동시에 소비되는 즉시재(instantaneous goods)이다. 답 ①

5. 다음은 개품운송과 용선운송을 비교한 것이다. 다음 설명 중 잘못된 것은?

	개품 운송	용선 운송
① 형태	선사는 다수의 화주로부터 위탁받는 개개화물의 운송을 인수한다.	선사는 특정의 상대방과 특약하여 선복을 빌려주어 운송을 인수한다.
② 선박	부정기선(Tramper)	정기선(Liner)
③ 화주	불특정다수	특정화주
④ 화물	잡화와 같은 비교적 적은 화물	대량살물적화물 (원유, 철광석, 석탄, 곡물 등)
⑤ 운임률	공시운임률(Tariff Rate) (신고운임률)	수급관계에 의한 시세 (Open Rate)

해설 | 개품운송이 정기선, 용선운송이 부정기선이다. 답 ②

6. 해운정책의 유형 중 다음 설명에 해당하는 것을 고르시오.

> 해운 불황시에 도입되는 정책이다. 자본주의 사회에서 불가피한 시장의 경기변동 또는 경기순환이라고 불리는 주기성을 지닌 파동현상이 일국의 해운업과의 관계에서 일어나는 국가적 모순을 극복하기 위해 발동되는 정책이다. 따라서 이 정책은 단기적 사명을 띠는 것을 그 기본적 특징으로 하고 있다.

① 육성정책 ② 발전정책
③ 순환정책 ④ 구조정책
⑤ 유지정책

해설 | 순환정책에 관한 설명이다. 답 ③

7. 해운정책의 유형 중 해운업의 요람기에 발동하는 정책으로 장래 발전가능성이 있는 유치산업단계의 해운업이 선진 해운국으로부터의 경쟁과 다양한 환경변화 가운데서 자립발전의 힘을 갖출 때까지의 과정에 도입되는 유력한 국가지원 체제로서의 정책을 무엇이라고 하는가?

① 유지정책 ② 순환정책
③ 발전정책 ④ 구조정책
⑤ 육성정책

해설 | 육성정책에 관한 설명이다. 답 ⑤

8. 해상운송계약은 해상에서 선박에 의한 물품의 운송을 인수하는 계약으로 개품운송계약과 용선운송계약으로 구분된다. 다음의 설명 중에서 개품운송계약과 관련하여 맞지 않은 것은?

① 선박회사가 다수의 화주로부터 위탁받은 화물을 운송
② 원유, 철광석, 비료, 곡물 등의 대량화물을 운송
③ 주로 정기선 화물을 이용
④ 계약에 따라 선화증권, 화물수취증, 화물운송증 등을 발행
⑤ 운임률은 협정운임률(tariff rate)을 적용

해설 | ②는 용선운송계약에 해당한다. 답 ②

9. 다음 중 해운서비스의 특성에 해당하는 것이 아닌 것은?

① 해운서비스와 같은 유형재는 생산량을 계측하는 편리한 척도가 없어 이를 위해 운송되는 대상의 수, 무게, 용적, 운송거리 및 운송에 요하는 시간 등을 조합한 단위를 사용한다.
② 해운서비스는 저장이 불가능하므로 생산과 공급 그리고 소비가 동시에 이루어지며 이러한 의미에서 즉시재이다.
③ 해운서비스는 무형성으로 인해 대부분의 화주들은 해운기업으로부터 화물우송서비스를 받기 전까지는 그 기업의 서비스 품질을 확인할 수 없다.
④ 서비스를 사람기준과 장비기준 서비스로 구분하였을 때 해운서비스는 사람기준 속성범위는 낮으나 장비기준 속성범위는 매우 높다.
⑤ 해운서비스는 저장이 불가능하며 적재되지 않은 컨테이너선의 미사용 공간이나, 용선되지 못하고 계선 중인 부정기선의 용적은 보상받을 수 없다.

해설 | 해운서비스는 무형재이다. 답 ①

10. 다음 중 해운보호 정책에 관한 설명 중 올바르지 않은 것은?

① 국기차별(flag discrimination)이 절정에 달했던 것은 크롬웰의 항해조례(navigation law)였다.

② 1849년 항해조례의 폐지와 함께 해운보호정책의 기조는 일시적으로 보조금으로 이행되었다.

③ 1차 세계대전 이후 1국의 해운보호정책은 보조금과 화물유보가 공존하기 시작하였다.

④ 2차 세계대전 이후에는 발전도상국은 보조금을 기조로 하는 보호정책을 전개하였다.

⑤ 초다국간협정이라고 할 수 있는 정기선동맹 행동헌장이 발효되어 현재에 이르고 있다.

해설 | 2차 세계대전 이후에는 전통해운국이 화물유보를 버리고 보조금을 기조로 하는 보호정책을 전개한 것에 대해, 발전도상국은 화물유보를 채택하는 형태로 양자가 공존해 왔다.

답 ④

11. 다음의 해운보호정책의 수단 중 서로 관련이 가장 적은 것은?

① 항내에서의 우대
② 화물유보
③ 우편수송보조
④ 환관리에 있어서의 우대
⑤ 연안무역의 제한

해설 | ③은 해운보호정책의 수단 중 보조금에 해당하는 사항이며 나머지는 국기차별(flag discrimination)의 실천수단에 관한 사항이다.

답 ③

12. 다음 중 화물유보에 대한 설명으로 올바르지 않은 것은?

① 화물유보는 해운보조보다 더 간접적으로 해운에 영향을 미친다.

② 화물유보는 화물의 흐름에 영향을 미침으로써 그리고 해운서비스의 수요와 선박의 이용가능성 혹은 경쟁력에 영향을 미침으로써 해운서비스의 공급에 관계하고 있다.

③ 화물유보는 자국 무역수송량의 특정 쿼터 혹은 전부를 자국선에 선적하기 위해 정부가 일방적으로 취하는 정책수단이다.

④ 화물유보는 2국 간 무역의 전체 혹은 일부를 유보하려는 교역국에 의해 협정으로 채택된다.

⑤ 1950년대 이래 공통적인 형태는 50:50형의 유보였다.

해설 | 화물유보는 해운보조보다 해운에 더욱더 직접적인 영향을 미쳤다.

답 ①

13. 다음 중 화물유보가 해운에 미치는 즉각적인 영향에 대한 설명으로 올바르지 않은 것은?

① 화물유보는 고비용의 피보호선대의 화물점유율을 증대시킨다.
② 해운서비스의 공급자는 비효율적이고 고비용의 공급자로 대체된다.
③ 제3국적선이 비교우위를 지닌다 해도 특히 50:50의 2국 간 화물유보는 교역국에 속하지 않는 해운선사의 진입을 배제한다.
④ 정기선 시장에서 세분시장의 폐쇄는 화물의 흐름을 증대시킨다.
⑤ 화물유보는 전적으로 인위적인 적취율을 초래한다.

해설 | 정기선 시장에서 세분시장의 폐쇄는 화물의 흐름을 저해시킨다. 즉, 화물유보에 의해 화물량이 너무 적기 때문에 단위비용이 낮은 대형선이 화주의 수요를 충족시켜 주기 위한 빈도가 높고 정규적인 항해를 할 수 없다. 답 ④

14. 해운정책의 유형 중 정체 또는 쇠퇴기에 있는 해운업에 대한 정책으로 항구적인 요인에 의해 국제경제력이 하락하고 장래 발전가능성이 없을 것으로 예상되는 해운의 실태와 그에 대한 국가적 욕구와의 괴리를 동인으로써 발동하는 정책을 무엇이라고 하는가?

① 구조정책 ② 순환정책
③ 발전정책 ④ 육성정책
⑤ 유지정책

해설 | 유지정책에 관한 설명이다. 답 ⑤

15. 다음 중 "자국 운송량의 특정 쿼터 혹은 전부를 자국선에 선적하기 위해 정부가 취하는 정책수단" 과 관련 있는 것은 무엇인가?

① 화물유보 ② 수출유예
③ 해운보조금 ④ 수송선보호
⑤ 해운동맹

해설 | 화물유보에 관한 설명이다. 답 ①

16. 다음 중 해상운송의 단점이 아닌 것은?

① 항만시설에 하역기기 등의 설치가 필요하다.
② 기후에 민감하다.
③ 운송시간이 길다.
④ 타 운송수단과 비교하여 높은 위험이 존재한다.
⑤ 중량 제한이 있다.

해설 | ⑤는 항공운송에 관한 설명이다. 답 ⑤

17 경제정책과 사회정책의 개념을 초월한 국가정책의 범주 내에서 해운업이라는 일 산업의 성과를 최적수준으로 달성하고자 취하는 시책의 체계를 무엇이라고 하는가?

① 화물유보
② 수출유예
③ 해운정책
④ 수송선보호
⑤ 해운동맹

해설 | ③은 해운정책에 관한 설명이며 해운정책에 관한 유형으로는 육성정책, 발전정책, 순환정책, 구조정책, 유지정책이 있다.

답 ③

18. 해운보호정책의 수단 중 하나로 보조금의 지원이라는 직접적인 수단을 통하여 자국의 해운업을 조성하려는 것은 무엇인가?

① 해운정책
② 수송선보호
③ 국기차별
④ 해운보조제도
⑤ 해운동맹

해설 | 건조 · 구입 · 개선을 위한 직접보조, 운항비에 대한 직접보조, 우편수송보조 등이 이에 해당한다.

답 ④

19. 해운성장 측정의 기준 중 다음에서 설명하는 것은 무엇인가?

> 해운에 있어서 가장 통상적인 사고 방식은 (　　)의 증가를 측정하는 기준으로 하는 방법이다. 이 방식은 과거의 선박정책적인 사고에 입각한 것으로 그 나라가 보유하는 선박은 잠재적인 군사능력이며 국제수지의 유지 · 개선을 위한 외화획득 내지 절약을 위한 기준능력이라고 하는 관점에서 도출된 것이다.

① 영업이익
② 선복보유량
③ 운항선복량
④ 수출화물 및 운임수입
⑤ 톤 · 마일

해설 | 선복보유량에 관한 설명이다.

답 ②

20. 다음 중 해운서비스의 특성에 해당하는 것이 아닌 것은?

① 해운서비스는 저장이 가능하며 적재되지 않은 컨테이너선의 미사용 공간이나, 용선되지 못하고 계선 중인 부정기선의 용적은 보상받을 수 있다.
② 사용되지 않은 선박과 승무원은 각각 생산수단이고 잠재적인 노동력이지 해운서비스 그 자체는 아니다.
③ 운송서비스는 생산될 때가 공급될 때이며 동시에 소비되는 시간이다.
④ 해운기업은 그들의 서비스를 어떻게 이해하고 서비스 품질을 어떻게 평가하는지 알기 어렵다.

⑤ 해운산업에서 높은 불이용능력이 존재하는 것은 수요의 시간적 불균등 차이 또는 장소적 불규칙성 때문이다.

해설 | 해운서비스는 저장이 불가능하며 적재되지 않은 컨테이너선의 미사용 공간이나, 용선되지 못하고 계선 중인 부정기선의 용적은 보상받을 수 없다. 답 ①

단답식 연습문제

1. 해상에서 선박이라는 운송수단을 이용하여 사람이나 화물을 운송함으로써 그 대가인 운임을 획득하는 상행위를 무엇이라고 하는가?

답 해운 또는 해상운송

2. 괄호에 들어갈 알맞은 말을 쓰시오.

> (①) 해운의 경우 비공식적 서비스로 인해 고객에 대한 정보를 잘 모르고, 또한 지속적인 서비스가 되지 못하여 가격이 일정하지 못하다. 반면에 (②) 해운은 해운동맹을 통해 화주를 고정고객이나 회원으로 참여시킴으로써 지속적인 서비스가 가능할 뿐 아니라 화주에 대한 정보파악이 가능하여 시장세분화를 위한 정보를 쉽게 얻을 수 있다.

답 ① 부정기선, ② 정기선

3. 경제정책과 사회정책의 개념을 초월한 국가정책의 범주 내에서 해운업이라는 일 산업의 성과를 최적수준으로 달성하고자 취하는 시책의 체계를 무엇이라고 하는가?

답 해운정책

4. 해상운송계약의 종류 중 하나로 다수의 화주로부터 위탁받은 개개의 화물운송을 받아들이는 계약을 의미하며, 때로는 특정 화주에 대해 장기운송 계약을 체결할 때 COA 계약이라는 용어를 사용하기도 하는 것을 무엇이라고 하는가?

답 개품운송 계약

5. 해상운송계약의 종류 중 하나로 특정인에게 선복 전체를 제공하는 것으로 만재화물(滿載貨物)이나 대량화물의 수송에 유리한 것을 무엇이라고 하는가?

답 용선계약

6. 해운자유의 원칙에 반하는 해운보호정책의 수단은 크게 세 가지로 나눌 수 있다. 무엇인가?

답 해운보조, 국기차별(flag discrimination), 자국선의 참여확보를 위한 정부의 동맹개입

7. 다음에서 설명하는 것은 무엇인가?

> 보조금의 지원이라는 직접적인 수단을 통하여 자국의 해운업을 조성하려는 것으로 세부항목으로는 채산이 맞지 않음에도 운항을 하여야 하는 정기선사 등에 대한 운항보조금과 자국에서의 선박건조를 지원하기 위한 건조보조금 및 특수해상보험에 대한 보조금이나 개별기업에 대한 국가소속의 선박에 대한 리스 등이 있다.

답 해운보조제도

8. 해운성장 측정의 기준들을 서술하시오.

답 선복보유량, 운항선복량, 수출화물 및 운임수입, 톤 · 마일, 영업이익 등

9. 해운의 기능에 대해 서술하시오.

답 자원의 효율적인 배분, 국민소득 증대에 기여, 국제수지의 개선, 관련산업의 육성, 국방력의 강화, 국제경쟁력의 강화

주관식 연습문제

1. 해상운송의 장 · 단점에 대해 설명하시오.

장점으로는 대량운송이 용이하며, 장거리 운송에 적합하다. 그리고 운송비가 저렴하며 대륙 간의 운송이 가능하다. 반면에 단점으로는 항만시설에 하역기기 등의 설치가 필요하며 기후에 민감하다. 또한 타 운송수단과 비교하여 높은 위험이 존재한다.

III. 읽을거리

세계 30대 항만 中이 8곳 … 韓 동북아 허브전략 '시급' [오대양을 품은 동남권]中 · 싱가포르에 위협받는 부산항 등 우리 항만 경쟁력

중국 상하이항은 정부의 대대적인 지원에 힘입어 세계적인 환적 화물항으로 거듭나고 있다. 특히 중국 정부는 상하이항의 신항인 양산강에 오는 2050년까지 약 500억 위안을 투자, 선석 50개 규모의 대형 항만단지를 건설할 계획이다.

세계는 기후변화와 자원 및 에너지 부족 등 인류의 당면 과제 극복을 위해 국토정책을 내륙에서 해양 중심으로 전환하고 있다. 미국 · 중국 등 세계 주요 국가는 해양의 중요성을 인식해 과감한 해양 정책을 도입함으로써 국가 간 해양 패권의 경쟁이 심화되고 있는 게 현실이다.

우리나라는 지리적 이점을 바탕으로 한 동북아 물류 허브 전략에 따라 부산항을 세계 5위의 컨테이너 항만으로 육성시켰지만 세계 수출입 공장인 중국 항만의 성장에 따라 동북아 허브로서 우리 항만의 경쟁력과 위상이 계속 위협받고 있다.

세계 30대 항만에 상하이, 홍콩, 선전, 닝보, 다롄 등 중국 항만이 8개나 차지하고 있어 현 추세로라면 부산항은 중국의 부속항만으로 전락할 가능성이 있다는 성급한 관측도 나온다.

이에 따라 부산을 명실공히 해양수도로 인정하고 동북아 신해양 경제허브로 육성하자는 주장은 그래서 설득력이 있다.

재개발과 자동차 수출, 중공업 입지 등 부산항과 유사한 조건을 가진 중국 상하이항, 싱가포르항 등 이들 항만의 장점, 국가적 정책방향 등 벤치마킹 사례를 소개한다.

고성장 거듭하는 중국 상하이항

2005년까지만 해도 연간 2000만TEU(1TEU는 20피트 컨테이너 1개)에도 못 미치는 물량을 처리했던 중국 상하이항이 홍콩과 싱가포르항을 연이어 제치고 1위에 오르는 데는 불과 5년밖에 걸리지 않았다. 상하이항은 2005년 이후 줄곧 세계 1위 자리를 놓치지 않고 있다. 이는 중국 정부의 대대적인 지원과 폭발적인 산업 성장에 따른 엄청난 물량에 힘입은 결과다. 실제 중국 정부의 상하이항 개발은 시작부터가 달랐다. 일찍이 국제 해운허브로 육성한 덕분에 환적화물이 기하급수적으로 늘고 있다.

특히 양산 인근에 신항만을 건설하면서 세계 1위를 굳히는 모양새다. 양산항의 컨테이너 부두는 현재 16선석이 운영되고 있지만 2050년까지 약 500억위안을 투자, 선석 50개 규모의 대형 항만단지를 건설할 계획이다.

중국 정부는 관련 인프라 투자에도 적극 나서고 있다. 12조원 정도의 건설비용이 든 둥하이대교는 수면으로부터 다리의 높이가 40m로 최대 5000TEU급 선박이 통항할 수 있다. 이 대교가 시작되는 곳에는 인구 20만~30만명 규모의 배후도시도 개발됐다.

환적 세계 1위 싱가포르항

싱가포르는 금융을 매개로 세계 해양산업의 새로운 중심지로 거듭나고 있다. 지난 2006년 도입한 MFI(Maritime Finance Incentive)가 대표적이다. 이 법안은 선박리스 업체, 펀드와 투자신탁을 육성하기 위해 제정된 것으로 선박 확보 시 10년 동안 조세혜택이 보장된다. 이를 통해 선주들의 선박금융 조달 선택권이 다양해졌다.

그 결과 최근 5년 동안 새로 설립된 주요 선사들이 싱가포르에 둥지를 튼 것으로 집계됐다. 세계 주요 선사들도 연이어 이곳에 자회사들을 세우고 있다. 또한 세계 1위의 환적화물량을 자랑하고 있다. 싱가포르 정부는 고부가가치 상품인 환적화물을 늘리기 위해 액화천연가스(LNG) 선박연료 공급기지를 조성할 예정이다.

STX팬오션 이종철 부회장은 "선사들의 자금을 움켜쥔 세계 유력 선박금융은행이 싱가포르에 자리 잡으면서 세계 최대 철광석 생산업체인 발레 등 관련 산업의 대표적인 기업도 모여들고 있다"며 "이를 통해 싱가포르는 유무형의 막대한 부를 쌓고 있다"고 설명했다.

(파이낸셜뉴스, 2012-12-03) 윤정남 김호연 김병용 기자 yoon@fnnews.com

생각해 봅시다

1. 선진 허브항을 조사해 보고 부산항의 약점을 정리해 봅시다.
2. 중국 항만의 고성장에 대응할 수 있는 부산항의 요건을 생각해 봅시다.

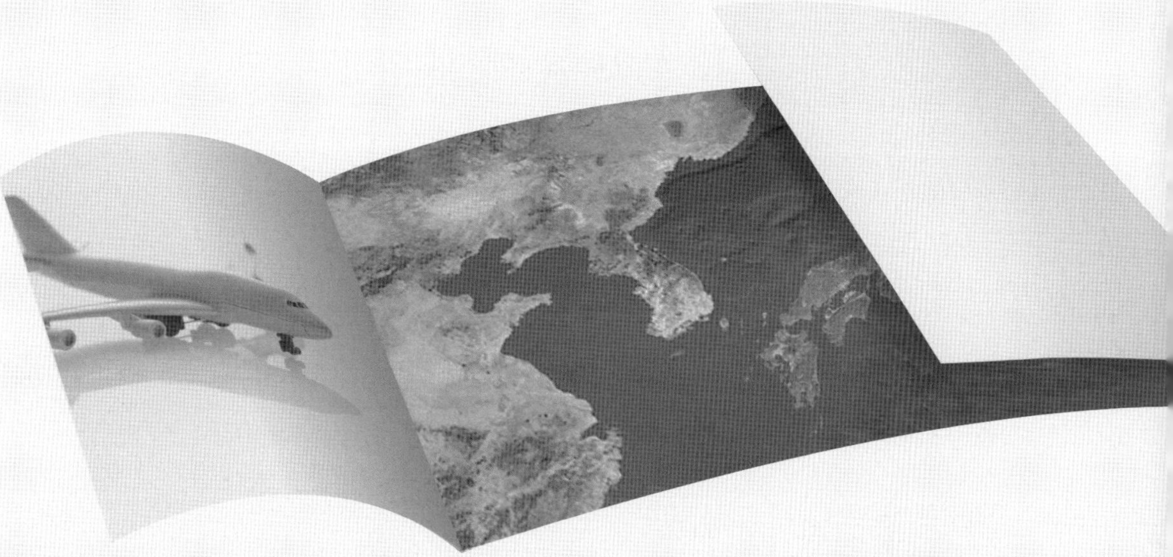

제5장

국제해상운송(II)

제5장

국제 해상운송(II)

I. 중요내용 핵심요약

출제경향 예상분석

- 용선계약 유형
- 정기선운송의 특징
- 정기선과 부정기선의 비교

1. 부정기선 해운

(1) 의의

① 부정기선은 주로 석유, 석탄, 광석, 곡물, 원목, 철강 등 대량의 화물을 화주가 요구하는 시기 및 장소에 맞춰 불규칙적으로 운항하는 운송형태이다.

② 특정항로를 일정한 시차를 두고 규칙적으로 반복 운항하는 정기선과 대비된다.

(2) 부정기선의 특징

① 항로선택이 용이하다.

② 대량화물을 대상으로 한다.

③ 운임은 계절적 화물의 동태, 경기변동 등에 따라 수요와 공급환경에 의하여 결정된다.

④ 수시로 항로를 변경해야 하므로 전 세계가 활동범위가 된다.

⑤ 정기선 운송과 같은 해운동맹의 형성이 어려우며 단일 시장에서의 자유경쟁이 전개되어 가격이 시장기능에 따라 변화할 수 있다.

⑥ 선박의 공급이 비탄력적이기 때문에 선박 수급이 균형을 이루기가 어렵다.

(3) 부정기선의 용선계약 유형

부정기선 운송시 화주는 운송업자와 용선계약(charter party)을 체결한다. 용선계약은 선박 전체를 빌리는 전부용선계약(whole charter)과 선박의 일부만을 빌리는 일부용선계약(partial charter)이 있다. 전부용선계약에는 특정 기간에 용선되는 정기용선계약과 특이한 형태의 나용선 운송계약이 있으며 특정 항해만 용선하는 항해용선계약이 있다.

〈표 5-1〉 부정기선의 용선계약 유형

용선계약	내용
정기용선계약 (Time Charter)	모든 장비를 갖추고 선원이 승선해 있는 선박을 일정기간 정하여 고용하는 계약이다.
나용선계약 (Bare Boat Charter)	선박만을 용선하여 인적 및 물적 요소 일체를 용선자가 부담하고 운항의 전부에 걸친 관리를 하는 계약이다.
항해용선계약 (Voyage Charter)	한 항만에서 다른 항만까지 화물운송을 화주인 용선자와 선주 간 체결하는 계약이다.
선복용선계약 (LumpSum Charter)	계약톤수에 따라 합계 얼마로 정하고 실제의 적재수량의 과다와는 관계없는 형태의 계약이다.
일대용선계약 (Daily Charter)	하루단위로 용선료를 정하는 계약이다.

핵심 *Note*

▶ 부정기선 운송시 화주는 운송업자와 용선계약(charter party)을 체결한다. 용선계약은 선박 전체를 빌리는 전부용선계약(whole charter)과 선박의 일부만을 빌리는 일부용선계약(partial charter)이 있다.

(4) 용선계약의 체결 절차

항해용선계약은 화주와 선복의 제공자인 운항업자 간 직접 체결되기도 하지만, 일반적으로 해운중개인을 통해서 체결된다.

① 조회(Inquiry)

화주가 화물의 종류, 수량, 선적시기, 운임률 등 조건에 맞는 선박중개를 의뢰하면 중개인은 화주의 조건과 일치하는 선박을 선사에 조회하게 된다.

② **확정청약(Firm Offer)**

수출업자로부터 조회를 받은 선사는 화주가 요구하는 조건을 검토 후 조건에 합당하면 화주에게 용선계약 체결을 신청하는데 이 신청서가 확정청약이다.

③ **반대청약(Counter Offer)**

선박회사가 제시한 조건을 일단 거절하고 새로운 용선계약조건을 제시하는 청약이 되며, 용선계약이 체결되기까지 수차례 청약과 반대청약의 과정을 거친다.

④ **선복확정서(Fixture Note)의 송부**

선사가 제시한 유효기간 내에 확정청약을 화주가 승낙하면 용선계약이 성립하는 것으로 이의 증빙으로 선복확정서를 작성하여 선주, 화주 및 중개인이 각각 1부씩 보관하게 된다.

⑤ **용선계약서(Charter Party)의 작성**

화주와 선사 간 조건이 맞으면 선복확정서에 따라 정식으로 용선계약서를 작성한다.

(5) 정기선과 부정기선 해운의 비교

해운업은 크게 대별하여 네 가지로 구분되지만, 정기선과 부정기선 해운이 가장 중요하다. 이상과 같은 다른 두 가지 서비스 형태를 비교해 보면 〈표 5-2〉와 같다.

2. 정기선 해운

(1) 의의

① 정기선 해운의 운송대상 화물은 벌크 해운과 달리 단위당 가격이 높고, 취득가격(CIF)에서 차지하는 운임비중이 적고, 따라서 운임부담력이 큰 화물이 주 대상이다.

② 주로 제품, 반제품, 식료품, 기타 고액상품 혹은 우편물 등이다. 이러한 화물은 아주 소량이므로 이들 소량 잡화물을 집합함으로써 특정 항로에서 선박의 규칙적인 반복항해가 상업적으로 가능해진다.

③ 해상 무역화물을 대상으로 운항 스케줄과 품목별 운임률표(tariff)를 공표하고 여

기에 의거하여 특정 항로에서 정기적으로 반복 항해하는 선박의 운항형태를 정기운항이라 하고, 여기에 종사하는 정기선 운송거래가 행해지는 추상적인 시장을 정기선 시장이라 한다.

〈표 5-2〉 정기선 · 부정기선 해운의 비교

구분	정기선 해운	부정기선 해운
운항형태	규칙성 · 반복성	불규칙성
운송인	• 보통운송인(Common Carrier) • 공중운송인(Public Carrier)	• 계약운송인(Contract Carrier) • 전용운송인(Private Carrier)
화물의 가치	고가	저가
화물의 성격	이종 화물	동종 화물
운송계약	선화증권(B/l)	용선계약서(Charter Party)
운임	동일운임(동일품목/상이한 화주), 공표된 운임률 적용, 동맹운임률	선박과 화물의 시장수요와 공급에 따라 결정
서비스	화주의 요구에 따라 조정	선주 · 용선자 간 협의 결정
선박	고가 · 구조 복잡	저가 · 구조 단순
조직	대형 조직	소형 조직
화물의 집하	영업부 직원	중개인
여객	제한적인 취급(카페리)	취급하지 않음

핵심 *Note*

▶ 정기선 · 부정기선 해운의 비교

① 정기선 해운: 정기적으로 반복 항해하는 선박의 운항형태

② 부정기선 해운: 화주가 요구하는 시기 및 장소에 맞춰 불규칙적으로 운항하는 운송형태

(2) 정기선 운송의 특징

① 반복되는 항해

정기선은 일정한 간격을 유지하며 사전에 지정되어 공표된 여러 항구를 순차적으로 기항, 주기적으로 항해하며 운송서비스를 제공한다.

② 공공서비스의 제공

밀수품, 전시 금수품 등이 아닌 적법화물을 대상으로 해서, 어느 특정화주 또는 제한된 화물만을 운송하기 위한 것이 아니며, 불특정 다수 화물을 대상으로 하는 대중운송서비스를 제공한다.

③ 고가서비스

정기선은 대체적으로 그 성격상 부정기선에 비해 고가선일 뿐만 아니라 운송화물 자체가 완제품 내지는 반제품이 주종인 관계로 원자재나 농·광산물로 구성된 부정기선 화물에 비해 비싼 편이며, 물론 운임 역시 부정기선 운임에 비해 수준이 높다.

④ 표준화된 계약

부정기선 화물은 화물의 종류, 수량에 따라 개개의 운송계약이 체결되나 정기선 운항에서는 화물의 크기, 종류에 무관하게 정형화된 계약, 즉 통일된 운송계약이 사용된다.

⑤ 운임률표

정기선 항로에서는 서비스 자체가 공공성을 띠고 있기 때문에 운임률표를 작성, 이를 공시하도록 하고 있으며 관계당국이 필요하다고 판단될 때에는 이를 조정할 수도 있다.

⑥ 대형조직

다양한 화물의 취급 및 여러 항구를 기항하므로 취항항구마다 점소를 두게 됨으로써 조직규모가 대형이다.

⑦ 위험도가 높은 사업

정기선은 화물이 있든 없든 정기적으로 일정에 맞추어 운항해야 하기 때문에 일정항로를 서비스하기 위해서는 많은 선박이 필요하며 다량의 자본을 요하는 위험도가 높은 사업이다.

(3) 정기선의 운임

① 정기선 운임산정의 기준

정기선 운임은 운임률이 해운동맹에 의해 협정이 되고 있어 독점가격으로서의 성격이 강하고 따라서 해운시장의 변동에 영향을 받지 않아 비교적 안정적이다. 정기선 운임의 산정 기준은 용적 또는 중량으로 하고 있으며 고가품인 경우에는 가격을 기준으로 하고 있다.

- **중량기준:** 중량을 기준으로 산정하는 방법으로서 항로, 지역에 따라 중량기준치의 차이가 있다.
- **용적기준:** 용적을 기준으로 운임을 산정하는 방법으로 나라와 상품에 따라 적용되는 단위와 기준치는 차이가 있다.
- **가격기준:** 귀금속 등 고가화물은 취급상 특별한 주의를 필요로 하며 손해에 대한 보상액이 고가이기 때문에 용적 및 중량에 관계없이 그 가격에 대하여 일정률의 운임이 부가된다.

(4) 해운동맹

① 해운동맹의 의의

해운동맹은 특정항로에 취항하고 있는 둘 이상의 정기선사가 상호 독립성을 유지하면서 대내적으로 과당경쟁을 배제하고, 대외적으로는 독점력을 강화하여 회원사 상호간의 경제적 지위를 향상 · 유지시킬 목적으로 운임, 적취량, 배선, 기타 운송 조건에 관해 협정 또는 계약을 체결한 국제카르텔이다.

② 해운동맹의 형태

- **개방형 동맹(Open Conference):** 동맹에 대한 가입과 탈퇴가 자유스러운 동맹을 말한다. 일반적으로 개방형 동맹은 선복조정의 기능이 약해서 동맹의 기능은 같은 화물에 대해서 가맹선사가 서로 같은 운임으로 운송한다는 것에 합의하는 정도의 단순 운임협정으로서의 색채가 강하다.
- **폐쇄형 동맹(Closed Conference):** 매우 강력한 국제카르텔로서 가입시 기존

질서의 유지를 위해 동맹계약준수의 신뢰성, 선주의 능력과 과거 실적, 항로의 선복 과잉 여부 등을 엄격하게 심의함으로써 신규 가입이 까다로운 동맹이다.

③ 해운동맹의 장 · 단점

해운동맹의 장 · 단점은 다음과 같은 것을 들 수 있다.

〈표 5-3〉 해운동맹의 장 · 단점

장점	단점
• 정기운항의 유지로 무역거래의 편리 • 투자자본 안정에 따른 운항서비스의 촉진 • 운임안정을 통한 생산 및 판매계획 수립 용이 • 합리적 배선으로 원가 절감 • 동맹가입을 통한 영세선사의 구제 • 모든 화주에 균등운임의 적용	• 동맹의 독점성에 따른 초과이윤의 획득 • 동맹선사 이용 시 저렴한 운임률 제공으로 타 선사 이용 곤란 • 동맹의 일방적 정책에 의한 다량화주의 불합리한 운임책정 • 독점성의 남용 • 기항지의 축소로 인한 불편 제공 • 동맹의 집합독점성에 대한 비합리성

핵심 *Note*

▶ 해운동맹의 장 · 단점

① 장점: 운임안정을 통한 생산 및 판매계획 수립이 용이하며 합리적 배선으로 원가를 절감한다.

② 단점: 동맹의 집합독점성에 대한 비합리성과 독점성의 남용

(5) 해운동맹의 맹외선 대책

① 동맹에 의해 가맹선사 상호의 경쟁을 억제하고 시장의 대부분을 지배할 수 있다 하더라도 동맹에 참가하지 않는 소위 맹외선(outsider)의 진출에 끊임없이 위협받게 된다.

② 동맹측에서는 새로운 경쟁자, 즉 맹외선의 진출을 억제하기 위해 이중운임제, 운임연루제 등 각종 화주 구속수단이나 맹외선 대책을 강구하기도 했다.

(6) 해운동맹의 약화와 폐지

1960년대 후반에 컨테이너화가 등장한 이후 해운동맹기능은 약화되었다. 이러한 해운동맹의 약화는 컨테이너화라고 하는 기술혁신에 의한 정기선시장의 성격변화와 그러한 시장이 유도한 제도적 혹은 법적인 변혁에서 비롯되었다.

1960년대 들어와 정기선 시장은 컨테이너 전용선으로 빠르게 대체되어 나갔다. door to door 서비스, 통관절차의 대행 등 서비스가 우수하고 화물의 보관, 하역, 운송이 용이하여 보험료가 저렴해지고 운송안전성이 대폭 향상되었다. 특히 door to door 서비스의 확대로 인해 내륙 장치장 및 운송 시설을 확보해야 하는 선주들의 입장에서 동맹은 영업의 방해 요인으로 작용하였다. 즉, 일괄 서비스의 제공에 있어 해운동맹은 시대의 요구를 따라가지 못하게 되었고 이로 인해 동맹의 해체가 급속히 진전되었다.

1984년 미국의 해운법은 '독자행동권(Independent Action)'을 의무화하고 동맹의 단체행동의 대부분을 금지하였다. 또한 일정한 기간 안에 일정량 이상을 선적할 것을 조건으로 특정 하주에게 특별한 운임이나 서비스를 제공할 것을 약속하는 계약을 인정하였고 대량하주 할인 운임 등의 제도를 신설하였다. 1998년 제정된 미국의 외항해운개혁법은 시장원리에 입각한 경쟁 촉진적이고 효율적인 해상운송 시스템을 유지하는 것을 목적으로 비공개 서비스 계약제도(Secret Contract: SC)를 의무도입하였다.

따라서 동맹 내의 개별 선사들은 화주와 비공개로 독자적인 운임계약을 체결할 수 있게 되었으며 이를 공표할 필요가 없었다. 이러한 일련의 미국의 자유시장 지향적인 정책들로 동맹의 와해는 가속화되었다.

또한 폐쇄적 해운동맹을 허용하였던 유럽 역시 EU의 독점금지법 해운산업 일괄 면제를 2008년 10월부터 폐지하였다. 이로써 EU 역내에서 해상운임 및 수량을 제한하는 어떤 행위도 할 수 없으며 해운동맹 및 이와 유사한 일체의 단체도 허락되지 않게 되었다.

(7) 항로안정화 협정

컨테이너화 이래 30년 동안 재래 정기선 시대에는 보이지 않았던 새로운 기업간 협조 형태인 컨소시엄, 광역동맹, 항로안정화 협정 등이 출현하였다. 이 사이 기존의 해운동맹이 다수 소멸하였다. 새로운 협조 형태는 종래의 해운동맹의 붕괴 또는 약체화에 대응하여 그것을 대체 혹은 보완하는 것으로서 등장하였다. 하지만 컨소시엄이라는 사업운영 형태는 본래보다 일반적인 성격을 지니는 것으로, 그 모든 것이 해운동맹의 약체화와 직접 관련을 지니는 것이 아님을 주의할 필요가 있다.

항로안정화 협정이란 태평양, 아시아, 유럽 및 대서양의 주요 항로에서 체결된 일련의 선사간 협정을 가르킨다. TSA(북미항로 동항의 항로안정화 협정), TAA(대서양 항로안정화 협정) 등이 대표적인 사례이다.

(8) 거대 컨소시엄의 탄생

① 컨소시엄은 역사적으로는 1960년대 말에 영국계의 정기선 기업을 중심으로 하는 구주제국의 선사가 컨테이너화의 개시에 따라 결성되기 시작하였다고 본다.

② 컨소시엄의 특색은 운임면에서 협조 행위를 포함하지 않고, 개별 참가선사의 합리화 및 서비스 질의 향상을 위한 협조를 전개하는 점이다. 구체적으로는 배선 스케줄의 조정, 선박 스페이스의 상호융통, 항만시설의 공동이용, 수입 내지 운항이익의 푸울링, 선복조정 등이 전형적인 예이다.

〈표 5-4〉 글로벌 제휴 그룹 및 참여선사 현황

그룹	유럽(EU)	미국	일본	기타
뉴월드 얼라이언스		APL[1]	MOL	현대상선(한국)
그랜드 얼라이언스	P&ON영국 Hapag-Lloyd(독일)		NYK	OOCL(홍콩)
머스크-시랜드	Maersk-sealand (덴마크)			
유나이티드 얼라이언스	Senator (독일)[2]		K-Line	한진해운, 조양상선(한국), UASC(아랍)
Cosco/K-Line/YML				Cosco(중국) YML(대만)
에버그린/LT	LT(이탈리아)[3]			Evergreen(대만)

1) 싱가포르선사 NOL이 인수하고 미국적 및 미국선사의 명칭을 계속 사용함.
2) 한진해운이 인수함.
3) Evergreen사가 인수함.

핵심 Note

- ▶ 컨소시엄은 역사적으로는 1960년대 말에 영국계의 정기선 기업을 중심으로 하는 구주제국의 선사가 컨테이너화의 개시에 따라 결성되기 시작하였다고 본다.
- ▶ 컨소시엄의 중요성은 그것이 오늘날 초대형 선사(Mega Carrier)의 경영방법에서 필수적인 소위 범세계적인 제휴(Global Alliance)를 구체화하는 수단이 되기 때문이다.

③ 컨소시엄의 중요성은 그것이 오늘날 초대형 선사(Mega Carrier)의 경영방법에서 필수적인 소위 범세계적인 제휴(Global Alliance)를 구체화하는 수단이 되기 때문이다. Global Alliance의 기본적인 목적은 첫째, 항로수를 증가시킴으로써 제공하는 서비스 범위의 확대와 수준의 향상을 도모하며 둘째, 선사의 투자 부담의 억제와 투자 리스크를 경감하는 것이다.

④ 독립적인 글로벌 경영체제 구축이 불가능한 선사들은 주요 선사간 글로벌 제휴(Global Alliance) 체제를 구축함으로써 전 세계적인 서비스망을 확보하고 있다.

⑤ 글로벌 제휴체제는 선박의 공동운항, 터미널의 공동이용, 컨테이너 및 장비의 공동사용, 육상물류망의 공유 등을 전 세계에 걸쳐 실현시키는 주요 선사 간 전략적 제휴로서 개별 선사 간 투자를 최소화하면서 우선 서비스면에서 글로벌 경영체제를 확보하는 수단으로 활용된다.

(9) 아시아 컨테이너 해운시장

① 아시아를 둘러싼 무역의 확대는 이 지역에서 거대한 해운수요를 창출하였다. 그 중에서도 자동차 부품, 전기제품, 섬유제품, 식료품제품 등의 운송에 적합한 해상 컨테이너 운송이 크게 발전되었다.

② 아시아, 북미, 구주의 3극을 상호 연결하는 간선항로(trunk line)는 세계의 주요 선사가 격심한 경쟁을 끊임없이 벌이고 있는 곳이며, 특히 아시아 선사가 대두한 결과, 다수의 아시아 선사가 진입해 있는 북미항로에서는 1980년대 이후 격렬한 경쟁이 계속되었다.

③ 북미항로 및 구주항로의 경우 아시아 중심의 동 · 서 기간항로 해상 컨테이너 물동량이 크게 증가하였고 아시아 역내 해상 컨테이너 물동량도 급증하여 세계 해운시장의 중심축이 아시아권으로 이동하고 있는 실정이다.

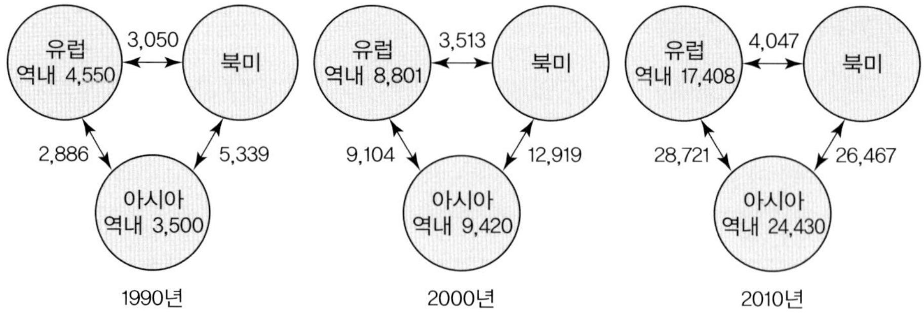

그림 5-1 세계3대 주요지역 간 및 컨테이터 물동량 추이

(10) 컨테이너선 초대형화

선박과 관련된 기술혁신은 고속화, 대형화, 자동화 및 전용화의 4가지 방향으로 진행되어 왔다. 세계 주요 컨테이너선사들은 컨테이너선의 대형화를 통해 규모의 경제효과를 실현함으로써 고도화된 서비스체계를 구축하는 한편, 저운임에 의한 물류비절감을 추구하는 화주의 요구를 충족시키고 있다.

〈표 5-5〉 글로벌 제휴 그룹 및 참여선사 현황

구분	제1세대	제2세대	제3세대	제4세대	제5세대	제6세대	제7세대	제8세대
길이 (m)	190	210	210~290	270~300	290~320	305~310	355~360	365
속력 (노트)	16	23	23	24~25	25	25	26.4	-
흘수 (m)	9	10	11.5	13~14	13~14	13.5~14	14.5	15
적재량 (TEU)	1,000	2,000	3,000	4,000 이상	4,900 이상	6,000 내외	8,000 내외	12,500 내외
시기	1960년대	1970년대	1980년대	1984년	1992년	1996년	2000년	2005년
선형	개조선	Full Container	Panamax	Post Panamax	Post Panamax	Super Panamax	Super Panamax	Ultra Panamax

제5장

국제 해상운송(II)

II. 핵심문제 및 예상문제

출제포인트

- 부정기선 용선계약의 유형
- 정기선 해운
- 컨소시엄의 특색
- 해운동맹의 의의

출제예상비율

- 매년 3~4문제 출제(기말시험)

객관식 연습문제

1. 해상운송계약은 해상에서 선박에 의한 물품의 운송을 인수하는 계약으로 개품운송계약과 용선운송계약으로 구분된다. 다음 중 용선운송계약과 관련하여 맞는 것은?

① 선박회사가 다수의 화주로부터 위탁받은 화물을 운송

② 주로 정기선 화물을 이용

③ 원유, 철광석, 비료, 곡물 등의 대량화물을 운송

④ 계약에 따라 선화증권, 화물수취증, 화물운송증 등을 발행

⑤ 운임률은 협정운임률(Tariff Rate)을 적용

해설 | 개품운송은 주로 컨테이너화물 및 유니트화물을 운송하고, 용선운송은 철광석, 석탄, 곡물 등의 대량 살화물을 운송한다.

답 ③

2. 부정기선의 특징으로 올바르지 않은 것은?

① 항로선택이 용이하다.

② 운임은 계절적 화물의 동태, 경기변동 등에 따라 수요와 공급환경에 의하여 결정된다.

③ 수시로 항로를 변경해야 하므로 전 세계가 활동범위가 된다.

④ 정기선 운송과 같은 해운동맹의 형성이 어려우며 단일 시장에서의 자유경쟁이 전개되어 가격이 시장기능에 따라 변화할 수 있다.

⑤ 선박의 공급이 탄력적이기 때문에 선박 수급이 균형을 이루기가 쉽다.

해설 | 부정기선의 경우 선박의 공급이 비탄력적이기 때문에 선박 수급이 균형을 이루기가 어렵다.

답 ⑤

3. 해운동맹에서 화주구속수단에 해당하는 것은?

① Fighting ship
② Closed conference
③ Fidelity rebate system
④ Open conference
⑤ Pooling agreement

해설 | 성실할려제도(Fidelity Rebate System), 계약운임제도(Contract Rate System), 운임연할려제도(Deferred Rebate System) 등의 수단으로 화주를 구속하고 있다. 답 ③

4. 용선운임의 한 종류로 운송화물의 규모와 관계없이 항해 단위나 선복의 크기를 단위로 계산하여 지불하는 운임이며, 수량산정이 곤란할 때 선주에게 유리한 운임은?

① 공적운임(Dead Freight)
② 반송운임(Back Freight)
③ 선복운임(Lump Sum Freight)
④ 비율운임(Pro Rate Freight)
⑤ 선불운임(Prepaid Freight)

해설 | 지불조건에 따른 용선운임의 종류로서 선복운임을 말한다. 답 ③

5. 다음은 정기선 화물 종류에 대한 설명이다. 이 중 잘못 설명된 것은?

① 정량화물(Clean Cargo) – 포장이 잘 되고 그 내용물도 청결, 건조한 것으로써 다른 화물과 혼재 접촉하여도 다른 화물을 손상시킬 우려가 없는 화물을 말한다.
② 조잡화물(Rough Cargo) – 오염, 흡습, 융해 또는 분말이나 악취를 발산하여 다른 화물도 오손시킬 우려가 있는 화물로서 생피혁, 어분, 시멘트 등이 이에 속한다.
③ 유독성화물(Poisonous Cargo) – 접촉하면 사람의 피부가 상하고 호흡하면 내장이 상할 우려가 있는 것으로 호산, 유산, 암모니아 가스 등이 해당된다.
④ 발화성화물(Flammable Cargo) – 아세틸렌가스, 탄산가스, 일산화탄소 등 압축 또는 액화하여 용기에 넣은 것으로 폭발의 위험을 내포하고 독성을 가진 화물을 말한다.
⑤ 중량화물(Heavy Cargo) – 기관차, 발전기, 보일러 등 1개 단위화물의 중량이 특별히 큰 화물을 말한다.

해설 | 발화성화물은 휘발유, 알콜, 성냥 등의 가연성 가스를 발생시키거나 자연발화가 쉬운 화물을 말한다. 지문 내용은 압축·액화가스를 설명하는 것이다. 답 ④

6. 해운동맹의 장점에 대해서 옳지 않은 것은?

① 정기운항의 유지로 무역거래의 편리
② 동맹가입을 통한 대형선사의 구제
③ 운임안정을 통한 생산 및 판매계획 수립 용이
④ 합리적 배선으로 원가 절감
⑤ 모든 화주에 균등운임의 적용

해설 | 해운동맹은 동맹가입을 통한 영세선사를 구제한다. 답 ②

7. 용선계약의 유형으로서 한 항만에서 다른 항만까지 화물운송을 화주인 용선자와 선주 간 체결하는 계약은?

① 정기선용선계약 ② 나용선계약
③ 항해용선계약 ④ 선복용선계약
⑤ 일대용선계약

해설 | 항해용선계약은 한 항만에서 다른 항만까지 화물운송을 화주인 용선자와 선주 간 체결하는 계약이다. 답 ③

8. 하루단위로 용선료를 정하는 계약은?

① Time Charter ② Bare Boat Charter
③ Voyage Charter ④ Daily Charter
⑤ Lump Sum Charter

해설 | 일대용선계약은 하루단위로 용선료를 정하는 계약이다. 답 ④

9. 선박과 관련된 기술혁신은 4가지 방향으로 진행되어 왔다. 그 중 옳지 않은 것은?

① 고속화 ② 대형화
③ 자동화 ④ 쾌적화
⑤ 전용화

해설 | 쾌적화는 항공운송에서 더욱 높으며, 선박의 기술혁신과 관련한 방향은 아니다. 답 ④

10. 컨소시엄의 특색으로 옳지 않은 것은?

① 배선 스케줄의 조정 ② 선박 스페이스의 상호융통
③ 항만 시설의 개별이용 ④ 수입 내지 운항이익의 푸울링
⑤ 선복조정

해설 | 컨소시엄의 특색은 개별 참가선사의 합리화 및 서비스 질의 향상을 위한 협조를 전개하는 점으로서 항만시설을 공동으로 이용한다. 답 ③

11. 다음은 용선계약 체결과정의 순서로 올바른 것은?

① 조회 〉 용선계약서 작성 〉 확정청약 〉 반대청약 〉 선복확정서 송부
② 조회 〉 확정청약 〉 반대청약 〉 선복확정서 송부 〉 용선계약서 작성
③ 조회 〉 선복확정서 송부 〉 확정청약 〉 반대청약 〉 용선계약서 작성
④ 조회 〉 반대청약 〉 확정청약 〉 선복확정서 송부 〉 용선계약서 작성
⑤ 조회 〉 용선계약서 작성 〉 반대청약 〉 확정청약 〉 선복확정서 송부

해설 | 용선계약 체결과정은 조회 〉 확정청약 〉 반대청약 〉 선복확정서 송부 〉 용선계약서 작성 순이다. 답 ②

12. 정기선 운송의 특징으로 옳지 않은 것은?

① 반복되는 항해

② 위험도가 낮은 사업

③ 공공서비스의 제공

④ 고가서비스

⑤ 표준화된 계약

해설 | 정기선은 화물이 있든 없든 정기적으로 일정에 맞추어 운항해야 하기 때문에 일정항로를 서비스하기 위해서는 많은 선박이 필요하며 다량의 자본을 요하는 위험도가 높은 사업이다.

답 ②

13. 해상운송에 있어서 정기선 운송(Liner)과 부정기선 운송(Tramper)의 비교에 대한 설명 중 맞지 않은 것은?

① 정기선 운송은 이종화물을 취급하고, 부정기선 운송은 동종화물을 취급한다.

② 정기선 운송은 화주의 요구에 따라 서비스가 조정되고, 부정기선 운송은 선주와 용선자 간의 협의에 의해 서비스가 결정된다.

③ 정기선 운송은 제한적으로 여객을 취급하지만, 부정기선 운송은 여객을 취급하지 않는다.

④ 주로, 정기선 운송은 중개인이 화물집화를 담당하는 반면에 부정기선 운송은 영업부 직원이 화물집화를 담당한다.

⑤ 운송계약은 정기선 운송은 선화증권(B/L)으로 체결하고, 부정기선 운송은 용선계약서(Charter Party)로 체결한다.

해설 | 정기선 운송은 영업부직원이 화물집화를 담당하고 반면에 부정기선 운송은 중개인이 화물집화를 담당한다.

답 ④

14. 항해용선계약(Voyage Charter Party)에 관한 설명 중 틀린 것은?

① 용선자는 선복을 이용하고 선주는 운송행위를 한다.

② 용선료를 용선기간에 따라 결정하고 용선개시 전에 미리 선급한다.

③ 용선자는 선주에게 운임을 지급하고 선주는 선박운항에 따른 제 비용을 부담한다.

④ 선주와 용선자 간의 계약내용으로는 선내하역비 부담조건과 정박기간에 관한 사항이 중요시된다.

⑤ 용선자는 재용선자에 대해 감항담보의 책임이 없다.

해설 | 용선료를 용선기간에 따라 결정하고 용선개시 전에 미리 선급하는 것은 정기용선계약에 해당한다.

답 ②

15. 최근 해상운송시장의 환경변화에 대한 다음의 설명 중 그 내용이 사실과 비교적 다른 것은?

① 세계일주서비스의 등장과 미국 신해운법의 제정 및 개정 등의 영향으로 전통적인 해운동맹은 그 위상이 두드러지게 약화되고 있다.

② 해상운송에 관련된 국제조약이나 규칙 등에 화주측의 요구가 반영되는 폭이 점차 커지고 있다.

③ 운송수요의 변화와 조선기술의 비약적인 발달 등에 힘입어 일부 선박들은 운송효율화를 위해 고속화, 대형화되는 추세에 있다.

④ 국제복합운송이 보편화되면서 정기선사들의 서비스영역이 점차적으로 확장되고 있다.

⑤ 정기선사들은 선박 운항상의 낭비요소인 공선항해(ballast voyage)율을 낮출 목적으로 전체 선대 중 겸용선의 비중을 점차 높이고 있다.

해설 | 선박 운항상의 낭비요소인 공선항해(ballast voyage)율을 낮출 목적으로 전체 선대 중 겸용선의 비중을 점차 높이고 있는 것은 부정기선사들에 해당한다. 답 ⑤

16. 최근 해상운송시장의 변화 중 하나로 전략적 제휴(Strategic Alliance)를 들 수 있다. 이에 관한 설명으로 옳지 않은 것은?

① 전략적 제휴는 규모의 경제효과를 통해 운송서비스의 수준과 운항 효율의 향상을 실현할 목적으로 주로 대형 컨테이너선사 상호 간에 형성되고 있는 일종의 공동운항 형태이다.

② 전략적 제휴의 참여사들은 서로 대등한 관계에서 상호 간에 보완적인 파트너십을 형성하고 있다.

③ 전략적 제휴는 그 서비스의 범위가 특정 항로로 제한된다는 점에서 조인트 서비스(joint service)와 구분된다.

④ 전략적 제휴의 대표적인 경우는 APL과 미쯔이 해운이 창설한 글로벌 얼라이언스를 들 수 있다.

⑤ 전략적 제휴의 참여사들은 배선간격의 단축, 신뢰 강화에 따른 참여선사 간의 경쟁억제, 참여선사 간 영업에 관련된 시장정보의 공유 및 터미널운영비의 절감 등과 같은 효과를 거둘 수 있다.

해설 | 전략적 제휴는 항로수를 증가시킴으로써 제공하는 서비스 범위의 확대와 수준의 향상을 도모하는 것에 있다. 답 ③

17. 다음에 설명하는 것은 용선운임의 한 종류이다. 설명에 적합한 것은?

① 공적운임(Dead Freight) ② 반송운임(Back Freight)

③ 비율운임(Pro Rate Freight) ④ 선복운임(Lump Sum Freight)

⑤ 선불운임(Prepaid Freight)

해설 | 공적운임은 계약수량의 화물을 전량 선적하지 못했을 경우 선적되지 않은 부분에 대해서도 지불하여야 하는 운임이다. 답 ①

18. 다음 중 정기선 운임구조 중에서 부대비용에 속하지 않는 것은?

① CFS Charge ② Documentation Fee
③ Terminal Handling Charge ④ Diversion Charge
⑤ Destination Delivery Charge

해설 | CFS Charge, Terminal Handling Charge(터미널화물처리비), Documentation Fee(서류발급비), Destination Delivery Charge(도착지화물인도비용)은 부대비용에 해당한다. 답 ④

19. 해상화물운송을 위하여 선주로부터 그 선복의 일부 또는 전부를 용선하는 용선운송계약의 종류에 대한 다음 설명 중 잘못된 것은?

	구분	항해용선계약	정기용선계약	나용선계약
①	선장고용책임	선주가 선장 임명 및 지휘감독	선주가 선장 임명 및 지휘감독	임차인이 선장 임명 및 지휘감독
②	책임한계	용선자는 선복 이용, 선주는 운송행위	용선자는 선복 이용, 선주는 운송행위	임차인이 선박을 일정기간 사용 및 운송행위
③	운임결정기준	선복으로 결정	기간에 의하여 결정	임차료는 기간을 기초로 결정
④	용선자의 비용부담	연료, 항비, 하역비, 예선비, 도선료	항해용선비 중 감가상각비 이외의 비용	부담비용 없음
⑤	기항담보	용선자는 재용선자에 대하여 기항담보 책임 없음	용선자는 재용선자에 대하여 기항담보 책임 없음	임차인은 화주 또는 용선자에 대하여 기항담보 책임 있음

해설 | 항해용선계약의 경우 용선자의 비용부담은 없으며 정기용선계약은 용선자가 연료, 항비, 하역비, 예선비, 도선료 등을 부담하며 나용선계약의 경우 항해용선 중 감가상각비 이외의 비용을 부담한다. 답 ④

20. 정기선 운임의 종류 중에서 1개 이상의 운송기관에 의해 운송되는 화물에 대하여 일괄적으로 적용되는 운임은?

① 박스(Box Rate)
② 접속 운임(Overland Common Point Rate)
③ 무차별 운임(Freight All Kinds Rate)
④ 통 운임(Through Rate)
⑤ 종가 운임(Ad Valorem Freight)

해설 | 1개 이상의 운송기관에 의해 운송되는 화물에 대해 일괄적으로 적용되는 운임은 통 운임이다. 답 ④

21. 거대 컨소시엄의 특징으로 옳지 않은 것은?

① 상이한 지역의 유력 선사에 의한 제휴이다.
② 세계적 규모의 제휴이다.
③ 유럽 시장에 중점적으로 대응한 제휴이다.
④ 장기적이고 포괄적인 제휴이다.
⑤ 시장의 안정화 효과와 코스트 삭감 효과, 서비스 수준의 향상을 기대한다.

해설 | 다수의 컨소시엄이 아시아 선사를 멤버로 포함하고, 성장이 현저한 아시아 시장에 중점을 둔 항로 체제가 짜여지고 있다.

답 ③

22. 부정기선 운송과 관련한 용어를 설명한 것이다. 다음 중 옳지 않은 것은?

① CQD(Customary Quick Despatch)는 해당 항만의 관습적 하역방법에 따라 가능한 신속하게 적재 또는 양륙하는 조건을 의미한다.
② 조출료(Despatch Money)는 약정된 정박기간 이전에 하역완료시 그 단축기간에 대해 선주가 용선자에게 지급하는 보수로서 체선료의 1/2 수준이다.
③ 체선료(Demurrage)는 용선계약에서 약정된 정박 기간을 초과하여 선적하거나 양륙한 시간에 대해 용선자가 선주에게 지급하기로 약정한 금액을 의미한다.
④ N/R(Notice of Readiness)은 선장이 용선자에게 제출하는 출항준비완료통지를 의미한다.
⑤ WWD(Weather Working Days)는 기상조건이 양호하여 하역작업이 가능한 날만을 정박기간에 산입하고, 악천후로 하역작업이 불가능한 작업일은 정박기간에 포함하지 않는다.

해설 | 항해용선계약하에서 화물이 운송되는 경우, 본선이 선적항 또는 양륙항의 선석에 도착하여 하역할 준비를 모두 마치고 언제라도 하역할 수 있다는 취지를 본선의 선장이 상대방인 용선자, 즉 하주에게 통지하는 통지서이다.

답 ④

단답식 연습문제

1. 특정항로에 취항하고 있는 둘 이상의 정기선사가 상호 독립성을 유지하면서 상호 간의 경제적 지위를 향상·유지시킬 목적으로 운임, 적취량, 배선, 기타 운송 조건에 관해 협정 또는 계약을 체결한 것은 무엇인가?

답 해운동맹

2. 선박만을 용선하여 인적 및 물적 요소 일체를 용선자가 부담하고 운항의 전부에 걸친 관리를 하는 계약은 무엇인가?

답 나용선계약

3. 컨테이너화 이래 30년 동안 재래 정기선 시대에는 보이지 않았던 새로운 기업 간 협조 형태인 컨소시엄, 광역동맹, (　　) 등이 출현하였다.

답 항로안정화 협정

4. 해운동맹의 형태로서 선복조정의 기능이 약해서 같은 화물에 대해서 가맹선사가 서로 같은 운임으로 운송한다는 것에 합의하는 정도의 단순 운임협정으로서의 색채가 강한 동맹 형태는?

답 개방형동맹

5. 석유, 석탄, 광석, 곡물, 원목, 철강 등 대량의 화물을 화주가 요구하는 시기 및 장소에 맞춰 불규칙적으로 운항하는 운송형태는?

답 부정기선 해운

6. 정기선운임의 산정 기준은 용적 또는 중량으로 하고 있으며 고가품인 경우에는 (　　)을 기준으로 하고 있다.

답 가격

주관식 연습문제

1. 정기선 해운에 대해서 설명하시오.

해상 무역화물을 대상으로 운항 스케줄과 품목별 운임률(tariff)을 공표하고, 여기에 의거하여 특정 항로에서 정기적으로 반복 항해하는 선박의 운항형태를 정기운항이라고 하고, 여기에 종사하는 정기선의 운송 거래가 행해지는 추상적인 시장을 정기선 시장이라고 하고 있다. 정기선은 벌크선과 달리, 한번 특정 항로에 배선되면 항로 간 이동은 거의 일어나지 않고, 당해 항로에 고정되는 것이 일반적이다.

2. 컨소시엄의 특색에 대해서 설명하시오.

컨소시엄의 특색은 운임면에서 협조 행위를 포함하지 않고, 개별 참가선사의 합리화 및 서비스 질의 향상을 위한 협조를 전개하는 점이다. 구체적으로는 배선 스케줄의 조정, 선박 스페이스의 상호융통, 항만시설의 공동이용, 수입 내지 운항이익의 푸울링, 선복조정 등이 전형적인 예이다. 운임면에서 협조를 포함하지 않는다는 점에서는 통상의 해운동맹과 성격이 다르다. 하지만 다른 면에서 카르텔로서의 성격에서는 동맹과 실질적으로 다르지 않는 경우도 있다.

III. 읽을거리

부산항 미래 싱가포르에 길을 묻다
터미널 운영 · 투포트 정책. 신 · 구항 상호보완 … 신속한 물류 서비스

우리나라 서울의 1.15배 크기로 인구 500만 명의 도시국가 싱가포르. 1819년 영국이 무역 거점으로 개발한 이곳은 세계 2위 컨테이너항만으로, 연간 14만 척이 입항한다. 싱가포르를 드나드는 선박의 83%는 환적 화물선. 전 세계 환적물량의 6분의 1을 처리하는 세계 최대 환적 중심 항만이 싱가포르다. 그런 만큼 싱가포르에는 항만물류는 물론 선박금융, 유류 공급 등 해운 관련 종합서비스가 잘 이뤄지고 있다.

싱가포르항만을 운영하는 곳은 주식회사인 PSA 싱가포르(이하 PSA). 전신은 1964년 설립된 싱가포르항만당국(국가공단)으로, 1997년 10월 1일 민영화에 따라 PSA로 바뀌었다. 규제와 감독 기능이 없는 순수 터미널 운영사이며, 싱가포르 국영 투자사인 테마섹 홀딩스가 100% 지분을 갖고 있다. 규제, 감독 기능은 싱가포르해사항만공사(MPA)에서 맡는데, MPA의 면허를 받아 PSA가 항만터미널을 운영한다. MPA는 우리나라의 국토해양부, PSA는 부산항만공사(BPA)격으로 보면 되지만, 내용을 들여다보면 많이 다르다.

싱가포르항만의 컨테이너 터미널은 탄종 파가, 케펠, 브라니 등 구항만 3곳과 신항인 파시르 판장으로 이뤄져 있다. 이들 4개 터미널의 선석 수는 총 52개, 안벽 총연장은 16km에 달하며, 컨테이너 처리능력은 6m짜리 컨테이너 기준으로 3500만 개다. 지난해 싱가포르는 2900만 개의 컨테이너 화물을 처리했다.

PSA와 우리나라 BPA가 결정적으로 다른 점은 부두운영사 체제. 부산항의 부두운영사는 북항과 신항을 합쳐 12개에 달하지만, PSA는 4개 컨테이너 터미널을 한곳에서 운영한다. 플랫폼이 하나인 전산망 '포트넷' 으로 매일 8만 개에 달하는 컨테이너 화물 처리 과정이 선주와 화주 등 고객에게 실시간으로 제공된다. PSA 고객은 자신의 사무실에서 화물의 이동 상황을 바로 확인할 수 있다.

웨스트코스트하이웨이로 연결된 싱가포르 구항과 신항 간 거리도 7km에 불과하다. 부산항은 30km에 달해 북항과 신항, 두 항만 간 환적물량 이송을 위한 육상셔틀 시 비용을 보전(개당 1만5000~2만 원)해주고, 두 항만에 모두 기항하는 선사의 물량에 대해 개당 1만 원을 지원하는데, 싱가포르에서는 이런 게 사실상 의미가 없다. 싱가포르에서는 셔틀비용이 하역료에 포함돼 이를 선사에 받아내는 셈이고, 신항과 구항의 물량 배정을 PSA가 직접 하므로 물동량 쏠림 현상 등의 문제도 없다.

부산항의 물동량 점유율은 지난 7월 중 북항 45.8%, 신항 54.2%로, 북항이 내리막길을 걷고 있는 반면 신항은 가파른 증가세다. 결국 장기적으로는 부산항 북항의 부두운영사 통합이 해결 방안임을 알 수 있다.

PSA 고위 관계자는 "싱가포르가 허브항만으로 각광받는 것은 효율성과 편리성에서 찾을 수 있다. 배가 들어와 출항할 때까지 24시간 안에 처리하는 것을 목표로 하고 있다. 이는 전 세계와 연결된 항구라는 지정학적 이점에 신뢰성까지 덧붙이게 된다"고 설명했다.

유류공급기지 롤모델 켐오일
첨단시설 갖춘 아시아 최고 선박유 기지

100개가 넘는 선박유(벙커) 등 유류 공급업체가 몰려 있는 싱가포르 주롱섬. 입구부터 부유식 유류 생산 · 저장 · 하역설비인 FPSO, 석유와 가스 시추선(드릴쉽) 등이 대거 몰려 있어 해양플랜트 야외 전시장을 방불케 했다. 아시아 최고의 오일 허브이자 세계 최대 선박유 공급지역임을 웅변하는 듯했다. 싱가포르에는 선박유 공급 면허를 취득한 업체만 39개에 달한다. 특히 세계 최대 환적 중심 항만이 있는 싱가포르는 컨테이너선 입항과 선박유 판매량이 매우 밀접한 상관관계를 지닌다. 컨테이너선 입항과 선박유 판매물량이 거의 1대1의 정비례 관계를 보이고 있는 것이다. 선박유의 가격 경쟁력에서도 경쟁 항만들에 비해 뛰어나다.

세계적인 선박유 공급업체 켐오일을 찾아가는 길은 멀고 험했다. 검문소 등지에서 지루한 이중, 삼중의 신원 확인 절차를 거친 뒤 차량으로 20여 분 더 달려야 했다. 켐오일은 주롱섬 맨 끝에 있었다.

"집적 효과, 지정학적 이점 자랑"

지난해 7조 원이 넘는 매출액을 기록한 켐오일은 한때 부산항 신항 선박급유 및 유류공급기지 투자 참여를 타진했던 곳이며, 신항 유류공급기지의 롤모델로 꼽힌다.

1987년 설립된 켐오일은 2006년 11월 싱가포르 증권거래소에 상장됐으며, 그해 6월부터 2년간의 건설 공사를 거쳐 2008년부터 싱가포르 주롱섬에서 유류공급기지를 본격적으로 가동하고 있다. 주롱섬 유류공급기지 건설 과정에서 총연장 22km에 달하는 파이프와 9000메가 톤의 강관을 사용했고, 매립작업 등에 덤프트럭 7220대분의 모래를 투입했다.

켐오일은 전 세계 곳곳의 선박유 공급체인 중 가장 큰 저장탱크를 싱가포르에 마련해 놓고 있다. 대지 규모 16.97ha에 들어선 유류 탱크는 모두 18개로, 총 저장능력은 48만2000m^3. 수에즈막스급(14만~15만 톤)과 아프라막스급(8만 톤) 유조선 2척이 동시에 접안할 수 있고, 1시간 동안 3000t의 유류 펌프가 가능한 시설을 갖췄다. 저유는 물론 유류 혼합작업도 가능하다.

메이저 오일회사와 유대 중요

그렇다면 싱가포르의 선박유 가격 경쟁력 비결은 무엇일까. 이에 대해 켐오일 라비 아난드 부사장은 "싱가포르 자체가 수많은 석유화학 회사들이 몰려 있는 곳인 데다 전 세계 어느 곳으로도 통할 수 있는 싱가포르 항만의 지정학적 이점 때문"이라고 설명했다.

올해 말 착공 예정인 부산항 신항 유류공급기지에 대한 조언도 들었다. 아난드 부사장은 "고도의 기술력을 요구하는 배관 시공이 가장 중요하다. 이게 유류공급기지의 핵심"이라고 강조했다.

이와 함께 부산항 신항 유류공급기지가 제대로 뿌리를 내리기 위해서는 세계적인 메이저 오일회사들과의 정보 공유 등 유대 강화가 필요하다는 지적도 제기되고 있다.

부산항의 고부가가치 사업으로 꼽히는 신항 유류공급기지는 신항 남컨테이너부두 옆 6만3000여 m^2 부지에 들어설 예정이다. 총 23만㎘를 저장할 수 있는 14개의 유류 탱크와 배관시설, 하역시설을 비롯해 9만 톤급과 1만 톤급 유조선 2척이 댈 수 있는 돌출형 접안시설을 건설하게 된다.

(국제신문, 2012-09-19) 오광수 기자 inmin@kookje.co.kr

생각해 봅시다

1. 싱가포르항의 강점과 약점을 정리해 봅시다.
2. 배후단지 및 연계운송 시설의 관점에서 싱가포르항과 부산항을 비교해 봅시다.

제6장

국제항공운송(Ⅰ)

제6장

국제 항공운송(I)

I. 중요내용 핵심요약

출제경향 예상분석

- 국제항공운송의 특징
- 항공운송과 해상운송의 비교
- 항공사의 전략적 제휴

1. 국제항공운송의 특징

(1) 국제항공운송의 특징

① 항공운송은 고운임을 특징으로 한다. 따라서 상대적으로 상품의 용적은 작지만 고부가가치인 상품들에 사용된다.

② 항공운송은 해운 · 육운과 같은 운송형태이지만 고속성 · 안정성 · 쾌적성 등이 타 운송형태에 비해 높고 지리적 제약이 상대적으로 낮다.

③ 기업들이 최근 항공운송을 글로벌 경제화를 지원하는 새로운 수단으로 평가하는 것은 항공운송이 지리적 제약을 그다지 받지 않기 때문이다.

(2) 국제항공운송의 발달배경

최근 들어 국제 기업 환경의 변화로 인해 항공운송시장의 성장세가 매우 두드러지게 나타나고 있다. 이러한 세계의 항공수요는 소득수준의 향상과 국제교역량의 증대에 힘입은 바 크다. 특히, 아시아 · 태평양 지역의 경우는 매년 약 10% 이상의 성장세를 보이면서 북미지역에 이어 세계 둘째의 항공시장으로 부상하였다. 이런 항공운송의 증가율은 전 세계 무역량 증가율에 비해서도 더 높게 나타나고 있으며, 전 세계 GDP 성장률의 1.5~2배에 이르는 성장세를 보이고 있다.

항공운송시장이 이토록 급성장하는 배경에는 화물수용 자체의 성장 때문이기도 하겠지만, 실제적으로 글로벌 기업 환경이 변화하면서 화주(shipper)와 무역업자

(trader) 및 주요 화물전용선사(carriers)들의 항공운송서비스에 대한 수요 증대에 기인하는 바가 크다 할 것이다.

① 항공운송의 발달배경

- 고급품에 속하는 상품 점유율의 증가
- 국제사회의 정보화 추세에 따른 세계경제의 긴밀화 및 유행에 민감한 상품의 신속한 유통
- 국제적 분업화의 가속화
- 항공운송에 적합한 고부가가치 품목의 증가
- 세계 교역량의 증가

② 항공화물운송의 성장요인

- 항공기의 대형화로 인한 운임 인하의 경제성
- 화물전용기의 정기운항으로 인한 계획성의 확보
- 화물전용 터미널의 건설로 인한 전문성
- 항공운송의 장점에 대한 마케팅 전략의 고도화
- 고부가가치 상품과 긴급 운송품의 운송증가로 인한 수요성

핵심 *Note*

▶ 항공운송이 급성장하는 배경: 글로벌 기업 환경이 변화하면서 화주(shipper)와 무역업자(trader) 및 주요 화물전용선사(carriers)들의 항공운송서비스에 대한 수요 증대에 기인하는 바가 크다.

(3) 국제항공운송의 특성

① 신속, 정확성

항공운송의 가장 큰 장점인 고속성으로 인해 운송기간이 짧으며 발착시간, 정시운항, 운항횟수에 의한 정시성을 서비스의 최우선으로 하고 있다.

② 안전성

항공기의 운항과 정비기술, 통신기 및 항공원조시설 등이 급속하게 발전함에 따라

화물손상 및 원형변질, 침식 또는 부식의 가능성 등의 우려가 낮은 안정성을 가지고 있다.

③ 경제성

운임면에서 항공운임이 높은 면이 있으나 포장비, 보험료, 창고료 등 직접비와 재고품에 대한 투자자본, 관리비 등의 간접비 및 배달시간, 정시성, 신뢰성 등의 보이지 않는 비용을 감안하여 종합비용에서 볼 때 경쟁력이 발생하게 되며 대량 화물운임할인제도, 계절에 의한 운임할인, 특정화물에 의한 할인제도 등 각종의 할인운임제도가 적용되고 근래 몇 년간 화물전용기의 출현과 컨테이너 수송 보급의 확대로 경제성을 확보해 가고 있다.

(4) 국제항공운송의 이점

항공운송의 가장 큰 특성은 운송기간이 가장 짧아 시간가치라는 개념에서 볼 때 상당히 중요한 의미를 가진다. 항공운송의 부가적인 이점은 문전에서 문전까지 배달시간, 발착의 정시성, 신뢰성, 상대 기업에 대한 경쟁상의 이점, 고객서비스 만족도, 수요변화에 따른 적응성, 도난방지의 가능성 등을 들 수 있다. 항공운송이 갖는 이점을 물류, 비용, 서비스 측면에서 보면 〈표 6-1〉과 같다.

〈표 6-1〉 항공운송의 이점

물류상의 이점	비용상의 이점	서비스상의 이점
• 긴급화물, 소형화물의 운송에 적합 • 수요기간이 짧은 물품의 운송에 적합 • 운송시간 단축으로 비용절감 및 화물의 손해발생 • 통관의 간이화 • 포장비의 절감기능	• 포장의 경량화에 따른 운임절감 • 육상운송에 비해 보험료가 저렴 • 운송중인 상품에 대한 투하자본 비용절감 • 하역처리빈도가 적어 도난, 파손 위험의 발생률 저하 • 신속성으로 인한 보관비 절감 • 보관장소, 보관기간이 짧아 재고품 창고시설의 투자자본, 임차료, 관리비 등의 절감가능	• 고객서비스 향상에 의한 매출증대 • 변질성 상품의 시장 확대가능 • 신속한 운송으로 투자자본의 효율적 회전 • 운송중 상품의 위치파악용이 • 재고품의 진부화, 변질화 등에 의한 손실률 감소

핵심 *Note*

▶ 항공운송의 이점
① 물류상의 이점: 긴급화물, 소형화물의 운송에 적합
② 비용상의 이점: 포장의 경량화에 따른 운임절감
③ 서비스상의 이점: 고객서비스 향상에 의한 매출증대

(5) 항공운송과 해상운송의 비교

〈표 6-2〉 항공운송과 해상운송의 비교

구분	항공운송	해상운송
운임	운임은 해상운임의 20배이며 비탄력적임	장거리 수송 중에서 가장 저렴하며, 운임은 비교적 탄력적임
중량	중량제한을 상당히 받음	중량제한을 완전히 받지 않음
안정성	안전도가 비교적 높음	안전도가 그리 높지 않음 • 충격에 의한 손상 • 장기 운송에 따른 파손, 도난, 원형변질
경제성	• 포장비 저렴 • 보험요율 낮음 • 운임과 부대비용 낮음	• 포장비 높음 • 보험요율 높음 • 장기운송에 따른 기타 변동비가 추가 발생
신속성	해상운송 기간보다 몇 십 배 빠름	수송기간이 상당히 긴 편임
수송화물	중 · 소량, 고부가가치 화물	대량, 중량화물

2. 국제항공운송 서비스시장의 분류

- 국제항공운송
  - 여객운송(Air Passenger Service)
  - 화물운송(Air Cargo Service)
    - 일반화물운송(General Cargo Service)
    - 특송(Air Express Cargo Service)

(1) 여객운송과 화물운송

여객운송에서는 90%가 왕복운송이지만 화물은 완전히 편도운송으로 왕복운송량 갭은 최대 1/3정도이다. 이러한 空 스페이스가 포워더에 의해 판매됨으로써 이러한 갭을 메우고 있다. 물론 이런 수직적 구조가 항공회사의 경영효율성에 상당한 기여를 하고 있다고 할 수 있지만, 그 결과 화물운임이 IATA(International Air Transport Association: 국제항공운송협회) 운임의 약 40~50% 정도에 불과한 실정이다.

(2) 일반항공운송과 특송

① 항공화물운송은 크게 일반적인 항공화물운송과 화물의 특송(express)으로 대별된다. 전자가 보다 보편적인 형태이지만 최근 들어서는 특송화물이 급격히 발전하고 있는 추세이다.

② 이러한 특송의 신장세는, 생산측면에서 볼 때, JIT 생산방식이 도입되면서 기업들이 재고감축과 리드타임의 단축을 위해 Air Express 운송에 대한 프리미엄을 기꺼이 지급하려는 성향을 가지게 된 데 기인한다.

③ 흔히 말하는 재고(stock)는 크게 회전재고(cycle stock)와 안전재고(safety stock)로 대별된다. 기업은 회전재고를 유지하기 위해 소량 · 다빈도 조달 전략이 필요하다. 그러면서도 리드타임의 변동가능성을 위해서는 안전재고도 유지할 필요가 있다. 따라서, 이러한 두 측면을 모두 충족시키는 운송수단이 필요한데, 이를 위해 기업은 특송을 운송수단으로 선택한 것으로 보이며, 이러한 이유에서 특송에 대한 수요가 급격히 증가하고 있는 것으로 보인다.

(3) 통합물류업자의 출현

① 항공특송화물의 발달은 결론적으로 door-to-door Service(문전서비스)를 제공하는 통합물류업자(integrator)의 출현을 가능케 했다. 현재 세계 주요 통합물류업자 4개사가 전체 특송시장의 90% 정도를 점유하고 있다. 이 가운데 FeDex와 UPS는 항공화물운송기를 직접 보유하고 있는 통합물류업자라면, DHL과 TNT는 자체 화물운송기를 보유하지 않고 항공회사의 운항서비스를 활용하여 특송서비스를 수행하는 통합물류업자의 형태를 취하고 있다.

② 세계의 항공수요는 소득수준의 향상과 국제 교역량의 증대에 힘입어 급격히 증가하고 있으며 특히 아 · 태 지역의 경우는 매년 10% 이상 성장하여 북미지역에

핵심 Note

- ▶ 특송의 신장세는, 생산측면에서 볼 때, JIT 생산방식이 도입되면서 기업들이 재고감축과 리드타임의 단축을 위해 Air Express 운송에 대한 프리미엄을 기꺼이 지급하려는 성향을 가지게 된 데 기인한다.
- ▶ 항공특송화물의 발달은 결론적으로 door-to-door Service(문전서비스)를 제공하는 통합물류업자(integrator)의 출현을 가능케 했다.

이어 세계에서 둘째로 큰 항공시장으로 부상하고 있다.

3. 항공사의 전략적 제휴

항공사 제휴란 경쟁력을 향상시키고 또 그를 통해 항공사의 운영능력을 강화하는 등을 목적으로 합작운영에 관여한 둘 또는 그 이상의 항공사들 간의 모든 협력을 말한다. 그러한 제휴는 1980년대 후반 Trans-Atlantic 제휴를 시작으로 국제적인 규모로 발전했다. 앞으로의 항공운송산업에서의 경쟁은 항공사 간의 경쟁이기보다 제휴 간의 경쟁이 대두될 것으로 예상된다.

(1) 항공사 간 제휴의 동기

① 항공산업이 성장을 거듭하고 있지만, 항공사들은 본질적인 낮은 이익에 허덕이고 있다. 이것이 현재 성행하고 있는 항공사 간 제휴의 주요 이유 중 하나인데, 결론적으로 항공사들은 항공사의 운영능력을 향상시키기 위해 다양한 전략들을 구상하고 있다는 사실에서 설명될 수 있을 것이다.

② 제한적인 항공서비스협정(Air Services Agreements: ASAs)에 의해 규제되어 항공산업의 국제적 확장이 어렵게 된 상황에서 전략적 제휴는 항공산업 성장전략으로 여겨져 오고 있다.

③ 제휴전략은 경제적 규제의 시대에서 시장에 참여하려 하는 통근항공사들에게 한 방편으로 사용되었고, 그 후 미국의 규제철폐, 유럽의 시장단일화, 그리고 Hub and Spoke의 보편화로 인하여 경쟁력 있는 항공사로 남기 위해 국제화 전략을 추구하는 항공사들에게 제휴의 압박을 가중시켰다.

핵심 Note

▶ 항공운송산업의 경쟁은 앞으로 항공사 간의 경쟁이기보다는 제휴 간의 경쟁이 대두될 것으로 예상된다.

(2) 항공사 간 제휴의 종류

① 단순 노선 제휴

가장 단순한 제휴방식으로 항공사들 간에 전통적으로 많이 이루어진 것으로서 특정 구간의 노선에 대해 공동운항, 공동운임, 공동운항 편명사용 등의 형태로 협력관계를 체결하는 것이다. 특정 노선에 관련된 제휴이므로 특정노선제휴라고도 한다.

② 경영관리 제휴

경영관리상의 제휴를 말하며, 최근에는 항공사 간의 인적 교류 내지는 경영상의 상호이익을 위해서 고급간부들을 파견하기도 하며 벤치마킹을 통한 경영 노하우의 습득 및 기타 다방면에 걸친 제휴의 결과로서 경영관리상의 협력을 꾀하고 있다.

③ 코드 쉐어링

한 한공사가 파트너 항공사의 좌석을 자기 고유의 코드로 판매할 수 있는 것을 말하며, 흔히 운항편명 공동사용이라고 한다. 운항편명의 공동사용은 CRS(computer reservation system)의 발전을 배경으로 한 새로운 마케팅 기법의 일환으로 제휴의 내용 중 가장 많이 행해지고 있다.

④ 포괄적 마케팅 제휴(broad based marketing alliance)

항공사들 간의 상호 지분교환이나 자본참여는 배제된 항공사 간의 전체적인 업무상, 마케팅상의 협력관계를 구축하는 광범위한 형태의 제휴이다.

⑤ 자원공유 제휴

제휴는 간접투자의 한 방법으로서 투자위험 분산을 기할 수 있으므로, 각 항공사들은 항공운송산업 특유의 자본집약적 사업 특성의 한계를 극복하기 위해 각 항공사들이 가지고 있는 자원을 공유하는 협력을 통해 성취하려고 한다.

⑥ 지분소유 제휴

지분소유 제휴(equity alliance)는 항공사 간 제휴형태 가운데 가장 강력한 연합형태로서 일정 한도 내에서의 지분참여와 투자, 상호출자의 형태 등으로 이루어지고 있다. 자본의 상호교환이나 투자가 수반되는 지분 제휴는 비교적 장기적 시간개념을 가지고 두 개 이상의 기업 간에 체결되는 전략으로서 기업간의 강점을 더해 주고 약점을 보완해 줄 수 있을 때 특히 빈번하게 형성되므로 지분소유 제휴를 일반적 의미의 전략적 제휴라고도 한다.

⑦ 합병 및 인수

기업의 합병 및 인수(M&A: merger & acquisition)를 통한 세계화 전략은 외국 및 자국 항공사 간 경영권 인수의 형태로 자국기업의 규모팽창과 동일한 세계화 전략이다.

이러한 합병 및 인수를 통한 세계화는 규모의 경제를 활용한 효율적인 사업운영이 가능하고, 거대 항공 기업화를 통한 경쟁우위 확보 및 시장지배력을 강화할 수 있다는 장점이 있다. 반면에 불황시에는 대규모 적자발생 가능성이 있다는 단점이 있다.

제6장

국제 항공운송(I)

II. 핵심문제 및 예상문제

출제포인트

- 항공운송의 특징
- 항공사의 전략적 제휴
- 항공운송서비스

출제예상비율

- 매년 3~4문제 출제(기말시험)

객관식 연습문제

1. 항공운송의 발달배경으로 옳지 않은 것은?

① 고급품에 속하는 상품 점유율의 증가
② 국제사회의 정보화 추세에 따른 세계경제의 긴밀화 및 유행에 민감한 상품의 신속한 유통
③ 국제적 분업화의 가속화
④ 항공운송에 적합한 고부가가치 품목의 감소
⑤ 세계 교역량의 증가

해설 | 항공운송에 적합한 고부가가치 품목이 증가한다. 답 ④

2. 항공운송의 물류상 이점 중 옳지 않은 것은?

① 긴급화물, 소형화물의 운송에 적합
② 수요기간이 짧은 물품의 운송에 적합
③ 운송시간 단축으로 비용절감 및 화물의 손해발생
④ 신속성으로 인한 보관비 절감
⑤ 통관의 간이화

해설 | 신속성으로 인한 보관비 절감은 항공운송의 비용상 이점에 해당한다. 답 ④

3. 항공화물운송의 성장요인에 대해서 옳지 않은 것은?

① 항공기의 대형화로 인한 운임 인하의 경제성
② 화물전용기의 정기운항으로 인한 계획성의 확보
③ 여객전용 터미널의 건설로 인한 전문성

④ 고부가가치 상품과 긴급 운송품의 운송증가로 인한 수요성
⑤ 항공운송의 장점에 대한 마케팅 전략의 고도화

해설 | 화물전용 터미널의 건설로 인한 전문성 확보이다. 답 ③

4. 항공화물운송에 관련된 설명으로 그 내용이 옳지 않은 것은?
① 항공화물운송의 성장을 촉진한 공급측면의 결정적 요인은 항공기의 대형화 및 신속성이다.
② 항공화물의 집하는 대부분 항공사에 의해 직접 이뤄지며 일부 화물에 한해서만 항공화물운송 주선업자에 의해 이뤄지고 있다.
③ 재고관련비용의 절감, 재고회전율 향상 등의 효과로 품목에 따라서는 항공운송을 이용하는 것이 해상운송을 이용하는 것보다 경제성이 높을 수 있다.
④ 항공기의 실제 운항경로는 운임산출시 기준이 되었던 경로와 반드시 일치할 필요는 없다.
⑤ 항공화물은 공항에서의 지상조업이 필요하며, 적화(build-up)를 위하여 숙련된 작업이 요구된다.

해설 | 항공운송을 이용하는 것이 해상운송을 이용하는 것보다 경제성이 낮다. 답 ③

5. 국제운송에서 항공운송 비율의 증가 원인으로 보기 어려운 것은?
① 생산시설의 국제적 이전에 의한 국제분업의 가속화와 이에 필요한 물품들의 항공운송 증대
② 국제운송의 절대적 증가에 따른 항공운송 수요의 증대
③ 소비구조의 고급화(소형화, 자동화)와 상품거래의 신속화
④ 항공운송 마케팅의 약화
⑤ 적시재고정책(Just-In-Time Inventory Policy)의 도입으로 필요한 물품의 적시 배송(Just-In-Time Delivery) 필요성의 증대

해설 | 항공운송의 장점에 대한 마케팅 전략의 고도화 답 ④

6. 다음 항공운송 중 옳지 않은 것은?

구분	항공운송
운임	운임은 해상운임의 20배이며 비탄력적임
중량	중량제한을 상당히 받음
안정성	안전도가 비교적 높음
신속성	해상운송 기간보다 몇 십 배 빠름
수송화물	대량, 중량화물

해설 | 항공운송의 수송화물은 중·소량, 고부가가치 화물이다. 답 ⑤

7. 허브공항으로서 갖춰야 할 중요한 경제적, 기술적 요소로서 가장 거리가 먼 것은?

① 지정학적으로 유리한 위치에 있어 주변지역과 네트워크 구축이 용이하여야 한다.

② Hub & Spokes System이 잘 구축되어 있어 직항편뿐만 아니라 환승고객들도 이용하기 편리하여야 한다.

③ 핵심 항공사가 존재하지 않고 노선수와 편수가 많지 않은 다수의 많은 항공사만 기항하면 허브공항으로 발전할 가능성이 높다.

④ 공항의 적극적이고 효과적인 마케팅 전략과 활동이 중요하다.

⑤ 국내노선과 국제노선이 동시에 발달되어 있어야 하며, 항공노선 외에 육상 및 해상 네트워크도 잘 갖춰져야 한다.

해설 | 허브공항으로 발전하기 위해서는 주요 핵심 항공사들의 노선수와 편수가 많아야 발전할 가능성이 높다. 답 ③

8. 국제소화물 일관운송(국제택배) 요금에 관한 설명 중 틀린 것은?

① 운임수준은 항공화물보다 고가인 경우가 많다.

② 요금책정은 IATA와 각국 정부의 규제를 받는다.

③ 적용구간은 송화인과 수화인 간의 전체요금이다.

④ 운임의 내용은 지상/항공/통관/부대비용을 포함한다.

⑤ 통상적으로 다루는 물건은 서류, sample류 및 개인택배화물이다.

해설 | 국제택배 요금은 IATA와 각국 정부의 규제를 받지 않는다. 답 ②

9. 다음 중 소화물일관운송의 특징을 설명한 것으로 알맞지 않은 것은?

① 소형, 소량화물을 위한 운송서비스

② 규격화된 포장서비스 제공

③ Door to Door 서비스 제공

④ 국내에 한정한 일관운송서비스 제공

⑤ 신속한 운송서비스 제공

해설 | 소화물일관운송은 국내에만 한정하지는 않는다. 답 ④

10. 항공운송에 필요한 지상운송장비 중 단위탑재용기를 대형기에 탑재시키거나 하역할 경우 사용하는 장비는?

① Transtainer
② Dolly
③ High Loader
④ Stacker
⑤ Fork Lift Trunk

해설 | 지상 조업 설비 중 High Loader는 단위탑재용기를 대형기에 탑재하거나 하역할 때 사용된다. 답 ③

11. 다음 중에서 항공운송의 대상품목으로 가장 부적절한 품목은?

① 납기가 임박한 화물, 계절 유행 상품, 투기상품 등 긴급 수요 품목
② 부가가치 · 운임부담력이 낮고 중량대비 가격이 낮은 품목
③ 장기간 운송 시 가치가 상실될 우려가 있는 품목
④ 해상 또는 육상운송 등 다른 운송수단의 이용불가능으로 인해 운송되는 품목
⑤ 물류관리나 마케팅 전략에 의해 경쟁상품보다 신속한 서비스 체제 확립을 위한 품목

해설 | 부가가치 · 운임부담력이 낮고 중량대비 가격이 낮은 품목은 항공운송에 적합하지 않다. 답 ②

12. 국제 항공특송사업에 대한 다음의 설명 중 옳지 않은 것은?

① 수출입 서류와 견본품 이외의 일반서식은 취급할 수 없다는 규정이 우편법에 있다.
② 항공을 이용한 국제적 Door to Door 일관운송을 말한다.
③ Courier & Small Package Service라고 한다.
④ 화물 중량이 45kg 이하여야 한다는 법적 규제가 있다.
⑤ 항공법에서는 상업서류송달업으로 규정되어 있다.

해설 | 화물 중량은 수화물에 따라 다르다. 답 ④

13. 항공사의 업무 처리절차 중 RFID(Radio Frequency IDentification)의 적용 가능성이 가장 적은 부분은?

① 운송업자로부터 화물접수
② ULD에 적재
③ 화물 분류작업
④ 적하목록 작성 및 적하목록 세관 수출신고
⑤ 창고보관 및 재고관리

해설 | 적하목록 작성 및 적하목록 세관 수출신고는 적용 가능성이 가장 적은 부분이다. 답 ④

14. 제휴방식으로 항공사들 간에 전통적으로 많이 이루어진 것으로서 특정 구간의 노선에 대해 공동운항, 공동운임, 공동운항 편명사용 등의 형태로 협력관계를 체결하는 것은?

① 코드 쉐어링
② 경영관리 제휴
③ 자원공유 제휴
④ 단순 노선 제휴
⑤ 지분소유 제휴

해설 | 단순 노선 제휴는 특정 구간의 노선에 대해 공동운항, 공동운임, 공동운항 편명사용 등의 형태로 협력관계를 체결한다. 답 ④

15. 항공운송과 해상운송에 대한 다음 설명 중 잘못된 것은?

	구분	항공운송	해상운송
①	운임	운임은 해상운임의 20배이며 비탄력적임	장거리 수송 중에서 가장 저렴하며, 운임은 비교적 탄력적임
②	중량	중량제한을 완전히 받지 않음	중량제한을 상당히 받음
③	안정성	안전도가 비교적 높음	안전도가 그리 높지 않음 • 충격에 의한 손상 • 장기 운송에 따른 파손, 도난, 원형변질
④	신속성	해상운송 기간보다 몇 십 배 빠름	수송기간이 상당히 긴 편임
⑤	수송화물	중 · 소량, 고부가가치 화물	대량, 중량화물

해설 | 항공운송은 중량제한을 상당히 받으며 해상운송은 중량제한을 거의 받지 않는다. 답 ②

16. 국제택배(쿠리어)서비스와 관련 있는 항목으로 짝지어진 것은?

가. 대표적인 글로벌기업으로 DHL, FeDex, TNT, UPS 등이 있다.
나. 항공법상의 상업서류송달업과 관련이 있다.
다. 우리나라 우체국의 EMS와 관련이 있다.
라. 대부분 INCOTERMS상의 DAF 조건으로 운송된다.
마. 소비자 요금은 주로 Class Rate를 적용한다.

① 다, 라, 마
② 나, 다, 라
③ 가, 나, 다
④ 가, 다, 마
⑤ 나, 라, 마

해설 | (가, 나, 다)는 국제택배서비스와 관련 있는 항목이다. 답 ③

17. 다음은 항공운송 시 발생할 수 있는 사고 유형을 기술한 것이다. 다음 중 옳지 않은 것은?
① 화물손상은 운송도중 상품의 가치가 저하되는 상태의 변화를 나타낸다.
② 화물분실은 탑재, 하역, 창고보관, 화물인수 등의 과정에서 분실한 경우이다.
③ Short-Landed(STLD)는 적하목록에 기재되어 있지 않고 화물이 항공기에 탑재되지 않은 경우이다.

④ offloaded(OFLD)는 출발지나 경유지에서 항공기 스페이스(Space) 부족으로 의도적 또는 실수로 하역한 경우이다.

⑤ Cross Labeled는 실수로 레이블이 바뀌거나 운송장 번호, 목적지 등을 잘못 기재한 경우이다.

해설 | Short-Landed(STLD)는 적하목록에는 기재되어 있으나 화물이 도착하지 않은 경우이다.

답 ③

18. 항공사 제휴의 이점으로 옳지 않은 것은?

① 파트너의 기존 노선권과 슬롯을 이용한 새로운 시장으로의 진출

② 좌석이용률과 생산량 향상을 가능하게 하는 새로운 관문으로의 수송량 공급

③ 시장접근이 용이할 경우 파트너 간의 수송량 공급은 비용의 효율성을 증대시킴

④ 좌석용량과 관리를 통한 현재 시장의 유지

⑤ 제휴분야에 대한 자원공유를 통한 비용절감과 규모의 경제 달성

해설 | 시장접근이 제한적일 경우에 파트너 간의 수송량 공급은 비용의 효율성을 증가시킨다.

답 ③

19. 다음이 설명하는 항공화물의 탑재용기(ULD)는 무엇인가?

> 밑바닥이 없는 형태로 알루미늄과 유리섬유로 만들어진 항공화물을 넣는 특수한 덮개이다. 항공기 내부구조에 맞게 모서리가 둥글게 되어 있다.

① Pallet

② Certified Aircraft Containers

③ Horse Stall

④ Igloo

⑤ Cattle Pen

해설 | 이글루(Igloo)는 유리섬유 또는 알루미늄 등의 재질로 비행기의 동체 모양에 따라 만들어진 덮개로 팔레트와 함께 사용되어 공간을 최대한 활용하도록 고안되었다.

답 ④

20. 항공운송의 단점으로 옳지 않은 것은?

① 대량수송이 불가능하다.

② 운임이 비교적 높다.

③ 공항이 없거나 항공화물편이 없는 곳은 운송이 곤란하다.

④ 에너지 소비량이 낮다.

⑤ 소음 공해 발생으로 규제 가능성이 있다.

해설 | 항공운송은 에너지 소비량이 높다(고유가시대에 운송비용이 많이 소모되어 운임인상 요인으로 작용).

답 ④

단답식 연습문제

1. 항공사 간 제휴형태 가운데 가장 강력한 연합 형태로서 일정 한도 내에서의 지분참여와 투자, 상호출자의 형태 등으로 이루어지고 있는 것은?

답 지분소유 제휴(equity alliance)

2. 국제항공운송은 여객운송과 (　　)으로 나눌 수 있다.

답 화물운송

3. (　　)의 발달은 결론적으로 door-to-door service(문전서비스)를 제공하는 통합물류업자(integrator)의 출현을 가능케 했다.

답 항공특송화물

4. 항공운송의 수송화물은 주로 어떤 화물인가?

답 중 · 소량, 고부가가치 화물

5. 경쟁력을 향상시키고 또 그를 통해 항공사의 운영능력을 강화하는 등을 목적으로 합작운영에 관여한 둘 또는 그 이상의 항공사들 간의 모든 협력을 말하는 것은?

답 항공사 제휴

6. 항공운송시장이 이토록 급성장하는 배경에는 실제적으로 글로벌 기업환경이 변화하면서 화주(shipper)와 무역업자(trader) 및 주요 (　　)들의 항공운송서비스에 대한 수요 증대에 기인하는 바가 크다.

답 화물전용선사(carriers)

주관식 연습문제

1. 항공운송의 특징에 대해 설명하시오.

항공운송은 고운임을 특징으로 하며 따라서 상대적으로 상품의 용적은 작지만 고부가가치인 상품들에 사용되는 것이 바람직하다. 현재 항공화물운송이 물량면에서는 대륙 간 운송화물의 약 2% 정도이지만, 금액 기준으로 전 세계의 약 1/3을 차지하고 있다는 것은 이러한 항공운송의 특징을 반증하는 것이라 할 수 있다. 또한, 신문처럼 적시성(time sensitivity)과 신속성을 요하는 제품들에 사용되는 경우가 많다.

항공운송은 해운 · 육운과 같은 운송의 한 형태이지만, 고속성 · 안정성 · 쾌적성 등이 타 운송형태에 비해 높고 지리적 제약이 상대적으로 낮다.

2. 항공사의 전략적 제휴 중 코드쉐어링에 대해 설명하시오.

코드쉐어링(codesharing)이란 한 항공사가 파트너 항공사의 좌석을 자기 고유의 코드로 판매할 수 있는 것을 말하며, 흔히 운항편명 공동사용이라 한다. 운항편명의 공동사용은 CRS(Computer Reservation System)의 발전을 배경으로 한 새로운 마케팅 기업의 일환으로 제휴의 내용 중 가장 많이 행해지고 있다. 노선 판매를 자극한다는 측면에서는 포괄적 마케팅 제휴의 범주에 포함시킬 수도 있으나 특정 노선구조에서 이루어지는 노선을 확대하는 측면에서는 노선관련 제휴의 범주에 포함시킨다. 두 항공사의 노선을 공동 사용함으로써 연계 수송을 효율화시키는 효과를 각 제휴사가 동시에 누릴 수 있다.

III. 읽을거리

[박명섭 경제포럼] 동북아 물류 중심화 전략

우리나라의 21세기 국가경제정책 방향은 고도의 개방형 통상국가를 지향하는 동북아 물류 · 비즈니스 중심화 전략이다.

이는 우리나라의 경제구조를 지식기반 고부가가치 산업 중심으로 고도화시키고, 국내외 기업이 자유롭게 비즈니스 활동을 수행할 수 있는 기반을 조성함으로써 동북아 경제권의 산업 · 물류 · 비즈니스 중심지로 성장시킨다는 미래지향적 전략이다.

동북아 물류 · 비즈니스 중심화 전략의 핵심은 산업구조의 고도화와 국제물류 중심지화, 국제 비즈니스 거점화 등 세 가지로 이들 전략은 상호 연관관계를 갖고 국가 경쟁력 강화에 영향을 미친다.

산업구조의 고도화는 국제물류 시스템을 통해 국부로 실현될 수 있으며, 국제물류 중심지화는 국제교역, 물류산업, 금융 투자, R&D 등 비즈니스 산업의 활성화를 촉진하고, 비즈니스 거점화는 국가산업 및 물류체계의 고도화를 주도한다.

그러나 우리의 동북아 물류 · 비즈니스 중심화 전략은 대외적으로는 중국, 일본, 대만 등과의 극심한 경쟁에 노출돼 있다. 또 대내적으로도 전략 추진을 위한 국가 역량의 집중이 이루어지지 못하는 등 갖가지 문제를 노출하고 있다.

중국, 일본, 대만 등은 이미 1990년대 초반에 자국을 동북아 경제권의 물류 · 비즈니스 중심국으로 성장시킨다는 국가전략을 채택, 적극적인 투자와 산업구조 개편에 나서는 등 국가 역량을 집중해 왔다. 특히 역동적인 경제성장을 거듭하고 있는 중국은 '아시아 경제권 산업 · 해운 · 물류중심화 정책' 을 채택, 적극적인 개방정책과 함께 산업, 물류 인프라 개발에 나서고 있다.

상하이는 100대 다국적 기업의 80% 이상이 투자하고 있으며, 3,300여 개의 금융 및 관련 업체들이 비즈니스 활동을 수행하는 등 이미 동북아 물류중심지로 부상했다.

이 같은 대외 여건에도 불구, 우리나라의 국제물류 · 비즈니스 중심화 전략은 아직 걸음마 단계를 벗어나지 못하고 있는 것이 현실이다.

국제물류 · 비즈니스 중심화 실현을 위한 기본요소인 공항 · 항만 및 물류시설 인프라 개발, 수출입 및 국내 물류 · 유통 시스템 개선, 외국인 투자제도 개선, 원스톱 서비스 체제 구축 등이 다른 정부부처에 의해 제각기 추진되고 있다.

이 때문에 통합적이고 계획적인 정책추진이 이뤄지지 않고 있으며, 국내외 기업 역시 중 · 장기적 물류정책을 수립, 추진하지 못하고 있다.

새 정부는 이에 따라 지난 1995~1999년 5년간 한시적으로 운영됐던 '국가경쟁력 강화기획단'과 유사한 범정부차원의 가칭 '국가물류위원회'를 하루 빨리 설립, 동북아 물류 · 비즈니스 중심화 전략을 단계적이고 체계적으로 추진해야 한다.

국가물류위원회는 당연히 국제물류 관련 법 · 제도 개선과 인프라 개발 및 추진 계획 조정, 물류정보 시스템 구축, 외국인 투자유치 전략 추진 등 각 분야에 대한 통일된 정책방향을 설정해야 한다. 또한 정부 각 부처가 일관되고 계획적으로 업무를 추진할 수 있도록 조정자 역할도 충실히 해야 한다.

이를 통한 국가역량을 결집하고 국가 경쟁력을 강화함으로써 우리나라의 동북아 물류 · 비즈니스 중심화 전략을 조기에 달성하고 우리나라를 신통상국가로 발전시켜 21세기 선진 경제 대국으로 발전시키기 위한 기반을 조성해야 한다.

국제물류에서 항공운송과 육상운송도 무시 못하지만, 우리나라의 지정학적 여건에서 볼 때 동북아 물류의 핵심은 역시 컨테이너 해운 중심의 부산항이다.

물류에서 가장 큰 비중을 차지하는 운송의 핵은 선(線: 운송노선)과 점(點: 항만, 공항)이다. 이 선과 점에서 비효율이 발생하면 국제물류는 실패할 수밖에 없다.

최근 급속하게 돌아가는 국제 해운항만 · 물류 환경에서 볼 때 부산항은 앞날을 낙관하기 힘들어 보인다.

중국(동북지역)과 일본(서일본지역)의 틈새에서 환적 화물에 힘입어 세계 3위의 자리를 지켜온 부산항에 대해, 중국 상하이항과 선전항의 약진, 일본 기타큐슈 히비키항의 개발은 심각한 위협으로 떠오르고 있다.

부산항의 경쟁력 제고에 무엇보다도 필요한 것은 기업경영 방식의 항만운영체제이다. 따라서 독립적이고, 효율적이며 신축적인 관리체제를 갖춘 항만공사(PA) 체제를 하루 빨리 부산항이 갖출 수 있기를 기대한다.

이러한 측면에서 올해는 새 정부가 우리나라를 동북아 물류 · 비즈니스 중심지로 성장시킬 수 있는 기반을 조성하는 한 해로 삼아야 한다.

(국제신문, 2003-01-07)

생각해 봅시다

1. 국제물류의 중심지로서 한국의 역할이 무엇인지 생각해 봅시다.
2. 각 국가별 대형 항만들의 대해 SWOT 분석을 해 봅시다.

제7장

국제항공운송(II)

제7장

국제 항공운송(II)

I. 중요내용 핵심요약

출제경향 예상분석

- 항공운송의 특징
- 공항의 특성
- 공항의 운영

1. 항공운송 서비스의 생산 요소

(1) 항공기

① 환경변화

- 항공시장 경영 환경 변화 → 인건비, 연료비 절감 노력 → 항공기 기술 혁신
- 항공기 기종 선정: 채산성에 영향을 미치기 때문에 중요함.

② 항공기 안전성

- 강도, 구조 및 성능 그리고 형식: 제조국의 감독 관청의 형식증명이 필요함.
- 개별 항공기의 경우: 등록국으로부터 내공증명이 필요하며 기준은 국제민간항공조약(시카고 조약) 제8부속서에 정해져 있는데, 국제적 통일이 도모되고 있음.

③ 항공화물

- 전통적으로 여객기의 동체하부에 적재함.
- 여객서비스에 수반되는 부산물로 취급함.
- 대규모의 화물이나 대형화물을 처리할 수 없었음.
- 여객 우선 → 이륙 중량을 초과시 화물을 하역
- 여객서비스 시간, 경유지 화주의 필요와 불일치 → 화물전용기 도입(이러한 문제 극복, 화물수요 자극)

- 화물전용기의 주요 경제적 이점: 여객기로 사용하는 같은 항공기에 비해 유상 탑재능력이 50% 이상 증가함.

(2) 항공종사자

항공종사자에는 운항승무원(cockpit crew), 정비사(mechanic), 디스패처(dispatcher), 객실승무원(cabin attendant) 등이 있다.

- **운항승무원:** 조종사와 항공기관사로 나누어짐. 항공기 정비를 실시하는 경우 (유자격 정비사 확인행위가 필요)
- **디스패처:** 항공기가 안전하고 경제적으로 운항할 수 있는 비행 계획을 작성, 목적지에 도착하기까지 긴밀한 연락을 확보, 필요한 정보를 보내서 운항감시를 행하는 운항관리자
- **객실승무원:** 기내에서 여객에 대해 서비스를 실제로 행하는 승무원

(3) Hub and Spoke(HSS)형 노선 네트워크

① 노선(항공법 의거)마다 교통부 면허 필요 → 면허 신청시 사업계획 제출

사업계획의 내용

- 노선의 시종점
- 사용 항공기의 대수와 유형
- 운항횟수와 발착일시
- 정비 시설 및 운항 관리 시설

② 국제노선: 국가 간의 항공협정 필수

③ Hub and Spoke형 노선 네트워크

- 미국의 규제완화 이후의 경쟁적 시장 환경하에서 전개된 효율적인 시스템
- 공항으로부터의 지선(Spoke)의 비행을 거의 같은 시각에 허브(거점)공항으로 집중시키는 것
- 항공기 같은 시각에 공항 내에 대기 → 각 지선의 연결 용이 → 접속편의 조합 비약적 증대

- Hub and Spoke형 노선 네트워크를 정당화한 근거: 공급측면에서 범위의 경제(Economies of scope)를 기대할 수 있기 때문
- Hub and Spoke형 네트워크의 성공 필요조건: 매력적인 가격설정, 즉각적인 접속 보증, 편수의 증가, 터미널 시설 필요, 저렴한 착륙료

2. 항공화물과 항공화물시장의 특성

(1) 항공화물의 특성

항공화물의 이용에 의해 얻어지는 주요한 경제적 효과는 다음과 같다.

- 재고수준의 저하
- 경쟁력의 확보와 시장의 확대
- 포장비의 절감
- 손상, 분실사고 등의 감소

(2) 항공화물시장의 경제적 특성

① 결합생산물로서의 측면

- 항공화물: Freighter(화물전용기)에 의한 운송, 여객기의 Belly에 의한 운송이 있음.
- 프레이터와 벨리의 비율은 세계 전체로 4:6 정도임.
- 항공화물운송의 급격한 증가: 화물수요가 직접 공급을 초과한 것에 덧붙여, 여객 수요 증가에 대한 대처에도 의거함.

② 서비스의 생산에서 판매까지 수직적 구조상의 특징

항공화물은 포워더를 통하지 않는 즉 항공운송 사업자 자신에 의한 직접 운송은 극히 적음.

3. 항공화물 대리점, 항공 혼재업 및 항공운송계약

(1) 항공화물 대리점

① 항공화물 대리점 업무

- 항공회사 운송약관에 의거 항공회사의 운임을 바탕으로 하주와 운송계약을 체결 → 항공회사 화물운송장(Airway Bill)을 발행 → 수탁한 화물을 항공회사에 인도
- 계약 대행의 업무에 부가적으로 집하, 지방 또는 시내와 공항 간의 운송, 포장, 보관, 보험 업무 발생
- 국제화물의 경우 통관, 동식물 검역수속 등의 업무 발생

② 항공화물 운송장

발송화물의 수령증, 운송계약의 증거, 운임명세서, 하주보험 증명서, 화물취급지시서, 도착화물 인도증서 기능을 지니는 서류

③ IATA

- 세계 각국 항공회사가 가맹, 각국에 IATA 화물 대리점을 지정함.
- 대리점 자격의 취득: IATA 운송회의의 대리점 위원회에 승인을 얻는 것, 자격 얻어 대리점 계약을 체결하면 IATA 가맹의 어느 항공회사와도 대리점 계약이 가능함.
- 가맹 항공회사 항공화물 운송약관을 공시, 통일된 계약조항을 채용함.
- 운송회의 모든 가맹 항공회사가 설정되며, 결정된 운임 적용은 각국 정부의 인가가 필요함.
- IATA 화물대리점: IATA 가맹 항공회사 대리인으로 항공회사가 그 이용자 즉 화주에 대해 제공하는 항공화물운송이라는 상품 판매, 항공 혼재업 겸업과 통관업, 자동차 운송업, 창고업 등의 면허를 취득하며, 항공화물의 종합적인 취급업 혹은 종합물류업을 지향함.

(2) 항공 혼재업

① 항공 혼재업의 정의

- 하주로부터 수탁한 화물을 목적지별로 모아서 대량화물로 만들어, 자신이 하주가 되어 항공회사에게 운송을 위탁하는 사업임.
- 이용 운송사업이라고도 하며 항공운송 취급업이라고 불리기도 함.

② 취급화물

- 간선, 로컬선 화물을 모두 취급함.
- 대부분 간선의 화물 혼재화물의 운송은 두 개의 운송계약으로 성립되고 있음.

③ 운송계약

- 혼재업자 운송에 의한 송화인과 혼재업자 운송계약: 기재된 운임 모두 혼재업자의 수입
- 각 송화인과 운송계약을 체결한 개별 혼재화물 일괄 항공회사와 운송계약: 운송장에 기재된 운임은 혼재업자가 지불

④ 서비스를 효과적으로 행하기 위한 요소

- 많은 지역 화주와의 접점을 설치, 접점과 화주를 연결하는 충실한 집배 서비스망 정비
- 취급 영업소 필요
- 각 항공회사의 대리점 업무 수행

(3) 항공운임

항공운임은 전 세계적 IATA(International Air Transport Association) 요율을 적용한다.

- 우리나라: 동 요율체계를 정부 인가를 받아서 사용함.
- 항공화물 운송요금: 일반적으로 요율 및 부대요금, 기타 수수료에 의해 결정함.

(4) 항공화물운송장

① 항공화물운송장과 선화증권의 비교

항공화물운송장	선화증권
유가증권이 아닌 단순한 화물수령장	유가증권
비유통성	유통성
기명식	지시식
수령식	선적식(본선 직후의 발행)
송화인이 작성	선사가 작성

② 항공화물운송장의 정의

- 해상운송의 선화증권에 해당하는 기본서류
- 항공화물운송장(AWB: Airway Bill) 또는 항공화물탁송장(Air Consignment Note)

③ 기본 성격

- 선화증권이 화물의 수령을 증명
- 유가증권적인 성격
- 유통 가능
- 항공운송장 화물 수령을 증명하는 영수증에 불과

④ 운송계약

- 항공화물운송장을 수령한 시점 즉 화주 또는 그의 대리인이 AWB에 서명, 항공사 또는 해당 항공사가 인정한 항공화물 취급대리점이 AWB에 서명한 순간부터 유효
- AWB상에 명시된 수화인(consignee)에게 화물이 인도되는 순간 소멸

⑤ 기능

- 운송위탁된 화물을 접수했다는 영수증
- 운송계약체결에 대한 문서상의 증명

- 요금계산서
- 송화인이 화주보험에 가입한 경우 보험가입증명서
- 세관신고서
- 화물운송 지침서(취급, 중계, 배달 등)

핵심 *Note*

- ▶ Hub and Spoke형 네트워크의 성공 필요조건: 매력적인 가격설정, 즉각적인 접속 보증, 편수가 증가, 터미널 시설 필요, 저렴한 착륙료
- ▶ 항공화물의 장점: 재고수준의 저하, 경쟁력의 확보와 시장의 확대, 포장비의 절감, 손상, 분실사고 등의 감소
- ▶ 해상운송의 선화증권에 해당하는 기본서류이며, 기본적 성격은 선화증권이 화물의 수령을 증명, 유가증권적인 성격, 유통 가능하다는 것

4. 공항의 특성과 공항 간 경쟁

(1) 공항의 입지와 특성

① 공항

- 해항(海港)과 유사한 기능 보유
- 여객 승강, 화물 하역 등의 기능과 공간을 제공

② 항공운송의 발달

선진국 산업구조의 고도화, 국제분업 진전 → 고부가가치 제품과 부품, 반제품의 물류 양적 증대 → 신제품의 시장개척, 재고조정 등을 위한 '시간적 가치' 요구 증대 → 해상운송에서 항공운송으로 운송수단 간의 현저한 이동

③ 공항의 입지 요건

- 바람, 안개, 눈 등의 자연적 조건
- 공항과 그 세력권, 즉 배후권의 존재
- 근린 공항의 입지와 그것이 제공하는 서비스의 정도

④ 공항의 항공운송 수요

- 기본적으로 공항 주변지역의 인구
- 소득 수준
- 산업(3차산업)활동
- 관광자원의 존재
- 다른 교통수단의 존재
- 내외 항공 네트워크상의 위치, 허브로서의 관문적 특성 등에 의존

앞의 다섯 항목은 지역발전으로서 공항 주변 수요동향에 의존한다. 그리고 마지막 항목은 배후 도시만을 대상으로 하는 지역적 독점이 아니라 집산기능으로서 중계형의 수요가 높은 것에 한한다.

(2) 공항 간 경쟁의 증대

① 최근 공항 간 경쟁 증대의 배경

- **공항선택의 폭 증가:** 미국이 주도하는 영공자유화가 확대되고, 유럽항공시장의 단일화, 남미지역 항공시장의 자유화, 양국 간 영공자유화의 확대로 인해 항공사들의 공항선택 자유화 폭이 커지면서, 공항들은 항공사를 유치하기 위해 공항을 포함한 항공 인프라 서비스를 확대할 필요성에 직면하고 있다. 공항 간 경쟁에서 시장의 요구에 부응하는 공항 인프라 서비스를 적시에 제공하기 위해서는 유연성이 큰 민간기업의 참여가 그 어느 때보다도 중요해지고 있다.

  공항들은 서로 자신들의 공항을 항공사의 허브로 만들기 위해 경쟁적인 노력을 기울이고 있다. 공항이 허브기능을 수행할 때 교통량의 출입이 많아지고, 이는 곧 지역경제의 발전으로 이어지기 때문이다.
- **지방 중소 공항들의 사업기회 확대:** 항공수요의 증가로 세계 주요 허브공항들은 혼잡을 경험하고 있으나, 수요에 대응하여 공항을 확장하기 어려운 실정에 놓여 있다. 이와 같이 주요 공항에 넘치는 수요를 흡수하고 증가하는 전세기 운항 및 지점 간 직항(point-to-point) 서비스를 흡수하고자 덜 혼잡한 공항들이 경쟁을 벌이고 있다. 항공요금에는 민감하나 항공사가 어느 공항을 이용하는가에 대해서는 훨씬 덜 민감한 항공수요가 있다는 점을 파악하여 이들 공항

들은 항공사들에게 파격적인 공항이용 조건을 제시하고 있다.

- **국가 간 경쟁적인 초대형 공항건설:** 극동을 포함한 아시아-태평양지역에서는 국가 간 경쟁적인 초대형 공항건설이 공항 간 경쟁을 촉발시키고 있다.

  중국에서는 향후 10여 년에 걸쳐 약 20개의 신 국제공항이 개항될 예정이며, 향후 5년에 걸쳐 40개가 넘는 공항들이 개선될 예정이다. 이밖에도 쿠알라룸푸르, 방콕, 시드니, 봄베이에 신 국제공항이 건설 중이거나 계획되고 있다. 우리의 입장에서는 특히 중국의 베이징 공항의 확장, 상하이 푸동 공항의 건설, 대만 타이페이 치앙 카이 쉑 공항 확장, 카오슝 국제공항의 건설, 제2단계 확장계획의 일환으로 제2활주로 건설을 확장한 첵랍콕 공항의 건설, 싱가포르의 창이 공항의 확대가 인천국제공항의 경쟁력에 큰 영향을 미칠 것으로 보인다.

5. 대규모 허브 공항의 성립 조건

(1) 기본적 성립 조건

① 허브 공항의 파라미터, 즉 연결 탑승 여객수와 화물량을 설명하는 요인

- **마케팅 정책:** 공항에서의 노선수, 편수 등의 수요요인, 혼잡도, 승계시설, 가격체계 등의 마케팅 정책
- **물리적 조건:** 정비상황, 지리적 위치 등
- **제도적 요인:** 항공대책, 공항정비 제도 등

② 가장 중요한 요인: 노선수, 편수

- 경험법칙으로서 수요의 편수 탄성치는 1 이상으로 알려져 있는데, 이용자는 다른 조건이 일정하면 가능한 한 많은 노선, 편수가 모이는 공항을 선택하는 경향을 지니기 때문에 항공사가 수요에 부응하는 행동을 취하는 한, 그러한 공항을 허브로 선택하고자 함.
- 노선수, 편수는 각 공항의 여객, 화물 수요에 의존 → 연결 탑승을 포함한 노선수, 편수 터미널 수요의 크기에 의존

(2) 기타 경제적, 기술적 경제 조건

① 허브의 주요한 성립 요건: 터미널 수요

② 큰 차이가 없는 경우: 경쟁을 좌우하는 경제적, 기술적 요인으로서 아래사항을 유의할 필요가 있음.

- **지리적 유리성:** 지리적 유리성도 경쟁요소의 하나이다. 항공회사는 운항비용의 대폭적인 증가를 초래하는 지리적으로 불리한 공항을 허브로 선택하지 않는다. 바꾸어 말하면, 다른 경쟁조건이 불리해도 주요 네트워크 중심부에 위치한다고 하는 지리적 유리성에 의해 어느 정도 허브로서의 기능을 하는 것이 유리하다.
- **직항편과의 경쟁:** 유리한 허브가 어떤 이유로 인해(예컨대 혼잡 등의 이유로) 이용이 곤란한 경우, 항공회사에서는 차선의 허브로 이전한다고 하는 행동 이외에 직항편을 증가시키고자 하는 선택도 가능하다. 이것은 기술혁신에 의해 항공기의 항속력이 하루가 달리 향상되고 있는 오늘날 무시할 수 없는 요건이다.
- **공항의 마케팅 정책:** 공항의 마케팅도 중요한 요인의 하나이다. 터미널 수요가 작은 싱가포르와 암스테르담이 글로벌 허브로서 크게 번성하고 있는 이유의 하나는 이 나라들의 항공 자유화 정책과 함께 공항의 사용료 체계의 연구, 승계 시설의 충실 등 공항 당국의 시장지향적 마케팅에 있다. 항공시장의 자유화가 진행되고 허브 경쟁이 격화되고 있는 가운데 공항의 마케팅 정책이 중요해지고 있다.

  마케팅 정책의 핵심요소는 시장조사, 가격체계, 서비스의 질인데 공항 당국에서 이것을 자주적으로 결정하고 전개하는 자유 재량의 여지가 없으면 마케팅의 전개는 불가능하다.
- **핵심 항공사의 존재:** 허브로서의 성공은 그 공항으로의 노선, 편수의 집중 정도에 달려 있다. 이 경우 노선수와 편수는 같아도 해당 공항의 허브화를 진행하는 핵심 항공사가 존재하는 것이, 잡다한 항공 회사의 집합보다도 허브로의 발전 가능성에 더욱 중요하다.
- **국내와 국제의 일체화:** 항공 화객과 항공회사로서는 국제선이냐 국내선이냐의 구별이 경제적으로 유의하지는 않다. 따라서 허브 공항의 기능이란 국제와

국내를 구별하지 않고 포괄적인 개념으로 논의되어야 한다. 허브공항이 대상으로 하는 항공수요는 국내와 국제의 승계 수요가 전혀 없는 개도국의 경우를 제외하면 국내와 국제의 양 항공수요를 합친 것이어야 한다.

- **육상 스포크에 대한 배려:** HSS(Hub and Spoke System)의 전개는 항공노선만을 고려하여 논의되지만 승계 수요로서는 육상과 해상 교통기관의 존재도 중요하다.

  예컨대 프랑크푸르트에서는 도시 간 특급열차가 연결되어 있다. 그리고 일본 관서(간사이) 공항으로의 접근을 위해 교토나 고베 등으로 쾌속선이 운행되고 있다. 규제가 현재보다 엄했던 프랑스에서는 챠터편의 여객이 대절 버스로 브랏셀까지 운행되었고, 영국의 지방공항에서는 휴가 챠터 여객을 수백 킬로미터 떨어진 지역에서 대절 버스로 모으기도 했다.

- **이미 설립된 허브의 혼잡:** 기존의 대규모 허브 중 다수가 혼잡이 심한데, 그럼에도 불구하고 확장이 곤란한 경우가 많다. 당연히 이것은 이 허브의 경쟁조건을 떨어뜨린다. 어떤 시설이 혼잡하면 제일 필요한 것은 소비자의 니즈에 부응하여 해당시설의 확장을 도모하는 것이다.

  또한 어떤 시설이 혼잡하면 그만큼 투자효과는 높아져, 종래에는 불가능하였던 확장이 경제적으로 가능해질 수 있다.

  더욱이 국제공항의 경우, 수도 공항의 혼잡을 방치하고 지방 공항에 수요를 분산시키고자 해도, 이 경우 타국의 수도 공항이 확장 정책을 취하면 그 수요는 타국으로 이전하기도 한다.

- **허브의 계층:** 유럽이나 아시아와 같은 각 지역 중에서 그 지역 대표로서의 지위를 차지하려는 규모의 공항은 글로벌 허브로 부를 수 있다. 이에 반해 리저널(regional) 허브라는 용어도 사용되고 있다. 이것은 주로 근거리의 국제선과 국내선의 결절점으로서의 기능을 지니는 허브를 가리킨다. 따라서 어떤 공항이 허브로서의 기능을 높이고, 승계 수요를 모으고자 할 때는 자기 공항이 허브의 계층 중 어디에 위치하는지, 어떠한 수요를 대상으로 하는지, 경쟁공항은 어딘지를 충분히 검토할 필요가 있다. 현실적으로 리저널 허브로서의 기능밖에 할 수 없는데도 글로벌 허브를 무리하게 만들려고 하면, 그것은 파탄적인 공항설비 계획이 될 수밖에 없다.

6. 공항으로의 교통과 공항운영

① 공항에 궤도로 접근하는 교통 도입 증가

- 일본 나리타 공항: 세계 최초의 모노레일이 도입된 공항

② 그 후 유럽을 중심으로 많은 공항에 도입

- 유럽에서는 공항 간의 경쟁이 격심
- 도심과 공항을 연결하는 액세스 철도뿐만 아니라, 도시 간 고속도로의 경로상에 공항을 위치시키는 정비가 진행
- 유럽제국은 국제공항의 배후권을 서로 확장하려고 하는 견지에서 육상교통을 포함하여 격렬한 경쟁
- 육상교통의 경합이 격심한 국내 항공노선을 줄이면서 국제경쟁력을 증강하기 위해 노력

③ 미국에서도 1991년에 제정한 육상교통 효율안 법안(ISTEA) → 공항과 다른 육상교통 체계와 접속성 향상 도모

④ 공항개발

- 이용자에게 수동적으로 대응하는 것으로 불충분
- 항공 이용자 이외의 수요에도 대응해야 함.
- 산업시설, 물류시설을 주변에 배치함과 동시에, 항공수요와는 관계없는 공항수요에 의해 사람이 모이는 장소로서의 공항을 정비, 운영하는 것이 요망 → 주변지역 개발과의 일체화

⑤ 기구나 제도도 중요

- 공항과 주변개발의 일체화에서는 주변 정비와 공항 정비를 일체적으로 운영하는 기구나 제도를 만드는 것도 중요
- 민간에게 위임하는 것이 바람직(이용자 니즈에 민감하게 부응한 마케팅을 전개하고 또한 비용의식이 높은 경영을 행하기 위해서, 공항 비즈니스는 성장률이 높은 산업이므로, 나라의 예산과 제도에 의해 구속되어서는 주요 공항의 순조로운 정비가 불가능하다는 것)

⑥ 관제의 민영화

- 공항의 민영화와 함께 관제의 민영화도 중요
- 국가에 의해 이루어지고 있어 비탄력적이며 지역의 실정과 수요에 부응한 운영이 불가능

⑦ 발착 스페이스의 배분방법, 시간대별, 지대별 요금 등도 검토과제

7. 기업적 콘셉트의 공항

(1) 공항의 변화

① 공항 경영 변화 시도

- 수익성을 향상시키기 위해 공항을 하나의 기업으로 보는 접근방식
- 엄격한 규제와 국영의 형태 → 유연성 있는 전략선택 힘듦 → 만족할 만한 서비스 제공 어려움.

② 기존의 공항 임무

- 공공 서비스의 한 형태로 국적항공사 노선에서 활동하는 수많은 항공사를 유치하는 것이 목표 → 대량의 보조금 지급으로 성취되기도 했음.
- 전통적인 공항의 역할은 그들의 주요 고객인 항공사와 관련된 것, 공공정책 목표로서 지역산업발전과 관련된 것이라 할 수 있을 것임.
- 공항 서비스 부문의 비차별적인 핵심항공운송에 대한 요구사항들을 만족하는 물류의 매체로서 그 역할을 하지만, 실제 기업으로서의 역할에는 한계가 있음.

(2) 공항의 발전방향

① 단일운송(Mono-modal)에서 복합운송의 중심으로의 발전

단일운송형태의 공항의 전략적 그리고 운영적 목표는 일일여객수와 취급화물량의 관점에서 이루어지는 내·외부적 항공 수송량 확대에 초점이 맞추어져 있다. 하지만 그러한 공항의 피상적 역할을 떠나서 최근 공항은 단순운송형태에서 발전하여 공항 간 경쟁뿐만 아니라 다른 형태의 운송방식과도 연계하여 수요유치를 위해 노

력하고 있다.

공항 자체는 복합운송을 중심으로 발전을 추구하고 있는 것인데, 복합운송 중심 공항의 고객들은 연결이 매끄러운 운송방식을 위해 항공에서 육상, 철도에서 해상운송 등 운송형태를 자유로이 선택할 수 있으며, 공항 활주로와 고속열차 그리고 육상의 복합이용으로 공항의 수요를 증가시킬 수 있는 것이다. 그러나 이러한 복합운송적 접근 또한 육상에서 일어날 수 있는 상업적 서비스 사업과는 무관한 항공운송 측면만 부각된 공항운영의 보수적인 컨셉에서부터 시작되었다.

② 상업공항(Commercial Airport)으로의 발전

요즘 각국 정부는 공항의 상업화의 필요성을 인식하고, 이를 추진하기 위해 민간의 참여를 넓히는 방향으로 나아가고 있다. 공항의 상업화를 통하여 수익성이 확보된다면 공항의 유지보수와 확충에 필요한 자금이 그만큼 용이하게 조달될 수 있는데, 자금을 빌려 주는 측에서 보면 공항의 수익성만큼 확실한 담보는 없는 것이다.

소위 상업지향적 공항 접근은 공항의 전략적 과제와 공항 본래의 업무가 확실히 구별된 것을 제시하고 있다. 즉 다목적 서비스 제공기업으로 표현되는 좀 더 세련된 시장 자체로 공항이 변모하기 시작함을 의미하며, 보수적인 전통적 항공 관련 사업에서 벗어나 공항은 상업적 중심이 되며, 그 안에서 다양한 서비스 사업과 제품들이 제공되며 또한 목표고객의 범위가 확대됨을 말한다.

- **상업적 서비스(Commercial Service):** 여기에는 고객의 요구에 부응하는 모든 상업적 사업들이 포함되며, 먼저 수요측면에서 보면 크게 네 가지의 주요 목표수요집단으로 나눌 수 있다. 첫째로 기존의 여객이 있다. 이들은 출발지, 도착지, 환승할 때 긴급 필수품 혹은 선물구입을 위한 쇼핑을 한다. 둘째로 환영객들은 공항에서 대기하는 시간동안 공항 내에서 구매 활동을 할 수 있으며, 셋째로 공항당국, 항공사 그리고 다른 항공서비스 제공업자의 피고용인들과 같은 공항 내 근무자들을 들 수 있다. 마지막으로 공항 주변의 거주자들이 있는데, 이들은 공항내 쇼핑지의 집중과 영업시간 연장과 같은 서비스로 공항으로의 수요를 유치할 수 있다.
- **관광객 서비스(Tourist Service):** 런던의 히드로 공항과 독일의 뮌헨 공항은 몇 년 전 비행기 관찰자들에게 더 좋은 위치에서 비행기를 볼 수 있도록 하기 위해 인공 언덕에 테라스를 설치하여 개방했다. 이 지역에 가려면 일정액의 입

장료를 지불해야 하는데 이것은 공항에 있어서 추가적인 수입원이 되고 있다. 현재 대부분의 공항들은 안전과 군사기밀상으로 이러한 서비스를 허가하지 않고 있는 실정이며, 이것으로 인해 공항을 관광지화하려는 움직임과 마찰을 빚고 있다. 이외에도 독일의 프랑크푸르트 공항은 디스코텍을 터미널 빌딩 내에 마련하고 있으며, 네덜란드 스키폴 공항은 환승지역 내에 카지노를 운영하고 있다.

- **회의 서비스(Congressional Service):** 회의를 개최할 수 있도록 하는 서비스를 말하며, 넓은 공간과 함께 회의 진행상 필요한 최상의 기술을 제공할 수 있어야 한다. 회의 유치가 가능하게 하려면 공항은 다음의 두 가지에 있어서 경쟁우위에 있어야 한다. 첫째, 회의에 대한 장소를 쉽게 제공할 수 있어야 하며, 둘째, 사절단이 공항 내의 회의 개최지까지 도착할 시간을 최소화할 수 있어야 한다.
- **물류 서비스(Logistic Service):** 역사적으로나 현재에 있어서 공항은 국제시장 간 제품과 원료를 싣고 내리는 활동을 하는 물류산업의 기반산업시설로서 그 역할을 해 왔다. 즉, 공항의 기반시설은 단순히 물품 이전의 외부적 매체로서 이용되어 왔다는 것이다. 공항 또는 공항과 관련된 사업분야에 대한 화물 서비스를 강화하여 부분변형이나 반제품을 위한 물류창고를 마련함으로써 항공운송에 대한 수요를 확대할 수 있을 것이다.

이러한 활동들에 의해 발생하는 수익은 지금까지 비항공관련 사업에서 비롯되는 수익으로 아직까지는 그 수익범위가 한정적이나 앞으로 공항 간 경쟁이 치열해질 경우, 항공관련사업의 수익성과 함께 공항의 중요한 수익원이 될 수 있을 것이라 예상되며, 공항의 차별화된 서비스의 제공으로 경쟁우위에 설 수 있는 주요 원천이 될 수 있을 것이다.

핵심 *Note*

- ▶ 공항의 항공운송 수요: 기본적으로 공항 주변지역의 인구, 소득 수준, 산업(3차산업)활동, 관광자원의 존재, 다른 교통수단의 존재, 내외 항공 네트워크상의 위치, 허브로서의 관문적 특성 등에 의존
- ▶ 공항 간 경쟁의 증대 배경: 공항선택의 폭 증가, 지방 중소 공항들의 사업기회 확대, 국가 간 경쟁적인 초대형 공항건설
- ▶ 대규모 허브 공항의 성립 조건: 1. 기본적 성립 조건 2. 기타 경제적, 기술적 경제 조건

제7장

국제 항공운송(II)

II. 핵심문제 및 예상문제

출제포인트

- 항공종사자 및 Hub & Spoke 형 노선 네트워크
- 항공화물 대리점, 항공 혼재업, 항공화물운송장
- 대규모 허브 공항 성립 조건
- 공항의 발전 방향

객관식 연습문제

1. 다음 항공화물운송에 관련된 설명 중 잘못된 것은?

① 포워딩업체들은 송화인, 수화인, 항공사를 대신하여 문서처리, 통관, 지상 화물 취급, 화물통합 등의 기능을 수행한다.

② 쿠리어 서비스 업체는 항공사의 주요 고객이었으나 점차 경쟁관계가 성립되고 있다.

③ 글로벌 네트워크, 교섭력, 규모의 경제를 확보하지 못한 중간 규모의 포워딩업체는 중량화물보다는 소화물 시장에 참여하여야 한다.

④ 물류비용의 중요성에 대한 화주기업의 인식이 증대되고 있다.

⑤ 중량화물 취급 포워딩 업체들은 롤러베드 트럭, 스태커 크레인 등의 장비를 필요로 하며 컨테이너 등 ULD(Unit Load Device)를 활용한다.

해설 | 중간규모의 포워딩업체는 중량화물 시장에 참여하는 것이 경제성이 있다. 답 ③

2. 공항의 항공운송 수요에 영향을 미치는 조건이 아닌 것은?

① 관광자원의 존재

② 내외 항공 네트워크상의 위치, 허브로서의 관문적 특성

③ 산업활동

④ 인구 및 소득수준

⑤ 정부의 정책

해설 | 공항의 항공운송 수요에 영향을 미치는 요인으로는 인구, 소득수준, 산업활동, 관광자원의 존재, 다른 교통수단의 존재, 내외 항공 네트워크상의 위치, 허브로서의 관문적 특성이 있다. 답 ⑤

3. 항공사의 화물운송 책임에 관하여 잘못 설명한 것은?

① 항공운송에 있어서 일반적인 사항은 의정서에 의해 비준한 국가 간에만 효력이 발생한다.

② 항공사는 화물의 파손, 분실 훼손이 항공운송 중에 발생한 경우 이에 대한 책임을 진다.

③ 연착으로 인해 발생한 손해는 항공사 또는 그 사용인이 동 손해를 방지하기 위한 조치를 취했거나 취할 수 없는 사정이었음을 입증한 경우에도 그 책임을 부담하여야 한다.

④ 화물의 고유의 결함, 불완전한 포장, 전쟁 등의 불가항력이나 정부당국의 정당한 행위에 의한 손해에 대해서는 면책된다.

⑤ 항공사의 책임한도액은 파손된 부분에 대해 kg당 17SDR(dir USD 20.00)이다.

답 ①

4. 항공화물운송장(AWB)과 선화증권(B/L)을 비교 설명한 것 중 틀린 것은?

① 선화증권은 통상적으로 기명식으로 발행되고, 항공화물운송장은 거래의 신속성을 위해 지시식으로 발행된다.

② 선화증권은 대개 유통성 유가증권이고, 항공화물운송장은 비유통성증권으로 발행된다.

③ 법률적으로 항공화물운송장은 송화인이 작성하여 항공사에게 교부하는 형식을 취하고 있는 데 반하여, 선화증권은 선박회사가 작성하여 송하인에게 교부한다.

④ 항공화물운송장은 선화증권과 같이 송화인과 운송인 사이에 운송계약이 체결되었다는 증거서류이다.

⑤ 선화증권이 대개 선적식으로 발행되는 데 반하여 항공화물운송장은 수취식으로 발행된다.

해설 | 항공화물운송장은 기명식으로 발행되며 비유통성이다. 답 ①

5. 공항의 물류 매체적인 전통적 핵심활동 외에 네 가지의 보완적 활동이 있다. 이에 해당하지 않는 것은?

① 상업적 서비스
② 회의 등의 유인 서비스
③ 물류 서비스
④ 관광객 서비스
⑤ 복합 서비스

해설 | 보완적 활동에는 상업적 서비스, 관광객 서비스, 유인 서비스, 물류 서비스가 있다. 답 ⑤

6. 공항의 입지와 특성에 대한 설명으로 올바르지 않은 것은?

① 선진국에서는 산업구조의 고도화와 국제분업이 진전됨에 따라 고부가가치 제품과 부품, 반제품의 물류가 양적으로 증대하고 있다.

② 공항은 배후권이 편리한 지점에 입지하는 것이 좋다.

③ 고도기술 집약형의 하이테크 산업의 활성화와 상품의 경박단소화는 항공운송의 활성화에 부의 영향을 미친다.

④ 공항은 해항과 유사한 기능을 많이 보유하고 있는데, 여객의 승강과 화물의 하역 등의 기능과 공간을 제공하고 있다.

⑤ 공항의 입지는 바람, 안개, 눈 등의 자연적 조건에 의해 좌우된다.

해설 | 정의 영향을 미친다. 답 ③

7. 항공화물의 탑재용기(ULD: Unit Load Device)가 아닌 것은?

① Pallet
② Certified Aircraft Containers
③ Igloo
④ GOH(Garment On Hanger)
⑤ High Loader

해설 | High Loader는 탑재용기가 아니라 ULD를 항공기에 탑재하는 데 사용하는 장비이다. GOH는 의류를 행거에 걸어서 적재하는 컨테이너이다. 답 ⑤

8. 항공화물운송장이 갖는 기능으로 맞지 않는 것은?

① 송화인으로부터의 화물수취를 증명하는 화물수취증
② 운임, 요금의 청구를 나타내는 요금계산서
③ 송화인이 화주보험에 가입한 경우 보험가입증서
④ 유통성을 지닌 유가증권
⑤ 항공화물의 취급, 중계, 배달 등에 대한 취급지침서

해설 | 항공화물운송장은 운송인이 항공운송을 하기 위하여 운송품을 수취하였을 때 발행하는 화물수취증으로 유가증권은 아니다. 답 ④

9. 표준항공약관, 항공원, 항공운송장의 표준화, 복수항공기업의 연대운송에 관한 협정, 총대리점 및 판매대리점과의 표준계약, 운임후불제 설정 등의 일을 하고 있는 국제항공기구는?

① ESCAP(Economic and Social Commission for Asia and Pacific)
② IATA(International Air Transport Association)
③ FIATA(Federation Internation des Associations de Trensitares et Assimilles)
④ FAI(Federation Aeronautique Internatinale)
⑤ ICAO(International Civil Aviation Organization)

해설 | IATA(국제항공운송협회) 국가 간 운임, 운항, 정비, 전산업무 답 ②

10. 허브 공항의 성립 조건에서 경제적, 기술적 경제 조건에 해당하지 않는 것은?

① 핵심 항공사의 존재
② 직항편과의 경쟁
③ 허브의 계층
④ 노선수와 편수
⑤ 국내와 국제의 일체화

해설 | 대규모 허브 공항의 기본적 성립 조건에 해당하는 내용이다. 답 ④

11. (주)로지스텍은 특수장비부품을 항공운송을 통하여 김포공항에서 영국의 히드로 공항까지 수출하고자 한다. 다른 조건은 무시하고 다음 사항만을 고려한다고 했을 때 항공운임은 얼마인가?

1. 부품이 내장된 상자의 무게는 100kg이다.
2. 부품이 내장된 상자의 부피는 70cm×80cm×120cm이다.
3. 항공화물운임은 중량 또는 부피 중 큰 것으로 적용한다.
4. 최저운임은 $4,000이며 100kg 미만은 $50/kg, 100kg에서 150kg 미만은 $45/kg이라고 한다.

① $4,500
② $5,000
③ $5,015
④ $5,040
⑤ $5,050

해설 | 용적중량을 계산할 때 $6{,}000cm^2 = 1kg$. 따라서 (70×80×120) = 112kg. 그러므로 112×45 = 5,040이다. 답 ④

12. 공항의 상업적 서비스에서 네 가지의 목표수요집단에 해당하지 않는 것은?

① 환영객
② 공항 내 근무자
③ 항공사 협력업체
④ 기존의 여객
⑤ 공항주변 거주자

해설 | 목표수요집단에는 환영객, 공항 내 근무자, 기존의 여객, 공항주변 거주자가 있다. 답 ③

13. 인천국제공항의 화물터미널은 항공운송 고유업무만을 위한 터미널로 운영되고 있다. 수출화물은 RFC 상태로 입고되는 것을 원칙으로 하여 포장, 레이블링, 통관 등이 완료된 상태로 화물입고시 기재사항이 완료된 Master AWB이 제시되어야 접수가 가능한데, 여기서 RFC란?

① Ready For Container
② Request For Comments
③ Ready For Carriage
④ Ready to Fly Cargo
⑤ Red Fit Cargo

해설 | 관련서류가 완비되어 곧바로 항공운송이 될 수 있는 준비완료 상태를 말한다. 답 ③

14. 허브공항으로서 갖춰야 할 중요한 경제적, 기술적 요소로서 가장 거리가 먼 것은?

① Hub & Spoke System이 잘 구축되어 있어 직항편뿐만 아니라 환승고객들도 이용하기 편리하여야 한다.

② 핵심항공사가 존재하지 않고 노선수와 편수가 많지 않은 다수의 많은 항공사만 기항하면 허브 공항으로 발전할 가능성이 높다.

③ 국내노선과 국제노선이 동시에 발달되어 있어야 하며, 항공노선 외에 육상 및 해상 네트워크도 잘 갖춰져야 한다.

④ 지정학적으로 유리한 위치에 있어 주변지역과 네트워크 구축이 용이하여야 한다.

⑤ 공항의 적극적이고 효과적인 마케팅 전략과 활동이 중요하다.

해설 | ②는 기본적 성립 요건에 해당하는 내용이며 내용 또한 틀렸다. 답 ②

15. 항공 특수화물의 약어 연결 중 틀린 것은?

① 부패성화물-PER ② 귀중화물-VAL
③ 위험품-DGR ④ 생동물-NAQ
⑤ 중량/대형화물-HEA/BIG

해설 | 생동물-AVI(Live Animals) 답 ④

16. ICAO(International Civil Aviation Organization)의 설명으로 맞는 것은?

① 설립목적은 국가 간의 운임, 운항, 정비, 정산업무 등 상업적, 기술적 활동을 하는 데 있다.

② 주요사업은 일반항공에 관한 사항, 항공우주에 관한 사항, 항공학습에 관한 사항, 항공 스포츠에 관한 사항, 낙하산 및 모형기에 관한 사항, 항공기록에 관한 사항 등이다.

③ 국가별 포워더협회와 포워더로 구성된 국제민간 기구로서 1926년 비엔나에서 설립되었다.

④ 각종의 표준방식을 제정하였으며 이 중에는 표준항공약관, 항공권, 항공운송장의 표준화, 복수항공기업의 연대운송에 관한 협정, 총대리점 및 판매대리점의 표준계약, 운임후불제 설정 등이 포함된다.

⑤ 국제민간항공의 발전을 위하여 각국 정부 간의 기관으로서 설치되었으며 UN 산하 기관으로서 본부를 캐나다의 몬트리올에 두고 있다.

해설 | 국제민간항공기구: 세계 민간 항공의 평화적이고 건전한 발전을 도모하기 위한 국제연합 전문기구 답 ⑤

17. 항공화물운송장(AWB)에 대한 설명으로 부적절한 것은?

① 원본 3부와 여러 부의 부본으로 구성되어 있는데 원본은 운송인용, 수화인용, 송화인용이다.

② 항공사가 혼재화물에 대해 발행하는 Master AWB와 혼재업자가 개개의 화물에 대해 발행하는 House AWB가 있다.

③ IATA에서 양식과 발행방식을 세부적으로 규정하고 있다.

④ 항공화물운송장의 발급은 운송인이 화물을 수령하였다는 것과 운송계약이 체결되었다는 문서상의 증빙이다.

⑤ 항공화물운송장은 선화증권과 마찬가지로 유가증권의 성질을 가지며 타인에게 유통될 수 있다.

해설 | AWB는 B/L과 달리 화물운송이지 유가증권은 아니다. 답 ⑤

18. 우리나라에서 공로운송이 증가하고 있는 이유로 옳지 않은 것은?

① 장거리 운송에서 경제적이다.

② 다양한 고객의 운송요구에 대응할 수 있다.

③ 소량의 단위로 운송된다.

④ 문전에서 문전까지의 운송이 가능하다.

⑤ 고정자본의 투입규모가 비교적 작다.

해설 | 장거리 운송에는 해상운송이 더 경제적이다. 답 ①

19. 공항으로의 교통과 공항운영에 관한 설명으로 올바르지 않은 것은?

① 공항과 주변개발의 일체화에서는 주변 정비와 공항정비를 일체적으로 운영하는 기구나 제도를 만드는 것도 중요하다.

② 공항의 민영화와 함께 관제의 민영화도 중점 검토과제이다. 공항관제업무가 국가에 의해 이루어지고 있어 비탄력적이며 지역의 실정과 수요에 부응한 운영이 불가능한 것도 공항 운영의 효율화에 장애가 되고 있다.

③ 공항에 궤도로 접근하는 교통의 도입이 근래에 증가하고 있다. 일본의 간사이 공항에 도입된 모노레일이 세계 최초의 공항으로의 궤도계 시스템이었다.

④ 공항은 항공 이용자에게 수동적으로 대응하는 것만으로 불충분하며 또한 항공 이용자 이외의 수요에도 대응하지 않으면 안 된다.

⑤ 공항 사용료의 자유화와 함께 발착 스페이스의 배분방법, 시간대별, 지대별 요금 등도 향후 검토과제로서 고려할 필요가 있다.

해설 | 세계 최초의 모노레일 공항은 일본의 나리타 공항이다. 답 ③

20. 다음은 IATA의 항공화물운송장(AWB) 이면약관에서 규정하고 있는 항공운송인의 책임을 나타낸 것이다. 이중 옳지 않은 것은?

① Warsaw Convention이 적용되지 않는 운송의 경우에도 운송인의 책임은 화물 1kg당 US20$을 초과하지 않는다.

② 책임한도는 화물 1kg당 250금 프랑(약 US20$에 해당)으로 한다.

③ 제소기한은 항공기가 목적지에 도착한 날 또는 도착하기로 한 날 또는 운항이 중단된 날로부터 2년 이내이다.

④ 화물의 인도지연에 대한 클레임 제기는 화물인수일로부터 30일 이내에 손해발생구간 운송인에게 반드시 서면으로 제기해야 한다.

⑤ 소정의 기간 내에 이의를 제기하지 않았을 경우 운송인에 대한 소송은 운송인에게 사기가 있을 경우를 제외하고는 수리하지 않는다.

해설 | 인도지연의 경우 화물을 처분할 수 있는 날로부터 21일 이내에 제기해야 한다. 답 ④

21. 항공종사자에 해당하지 않는 것은?

① Cockpit Crew ② Master

③ Mechanic ④ Dispatcher

⑤ Cabin Attendant

해설 | Master는 배의 선장을 의미하는 용어이다. 답 ②

22. 면허 신청시 사업계획을 제출해야만 한다. 사업계획에 속하지 않는 항목은?

① 노선의 시종점

② 사용 항공기의 대수와 유형

③ 국가 간의 항공협정

④ 운항횟수와 발착일시

⑤ 정비 시설 및 운항 관리 시설

해설 | 국제노선 개설 전 반드시 체결되어야 한다. 답 ③

23. Hub and Spoke형 네트워크가 성공하는 데 필요한 조건이 아닌 것은?

① 저렴한 착륙료 ② 매력적인 가격설정

③ 허브 경유에 의한 편수 증가 ④ 다각적인 접속 보증

⑤ 터미널 시설

해설 | 즉각적인 접속이 보증되어야 한다. 답 ④

24. A화물을 항공편으로 미국으로 보내려고 한다. A화물의 실제 총중량이 70kg, 부피중량이 30kg이라면 A화물에 대한 운임적용중량을 정하는 올바른 계산방법은?

① 둘 중 작은 숫자인 30kg ② 둘 중 큰 수에서 작은 수를 뺀 40kg
③ 둘의 평균을 낸 50kg ④ 둘 중 큰 숫자인 70kg
⑤ 둘의 합인 100kg

해설 | 운임적용중량은 실제 총중량을 적용한다. 답 ④

25. 항공 운송인이 과실시 여객보상 책임한도를 소송비용 포함시 1인당 US 75,000$로 규정하고 있는 국제조약은?

① Guatemala Protocol ② Guadalajara Agreement
③ Montreal Agreement ④ Hague Protocol
⑤ Warsaw Convention

해설 | 헤이그 의정서와 몬트리올 협정의 책임 한도액 차이는, 위탁 수하물 및 화물의 책임 한도액은 차이가 없으나, 여객의 경우 헤이그 의정서는 1인당 미화 20,000달러이고, 몬트리올 협정은 1인당 미화 75,000달러이다. 답 ③

26. Hub and Spoke 시스템은 1980년대 초 항공운송부문에서 처음 적용된 이래 최근에는 운송부문 전체에 걸쳐 널리 이용되고 있는 운송망 전략이다. Hub and Spoke 시스템에 대한 설명으로 맞지 않는 것은?

① 국제소화물 일관운송서비스분야에는 거의 적용되지 않고 있는 운송망 전략이다.
② 운송네트워크에 다수의 O-D쌍(Origin-Destination pair) 즉 다수의 출발지와 다수의 도착지가 존재하는 것이 유리하다.
③ 대부분 운송물량이 허브를 거쳐 최종목적지까지 운송된다.
④ 운송범위가 넓은 대규모 운송망의 경우 여러 개의 허브가 입지되어 운영되기도 한다.
⑤ 유럽의 경우 철도화물 운송망에서도 적용되고 있다.

해설 | 국제소화물 일관운송서비스분야에도 적용되고 있다. 답 ①

27. 다음은 인천공항 수출화물 처리절차의 여러 유형이다. 각 절차의 ( ) 속에 들어갈 내용이 적절히 포함되어 있는 것은?

- (A) → 운송 → (B) → 반입 → (C) → 탑재 → 항공기
- (A) → 수출신고 의뢰 → (D) → 수출신고 → 세관
- (A) → 항공운송 의뢰 → (E) → 항복예약 → (F) → B/L 내역 전송 → (G)

① 화주, 보세구역, 조업사, 관세사, 포워더, 항공사, 관세사
② 화주, 공항, 터미널, 보세구역, 포워더, 항공사, 관세사, MFSC
③ 화주, 보세구역, 공항, 터미널, 관세사, 포워더, 항공사, 세관
④ 화주, 공항, 터미널, 보세구역, 관세사, 포워더, 항공사, MFSC
⑤ 포워더, 공항, 터미널, 보세구역, 관세사, 항공사, 조업사, MFSC

해설 | 답 ④

28. 항공운송에 필요한 지상운송장비 중 단위탑재용기를 대형기에 탑재시키거나 하역할 경우 사용하는 장비는?

① Forklift
② Stacker
③ Dolly
④ High Loader
⑤ Transtainer

해설 | 하이로더: 사다리처럼 짐칸이 들어 올려지는 특수 화물차 답 ④

29. 다음 중에서 항공운송의 대상품목으로 가장 부적절한 품목은?

① 해상 또는 육상운송 등 다른 운송수단의 이용불가능으로 인해 운송되는 품목
② 물류관리나 마케팅 전략에 의해 경쟁상품보다 신속한 서비스 체제 확립을 위한 품목
③ 장기간 운송 시 가치가 상실될 우려가 있는 품목
④ 납기가 임박한 화물, 계절 유행 상품, 투기 상품 등 긴급 수요 품목
⑤ 부가가치, 운임부담력이 낮고 중량대비 가격이 낮은 품목

해설 | 항공운송은 부가가치가 높고 중량대비 가격이 높은 품목이 적절하다. 답 ⑤

30. 항공화물보험에 관한 설명으로 옳지 않은 것은?

① 런던보험업자협회는 해상운송에 대한 협회화물약관을 제정한 기구로 운송보험에 관한 약관제정을 이끌고 있다.
② 협회항공화물약관은 해상운송의 ICC(B)와 별다른 차이가 없다.
③ 협회항공화물약관상의 담보기간은 항공기 양하 후 30일간이다.
④ 항공운송 사고의 경우 화물의 손해는 전손이 대부분이다.
⑤ 항공운송 중 화물에 대한 손해를 담보하기 위하여 런던보험업자협회의 협회항공화물약관이 자주 사용된다.

해설 | 협회항공화물약관은 협회적하약관 ICC(A)와 비슷하다. 답 ②

31. IATA 화물대리점에 대한 설명으로 적절하지 않은 것은?

① IATA 대리점 자격의 취득은 IATA 운송회의의 대리점 위원회에 승인을 얻는 것인데, 한번 그 자격을 얻어 대리점 계약의 체결을 하면 IATA 가맹의 어느 항공회사와도 대리점 계약을 할 수 있다.

② IATA 가맹의 항공회사는 모두 항공화물 운송약관을 공시하며, 통일된 계약조항을 채용하고 있다.

③ 운임은 개별 항공회사에 의해 설정되며, 결정된 운임의 적용에 관해서는 각국 정부의 인가가 필요하다.

④ IATA 화물대리점은 IATA 가맹 항공회사의 대리인으로서 항공회사가 그 이용자 즉 화주에 대해 제공하는 항공화물 운송이라는 상품을 판매한다.

⑤ IATA 화물대리점은 항공혼재업의 겸업과 통관업, 자동차 운송업, 창고업 등의 면허를 취득하며, 항공화물의 종합적인 취급업 혹은 종합물류업을 지향하고 있는 것이 늘어나고 있다.

해설 | 운임은 IATA 운송회의에서 모든 가맹 항공회사에 의해 설정된다. 답 ③

단답식 연습문제

1. 하주로부터 수탁한 화물을 목적지별로 모아서 대량화물로 만들어, 자신이 하주가 되어 항공회사에게 운송을 위탁하는 사업은 무엇인가?

답 항공혼재업

2. 미국에서 공항과 다른 육상교통 체계화 접속성 향상을 도모하기 위해 1991년 제정한 법안은?

답 육상교통 효율화 법안(ISTEA)

3. 대규모 허브 공항의 가장 중요한 성립 요건은 무엇인가?

답 노선수, 편수

4. 항공기가 안전하고 경제적으로 운항할 수 있는 비행 계획을 작성하고, 목적지에 도착하기까지 긴밀한 연락을 확보하고, 필요한 정보를 보내서 운항감시를 행하는 운항관리자는 누구인가?

답 디스패처(Dispatcher)

5. 허브의 주요한 성립 요건에서 큰 차이가 없는 경우에 경쟁을 좌우하는 경제적, 기술적 요인에는 어떠한 것들이 있는가?(3가지 이상 답할 것)

답 지리적 유리성, 직항편과의 경쟁, 공항의 마케팅 정책

6. 비행기 관찰자들에게 보다 더 좋은 위치에서 비행기를 볼 수 있도록 하거나 카지노를 운영하거나 공항 내 디스코텍을 마련하는 서비스는 무엇인가?

답 관광객 서비스

7. 항공기의 강도, 구조 및 성능에 관해 그리고 그 형식에 관해 제조국의 감독 관청의 형식증명을 받지 않으면 안 된다. 더욱이 개별 항공기의 경우 안전기준에 적합한 것은 등록국으로부터 내공증명을 받아야만 한다. 이러한 기준이 명기되어 있는 조약은?

답 국제민간항공조약

8. 세계 최초로 궤도계 시스템을 도입한 국가와 공항이름은?

답 일본, 나리타 공항

주관식 연습문제

1. 허브 공항의 여객수와 화물량을 설명하는 요인을 3가지로 나누어 설명하시오.

허브 공항의 파라미터, 즉 연결 탑승 여객수와 화물량을 설명하는 요인으로서는 해당 공항에서의 노선수, 편수 등의 수요요인, 혼잡도, 승계시설, 가격체계 등의 마케팅 정책과 정비상황, 지리적 위치 등의 물리적 조건 이외에 항공대책과 공항정비 제도 등의 제도적 요인을 들 수 있다.

2. 최근 공항 간의 경쟁이 증대한 배경에 대해서 간략하게 기술하시오.

– 공항선택의 폭 증가
  공항 간 경쟁에서 시장의 요구에 부응하는 공항 인프라 서비스를 적시에 제공하기 위해서는 유연성이 큰 민간기업의 참여가 그 어느 때보다도 중요해지고 있다.
  공항들은 서로 자신들의 공항을 항공사의 허브로 만들기 위해 경쟁적인 노력을 기울이고 있다. 공항이 허브기능을 수행할 때 교통량의 출입이 많아지고, 이는 곧 지역경제의 발전으로 이어지기 때문이다.

– 지방 중소 공항들의 사업기회 확대
  항공수요의 증가로 세계 주요 허브공항들은 혼잡을 경험하고 있으나, 수요에 대응하여 공항을 확장하기 어려운 실정에 놓여 있다. 이와 같이 주요 공항에 넘치는 수요를 흡수하고 증가하는 전세기 운항 및 지점 간 직항(point-to-point) 서비스를 흡수하고자 덜 혼잡한 공항들이 경쟁을 벌이고 있다.

– 국가 간 경쟁적인 초대형 공항건설
  극동을 포함한 아시아-태평양지역에서는 국가 간 경쟁적인 초대형 공항건설이 공항 간 경쟁을 촉발시키고 있다.
  중국에서는 향후 10여 년에 걸쳐 약 20개의 신 국제공항이 개항될 예정이며, 향후 5년에 걸쳐 40개가 넘는 공항들이 개선될 예정이다. 이밖에도 쿠알라룸푸르, 방콕, 시드니, 봄베이에 신 국제공항이 건설 중이거나 계획되고 있다.

3. 허브 공항의 성립 조건에서 경제적, 기술적 조건의 지리적 유리성에 대해서 설명하시오.

항공회사는 운항비용의 대폭적인 증가를 초래하는 지리적으로 불리한 공항을 허브로 선택하지 않는다. 바꾸어 말하면, 다른 경쟁조건이 불리해도 주요 네트워크 중심부에 위치한다고 하는 지리적 유리성에 의해 어느 정도 허브로서의 기능을 하는 것이 유리하다.

4. 허브 공항의 성립 조건에서 경제적, 기술적 조건의 마케팅 정책에 대해서 설명하시오.

터미널 수요가 작은 싱가포르와 암스테르담이 글로벌 허브로서 크게 번성하고 있는 이유의 하나는 이 나라들의 항공 자유화 정책과 함께 공항의 사용료 체계의 연구, 승계 시설의 충실 등 공항 당국의 시장지향적 마케팅에서 찾아진다. 항공시장의 자유화가 진행되고 허브 경쟁이 격화되고 있는 가운데 공항의 마케팅 정책이 중요해지고 있다.

5. 항공화물시장의 두 가지 경제적 특성에 대해서 설명하시오.

항공화물시장의 성격으로서는 첫째는 결합생산물로서의 측면이다. 항공화물시장의 두 번째 경제적 성격은 서비스의 생산에서 판매까지 수직적 구조상의 특징을 들 수 있다.

Ⅲ. 읽을거리

[LCC의 역습] "하늘길 확장세 매섭네"

작년 국내선 점유율 43.8% … 947만명 수송

소비자 인식 바뀌며 급속도 성장 … '10년 안에 단거리 장악'

저비용항공사(LCC)의 약진이 무시무시하다. 지난해 국내 시장에서 40% 이상을 장악했다. 국제 노선도 공격적으로 늘리며 단거리 노선에서 대형 항공사를 위협하고 있다.

국토해양부가 올초 지난해 LCC 이용실적을 분석한 결과 지난해 LCC를 이용한 전체 승객수는 총 1306만명으로 전년보다 24.1% 증가했다. LCC의 국내·국제선 시장 점유율은 전년보다 2.3%포인트 오른 18.8%로 집계됐다.

국내 시장에서 LCC의 점유율이 특히 돋보였다. LCC는 지난해 947만명을 수송하며 43.8%의 점유율을 기록했다. 국제선은 전년보다 95.6% 증가한 359만명을 수송했다.

이처럼 LCC의 성장세가 가파른 것은 LCC에 대한 국내 소비자의 인식이 바뀌고 있기 때문으로 분석된다. LCC 운항 초창기에는 안정성에 대한 의심이 많았으나 LCC를 접해 본 탑승객이 늘면서 안전에 대한 의심이 많이 없어졌다는 것이 업계의 설명이다.

또 항공기가 몇 대 없어 운항편수가 적은 점도 기존에 불편함으로 꼽혔지만 각 LCC가 항공기 대수를 늘리면서 이용하기가 편리해졌다. 김포~제주 노선은 대한항공과 아시아나항공 등 대형항공사가 하루에 20회를 운항한다. 제주항공은 이에 못지않은 15편을 운항하는 등 LCC의 운항횟수가 대형항공사에 크게 뒤처지지 않는다.

소비자에게 무엇보다 중요한 것은 가격이다. LCC는 대형항공사의 공시운임보다 최소 20% 이상이 저렴하다. 빨리 예약할수록 90%에 가까운 할인율을 적용받을 수 있다.

이 같은 장점을 내세워 무섭게 성장하고 있는 LCC는 공격적인 목표를 세우고 노선 확장에 열을 올리고 있다. 제주항공은 올해 매출액 목표를 지난해 잠정실적(3400억원)보다 약 40% 성장한 4800억원으로 잡았다. 영업이익은 역대 최고인 170억원을 달성하겠다는 계획이다.

가파른 성장이 예상되는 중국 노선 확대에 주력하고 일본과 동남아시아 지역에도 2~3개 도시에 정기노선 개설을 준비하고 있다. 제주항공은 이를 위해 상 · 하반기 각각 1대씩 항공기를 도입한다. 제주항공은 올해 국내선과 국제선을 합해 495만여명 수송을 목표로 하고 있다. 지난해에는 모두 382만9000여명을 수송했다.

대한항공의 자회사인 진에어는 지난해 매출액 2475억원, 영업이익 145억원, 당기순이익 98억원을 기록해 3년 연속 흑자를 달성했다. 이는 전년보다 각각 45%, 110%, 203% 증가한 규모다. 진에어는 지난해 도입한 나비포인트제도 등 고객 친화적 제도를 확대하고 신규 시장을 개척할 계획이다.

아시아나항공의 자회사인 에어부산은 지난해 2208억원의 매출액과 40억원의 영업이익을 기록한 것으로 집계됐다. 에어부산은 지난해 8월 누적 결손을 모두 없애고 34억원의 이익잉여금을 달성하기도 했다.

LCC의 성장은 앞으로 더욱 빨라질 것으로 보인다. 미국이나 유럽 등 선진국에서 이미 LCC가 항공시장의 주축을 이루는 만큼 머지않아 아시아에서도 단거리 노선은 LCC가 주축을 이룰 것이라는 전망이다.

조현민 진에어 전무는 "앞으로 10년 안에는 아시아에서도 LCC가 단거리 노선을 장악할 것으로 보고 준비 중"이라며 "단거리 비행은 조금 덜 편해도 소비자가 비용을 줄이는 쪽을 택할 것"이라고 말했다.

'고공비행' 날개 어디에

정비공장 · 전용터미널 · 자유로운 노선개설 등
아시아시장 잠재력 … 글로벌 경쟁 본격화
국내시장도 속속 진출

제주항공을 시작으로 우리나라에서 저비용항공사(Low Cost Carrier, 이하 LCC)가 설립한 지 8여 년이 지났지만 국내 LCC 경쟁력은 아직까지 변방수준이다.

5일 업계에 따르면, 국내에서 LCC 운송비율은 작년 44% 가량. 절반을 넘볼 정도로 급성장하고 있다. 하지만 우리나라를 기점으로 하는 국제선에서 LCC 비중은 8.3% 정도에 머물고 있다. 이는 전 세계 평균 26%보다 한참 떨어지는 수준이다. 안전성과 실용성을 바탕으로 LCC가 국내 새로운 사업영역으로 자리매김하고 있지만 해외로 시장을 넓히기 위해서는 정책적 보완이 필요하다는 지적이다.

무엇보다 국내 저비용항공사들은 정비공장이 없어 해외 원정 정비를 해야 하는 실정이다. 한국공항공사에 따르면 현재 5개의 국내 LCC(저비용항공사) 중 국내 정비가 가능한 곳은 대한항공이 운영하는 진에어와 아시아나항공의 자회사인 에어부산뿐이다. 나머지 3개 항공사(제주항공, 이스타항공, 티웨이항공)는 국내에 정비시설이 없어 싱가포르나 중국 등지에서 정비를 받아야 하는 형편이다. 비행기 한 대당 연간 정비비용이 6억~7억원에 달해 이들 저가항공사들을 위한 정비시설 확충이 절실하다.

정부가 청주공항에 항공정비단지를 만들 계획이지만 이마저도 민자 유치사업으로 사업시작 시기는 불분명한 상황이다. 업계에서는 한국공항공사가 김포공항에 예정인 자가용비행기 정비공장 FBO(Fixed-Base operator) 시설을 일부 확장해 국내 LCC도 활용할 수 있는 정비공장을 만들어야 한다고 목소리를 내고 있다.

전용터미널 건립도 시급한 문제로 꼽히고 있다. 면세점이나 편의시설 등을 간소화하고, 이착륙 거리나 지상조업비 등을 줄일 수 있는 전용터미널을 확보하면 비용을 절감하고 소비자에게 가격할인 등의 다양한 혜택을 줄 수 있다. 일본은 발 빠르게 자국 LCC 출범 이전부터 항공산업 경쟁력 강화 차원에서 나리타공항과 간사이공항에 LCC 전용터미널 건설계획을 발표했고, 이미 작년 10월 간사이공항에 전용터미널을 완공해 국제선 승객의 시설사용료 지불액을 기존보다 40%가량 저렴한 1500엔(약 2만2000원)으로 낮췄다. 이외 동남아시아권의 싱가포르와 말레이시아는 정부가 LCC 전용터미널 건립 사업을 적극적으로 추진해 카운터와 사무실 임대료를 절반 수준으로 떨어뜨렸다. 이 밖에 LCC가 보다 자유롭게 노선을 개설할 수 있도록 정부가 지원해야 한다는 의견도 나오고 있다. 유럽 기반의 LCC 라이언에어와 이지젯(Easy-jet)이 국제선 수송실적에서 전 세계 대형항공사를 앞지를 수 있었던 이유도 자유로운 노선 개설이 한 요인이다.

국내시장은 작년 5월 첫 취항한 일본 피치항공을 시작으로, 에어아시아 재팬, 젯스타 재팬, 에어필 익스프레스, 중국 춘추항공 등 동아시아권 LCC가 속속 진입을 노리고 있다. LCC 시장은 국내를 벗어나 글로벌 경쟁체제로 급변하고 있는 가운데 이에 대비한 각 항공사별 가격 · 서비스 경쟁력 등 확보와 함께 정부 차원의 섬세한 육성 지원책이 절실한 시점이다. 업계 관계자는 "여러 국가에서 LCC를 적극적으로 육성하는 것은 아시아시장의 성장성을 높이 평가하기 때문"이라며 "LCC의 장점인 낮은 운임을 확보하기 위해서는 정부의 지원이 뒷받침돼야 한다"고 강조했다. 특히 "옥석을 가려 시장을 선도할 수 있는 국가를 대표할 수 있는 LCC를 육성하고 기회를 보장해 주는 정책이 필요하다"고 덧붙였다.

(이데일리, 2013-04-06) 김보경 기자 bkkim@edaily.co.kr

생각해 봅시다

1. 외국 저가항공사의 성공사례에 대해 조사해 봅시다.
2. 저가항공사와 일반항공사(대한항공, 아시아나 등)에 대해 각각 SWOT분석을 해 봅시다.

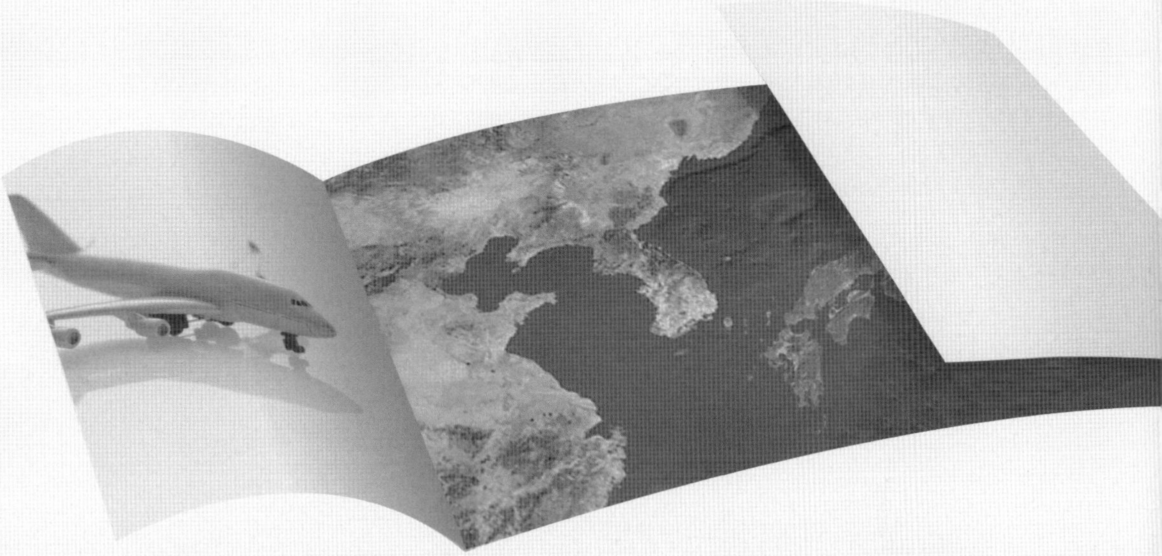

제8장

국제복합운송

제8장

국제 복합운송

I. 중요내용 핵심요약

출제경향 예상분석

- 국제복합운송의 형태 및 특징
- 국제복합운송의 이점
- 포워더 기능 및 이점

1. 국제복합운송의 발전

① 1970년대 이후 컨테이너화의 전개와 함께 국제복합일관운송은 크게 발전하였다.

② 국제복합일관운송이란 해상운송에 접속한 내륙의 최종목적지까지 운송하는 것으로, 국제간에 복수의 운송수단을 조합해서 운송하는 것을 의미한다.

③ 국제복합운송의 발전을 이끈 기본 요건은 다음과 같다.

- 일관운송책임의 인수
- 통(通) 운임의 제시
- 복합운송증권의 발행

④ 미국 내륙지역으로 향하는 복합운송은 해상 정기운송에 컨테이너가 도입된 1970년대 중반부터 1980년대 초 사이에 시카고向을 제외하면 큰 진전을 보지 못했다.

⑤ 1980년대 들어서 북미 내륙지역向의 국제복합운송이 급속히 발전하였는데, 그 발전 과정은 다음과 같다.

- 요인은 우선 미국 해운회사인 Sealand사가 1980년에 태평양 동맹에서 탈퇴한 것에서 비롯됨.
- 독자적으로 북미 내륙지역의 도시까지의 통(通)운임인 IPI(Interior Point Intermodal: 북미서안의 항들로부터 철도에 접속시켜 내륙까지 해운회사의 일관책임에 의한 운송서비스) 운임을 도입, Micro Bridge Service를 전개함.
- 동맹측도 대항하기 위해 종래의 해상운송 중심에서 내륙지점까지의 운송을

개시함.

- 기술적인 면에서 철도운송은 종래 화차의 진동이 컸기 때문에 화물손상이 발생하기 쉽고 또한 운송비용의 면에서 트럭운송이나 수상운송보다도 나빴기 때문에 그렇게 많이 이용되지 않았음.
- 이단적 열차의 등장으로 철도는 북미지역에서 국제복합운송의 중심적인 존재가 됨. 컨테이너를 이단적으로 해서 철도 운송한다고 하는 아이디어 자체는 1970년대 초기에 이미 존재하였음.
- 1984년에는 미국 해운기업인 APL사가 종래의 차량을 개량하고 경량화에 성공하여 이단적 열차의 운행이 개시됨.

⑥ 1980년대를 통해 미국에 있어서 해운업을 포함한 교통산업에 대한 규제완화, 이에 따른 경쟁촉진 그리고 해상 컨테이너의 철도 운송에 있어서의 기술진보에 의해 국제해운업에서 세계의 주요 해운기업이 중심이 되어 고객지향의 국제복합운송 서비스를 제공하였다.

2. 국제복합운송의 개념과 형태

(1) 국제복합운송의 개념

① 국제복합일관운송

- 증가하고 있는 국제간의 잡화류의 운송에서 발송지에서 도착지까지 일관된 책임과 운임으로 복수의 운송수단을 이용한 Door to Door의 종합적 물류합리화 시스템임.
- 정의에 관해 UN국제물품복합운송 조약은 국제복합일관운송이란 복합운송인이 물품을 그의 관리하에 둔 1국의 어떤 장소로부터 화물을 인도하기 위해 지정된 타국의 어떤 장소까지의 복합운송계약에 의하여 적어도 두 가지 이상의 운송방법을 이용한 물품의 운송을 말한다고 규정함.

② 복합운송인

- 캐리어(carrier, 해운회사, 항공회사) 및 프레이트 포워더(freight forwarder)가 주로 활약함.

- 국제복합일관 운송업자로서의 포워더는 일반적으로 NVOCC로 불리고 있음.
- 이것은 미국 제도에 의한 호칭을 편의적으로 사용한 것임.
- 미국의 1984년 해운법에서는 NVOCC를 해상운송의 운송수단인 선박을 운항하지 않는 공공운송인이지만 공공해상 운송인과의 관계에서는 화주 즉 이용운송업자로서 위치시키고 있음.

③ 국제복합운송 업무의 본질

- 복수 이상의 운송수단의 조합에 의해 국제간의 Door to Door 운송서비스를 행하기 위한 이용운송 기능으로서의 역할

④ 국제복합일관운송을 원활하게 행하기 위한 요건

- 일관된 운송책임
- 복합운송증권의 발행
- 통운임의 설정

(2) 국제복합운송의 주요 형태

① Sea and Air 운송

- 해상운송과 항공운송을 결합한 국제복합운송
- 운임과 운송일수가 해상운송과 항공운송의 중간이라는 것이 특색(항공운송만으로는 운임이 아주 높고, 해상운송만으로는 운송일수가 아주 긴 경우에 Sea and Air 운송은 경제적으로 유효한 운송방식)
- 운송이 개시된 것은 1962년경으로 미국계 항공회사(아메리칸 항공, 유나이티드 항공, 플라이 타이거 항공)가 일본으로부터 미국 동안 및 중부向 화물을 미국 서안까지 해상운송하고 서안에서 동안 및 중부까지 항공운송한 것에서 시작되었음.
- 1960년대 전반기는 Sea and Air 운송 초기의 시대로서 그것의 이용은 일부의 화주에게 제한되었으며, 운송실적은 아주 미비하였음.
- 1970년대에 들어서 외항 컨테이너 운송이 본격화함에 따라 Sea and Air 운송은 복합일관운송으로서 기술적으로도 합리화되고 서비스면, 운임면에서 우수한 운송시스템으로 서서히 정비되었음.

- 1970년대 전반기까지는 모두 항공회사 주관의 운송서비스로서 행해졌으며, 1970년대 후반에 들어서 비로소 Sea and Air 전문업자가 출현하여 이 시장에 진입하였음.
- 1980년대에 항공화물 혼재업자가 Sea and Air 운송의 혼재서비스를 개시하고 포워더로서의 진입 기초가 형성되었음.
- Sea and Air 운송은 원래 항공회사에 의해 시작된 것인데 현재는 항공회사, 포워더, Sea and Air 브로커에 의해 이루어짐.

② Sea and Air 운송의 주요경로

- **북미서안 경유 Sea and Air 경로:** 이 경로는 항공회사에 의해 개발된 것으로 Sea and Air 운송 가운데서 가장 오래되었으며 운송량도 많다. 일반적인 경로는 한국이나 일본에서부터 북미 서안항의 시애틀, 뱅쿠버, 로스앤젤레스까지 해상운송하고 이들 지점에서부터 북미 동안, 유럽, 기타 지역으로 항공운송하는 것이다.
- **나호드카 경유 Sea and Air 경로:** 이 경로는 한국이나 일본에서 러시아의 나호드카까지는 해상운송을 하고 그곳에서부터 블라디보스톡까지 육상운송을 한 뒤 그 후 러시아내 유럽, 기타 지역으로 항공운송하는 것이다.
- **홍콩 경유 Sea and Air 경로:** 이 경로는 한국이나 일본으로부터 홍콩 또는 싱가포르, 방콕까지 해상운송하고 거기서부터 유럽으로 항공운송하는 것이다. 이것의 특색은 운송일수가 비교적 짧은 점이다.

③ 한국, 일본/북미 간의 복합운송

- **Mini Land Bridge(MLB):** 이 경로는 해운회사가 개발한 것으로 한국, 일본~미국 서안 간을 해상으로 운송하고 서안항으로부터 미국 동안 혹은 걸프항까지 철도운송하면서 컨테이너 일관운송을 행하는 것이다. Mini Land Bridge는 1972년에 Sea Train사가 캘리포니아-일본 간의 컨테이너 서비스를 개시할 때에 서부의 산타페 철도와 동부의 펜 센트랄 철도의 동의하에 해륙일관운송 서비스를 제정하고, 미국의 연방해사위원회(FMC) 및 주제 교통위원회(ICC)에게 태리프(tariff)를 파일로 제시하고 이것을 개시하였다.

  MLB 운송에서는 해운회사가 Through B/L을 발행하고 운임은 해상 직항선에 의한 해상운임과 같은 수준으로 서비스를 행하고 있다. 운송일수는 14~18

일인데 해상직항 컨테이너선이 18~20일 걸리는 데 비해 짧은 것이 특징이다. 이 때문에 화주의 이용도 비교적 높은 편이다.

- **Interior Point Intermodal(IPI):** 이것은 해운회사 운영의 미국 내륙부 도시향 국제복합운송으로 한국, 일본에서 북미 서안항까지 해상운송하고, 미국 서안에서부터 미국 내륙부 도시로 철도와 트럭으로 일관운송하는 것이다. MLB가 미국 동안까지의 해상운송 대체수단으로서 미국 동안, 걸프지역 항만으로 향하는 것에 한정되어 있는 것에 비해, IPI는 미국 내륙 주요도시까지의 복합운송으로 행해지는데, 내륙부 주요도시의 철도 터미널 또는 선사 보유의 CY나 CFS에서 화물인도가 이루어진다.

  IPI 서비스에서는 MLB처럼 선사가 Through B/L을 발행하고 내륙 포인트까지 운송한다. 운임은 원칙적으로 해상운임과 육상운임의 합산금액이고 운송일수는 로스앤젤레스 내쉬빌향의 경우 약 14일이 걸린다. MLB와 비교하면 IPI가 거리가 짧고 소요일수는 적지만 운임이 높게 설정되어 있는 것이 특색이다.

  MLB의 경우와 똑같이 이단적 열차에 의한 효율적인 방법이 사용되고 있다.

- **Reversed Interior Point Intermodal(RIPI):** 이것은 컨테이너선에 의해 한국, 일본에서 파나마 운하 경유, 북미 동안항들까지 해상운송하고, 거기서부터 철도, 트럭으로 접속하고 내륙지구까지 운송하는 선사 서비스이다. 당초 IPI 서비스의 대항수단으로서 1980년에 동안向의 선사인 US Line과 머스크 라인 등에 의해 시작되었다.

- **북미 복합운송의 포워더 서비스:** 이것은 포워더가 주관자가 되어 컨테이너 운송을 이용해서 행하는 국제복합운송이다. 이 경우 포워더는 화주와 복합운송계약을 체결하고 화주에게 복합운송증권을 전달하고 또한 이용하는 선사, 철도회사, 트럭회사와 개별 운송계약을 체결하며, 선사로부터는 선화증권을, 철도회사로부터는 Waybill을 수취하고 일관운송을 실시한다.

  포워더에 의한 복합운송의 특색 중 하나로 대규모 포워더는 화물추적(cargo trace) 시스템을 구축하여, 미국내 각 포인트의 치밀한 화물정보를 화주에게 즉시 제공하는 서비스를 통해 판매를 올리고 있다.

④ 한국, 일본/구주 간의 복합운송

- **Siberia Land Bridge(SLB):** 이것은 컨테이너선을 이용하여 러시아의 보스토치니항까지 해상운송하고, 그곳에서부터 1967년에 재개된 시베리아 철도로 구소련의 국내를 통과하여 동유럽의 국경까지 운송하거나 나아가 더 멀리 철도, 트럭, 선박 또는 항공기에 의해 서유럽, 중동까지 결합운송하는 포워더 주관의 국제복합운송이다.

  이 방식은 시베리아 철도를 이용하지 않지만 가장 빠르고 안전하게 운송되는 구소련 통과 해공 복합운송이다.

  SLB의 장점은 거리의 단축에 따라 비용이 저렴할 수 있는 가능성 이외에도 유럽 내륙지점에서 양호한 접근성, 중동항로의 대체경로 및 체선이 심한 중동항만의 회피 등에 따른 국제복합운송의 주동맥으로서 무한한 잠재력을 가지고 있다. 한편 SLB 운송서비스의 문제점은 공컨테이너 환수문제, 냉대지역의 통과, 화물추적의 문제, 구소련 철도시설의 노후화, 시베리아 철도의 비효율적 운영 등이다.
- **America Land Bridge(ALB):** 극동지역의 항으로부터 북미 서안의 주요항(오클랜드, 로스앤젤레스)까지 컨테이너로 운송하고 그후 미국 내륙부를 철도운송하고 뉴올리언즈 등에서 다시 해상운송으로 유럽 주요항 또는 일부의 유럽 내륙부까지 일관운송을 실시하는 방식이다.
- **구주항로 동맹선사에 의한 복합운송:** 이것은 주로 한국이나 일본으로부터 구주항로의 컨테이너에 의해 유럽의 항에까지 해상운송하고 나아가 유럽 각국의 내륙부까지 일관운송하는 것으로 해운회사 주관의 국제복합운송이다.
- **구주항로 경유 복합운송의 포워더 서비스:** 구주항로에 있어서 맹외선들을 이용하여 유럽의 주요항까지 해상운송하고, 나아가 트럭이나 철도에 의해 내륙부까지 일관운송하는 포워더 주관에 의한 서비스이다. 이 서비스에서 포워더는 화주에 대해 Through B/L을 발행하며, 일관책임하에서 통운임으로 문전에서 문전까지의 일관수송을 행하고 있다.

3. 국제복합운송의 특징과 이점

(1) 국제복합운송의 특징

① 복합운송의 궁극적인 목적

- 규격화 및 표준화된 컨테이너로 운송수단을 연계하여 일관운송을 통해 문전에서 문전까지 화물을 수송하는 것이다.
- 이는 물류관리상 많은 경비절감 효과를 가져온다.

② 복합운송의 특징

- **운송책임의 단일성(Through Liability)**: 복합운송은 복합운송인이 전 운송구간에 걸쳐 화주에게 단일책임을 져야 한다. 복합운송은 하나의 계약으로 다수의 구간운송 행위가 결합되어 있으나 복합운송인은 자기의 명의와 계산으로 송화인을 상대로 복합운송계약을 체결한 계약당사자이기 때문이다. 그리고 전체운송을 계획하고 여러 운송구간을 적정하게 연결하고 통괄하며, 운송이 원활하게 이루어지도록 조정, 감독할 지위에 있기 때문에 복합운송인에게 운송책임을 집중, 통일시켜야만 복합운송의 기능을 발휘하게 할 수 있다.
- **복합운송서류(Combined Transport B/L)**: 복합운송은 복합운송인이 화주에 대하여 전 운송구간을 커버하는 유가증권으로서 복합운송서류를 발행하여야 한다. 복합운송서류의 발행은 화주의 입장에서 볼 때 커다란 경제적 의의를 가진다.

  이는 화주로 하여금 금융기관에서 금융의 편의를 제공받을 수 있는 매개역할을 하여야 하며 이것이 불가능하다면 복합운송이 화주에게 부여하는 편익은 크게 줄어들기 때문이다.
- **단일운임의 설정(Through Rate)**: 복합운송은 복합운송의 서비스대가로서 각 운송구간마다 분할된 것이 아닌 전 운송구간의 단일화된 운임을 설정하여야 하는데, 이는 전 운송구간에 대해 책임이 복합운송인에게 집중되어 있으므로, 이에 대한 반대급부도 하나로 통합되는 것은 당연하다고 하겠다.

  이러한 단일운임의 산출은 각 구간운임을 단순 합산한 것이 아니라 규모의 경제가 반영되어 산출되므로 좀 더 합리적인 요율이 적용된다.
- **운송방식의 다양성**: 복합운송은 반드시 두 가지 이상 서로 다른 운송방식에

의하여 이행되어야 한다. 복합운송에서 문제가 되는 것은 운송인의 다수 여부가 아니라 운송수단의 종류이며, 이러한 운송방식은 각각 다른 법적 규제를 받는 것이라야 한다.

이때 다양한 운송방식의 이용은 반드시 계약상에 명시적으로 나타나야 하는 것이 아니며, 운송구간의 제반 여건으로 보아 여러 운송수단의 사용이 불가피할 경우에는 복합운송으로 취급된다.

- **위험부담의 분기점:** 복합운송에 있어서 위험부담의 분기점은 해상운송에 있어서 선박의 난간이라는 개념과는 달리 송화인의 물품을 내륙운송인에게 인도하는 시점이 된다.
- **컨테이너 운송의 보편화:** 육, 해, 공을 연결하는 복합운송의 발달은 하나의 운송수단에서 다른 운송수단으로 신속, 안전하게 환적할 수 있는 새로운 운송수단을 요구하는데 바로 운송의 컨테이너화를 말한다.

(2) 국제복합운송의 이점

① 국제복합운송의 최대효과는 문전에서 문전까지 운송서비스를 제공하는 것이다.

② 복합운송은 수출입화물에 대하여 혁신적인 운송기술을 도입한 합리적인 협동운송체계로서 적합한 운송경로를 제공한다.

③ 신속한 화물정보를 전달하며 총비용의 절감으로 인하여 그 활용도는 날로 높아지고 있다.

④ 국제복합운송의 이점은 다음과 같다.

- **신속성 제고:** 하역시간 및 운송시간의 단축, 인도지연의 회피, 통관절차의 간소화, 화물혼재 등을 가능하게 함으로써 화물유통에 신속성을 부여할 수 있다.
- **안정성 제고:** 수송 중 화물손상의 감소, 밀수품의 감소, 인도불능으로 인한 클레임 회피, 오손 등의 회피에 따른 화물유통의 안전성 재고에 있다.
- **저렴성 확보:** 상품 매입가격의 인하, 포장비의 절감, 해상보험료의 저렴화, 서류작성 및 화인 등에 필요한 비용절감, 자금 고정화를 위한 자금조달 필요성의 감소, 화물혼재의 가능 등의 효과를 얻을 수 있다.
- **운송서류의 간소화:** 단일의 운송계약을 체결하고 단일의 운송증권을 작성하므로 서류작성 및 화인을 감소시킬 수 있다.

- **하역설비의 자동화로 인력난 해소:** 물품 포장용기의 컨테이너화로 인해 하역설비를 자동화함으로써 하역인력의 부족문제를 해결할 수 있으며, 운송비를 감소시키고 하역작업을 신속하게 할 수 있다.
- **무역 확대의 촉진:** 물품 인도시에 물품가격의 견적이 용이하고 재고가 감소하며, 자금조달의 필요 감소, 상품의 적부 작업지역 및 환적 지점의 분산을 가능하게 하는 등으로 무역의 확대를 촉진한다.

핵심 *Note*

- ▶ 국제복합운송의 기본 요건: 일관운송책임의 인수, 通운임의 제시, 복합운송증권의 발행
- ▶ 국제복합운송이란 개념은 증가하고 있는 국제간의 잡화류의 운송시 발송지에서 도착지까지 일관된 책임과 운임으로 복수의 운송수단을 이용한 Door to Door의 종합적 물류합리화 시스템을 의미
- ▶ 국제복합운송의 주요 형태: Sea and Air 운송, 한국, 일본/북미 간의 복합운송, 한국 일본/구주 간의 복합운송 등
- ▶ 국제복합운송의 특징: 운송책임의 단일성, 복합운송서류, 단일운임의 설정, 운송방식의 다양성, 위험부담의 분기점, 컨테이너 운송의 보편화
- ▶ 국제복합운송의 이점: 신속성 제고, 안정성 제고, 저렴성 확보, 운송서류의 간소화, 하역설비의 자동화로 인력난 해소, 무역 확대의 촉진

4. 복합운송의 형태

(1) 계약관계에 따른 복합운송의 형태

① 전체의 운송에 대해 각 구간별로 독립된 운송인이 계속해서 관여할 경우 발생한 손해에 대해서 다수의 운송인 중 어떤 운송인에게 그 책임이 귀속될 것인가 하는 문제와 각 운송인의 책임이 연대될 수 있느냐 하는 문제가 복합운송에서 발생하는 당사자 간의 법률문제로 제기됨.

② 화주와의 계약관계에 따른 복합운송 형태

- **동일 운송(공동 운송):** 연대적인 책임 부담, 운송인이 함께 서명한 공동 일관선화증권이 발행
- **하청운송:** 1인의 운송인이 전 구간 운송을 인수한 후 다른 운송인에게 하청 또는 도급을 준 경우

- **연대운송(순차운송):** 다수의 운송인이 통운송장과 함께 운송을 인수한 경우, 송화인은 최초의 운송인에게 운송을 위탁함으로써 다른 운송인도 함께 이용할 수 있는 계약방식이다.

(2) 운송수단의 결합에 따른 복합운송의 형태

① 복합운송이란 두 가지 이상의 서로 다른 운송수단을 결합하여 화물을 더욱더 신속하고 안전하게 운송하고자 하는 것이 목적이다.

② 복합운송에서는 운송하고자 하는 화물을 어떠한 운송수단의 결합으로 운송할 것인지를 결정하는 것이 무엇보다 중요하다.

③ 운송수단의 결합에 따른 복합운송 형태는 다음과 같다.

- **피기백(Piggy back) 방식:** 화물자동차와 철도가 결합한 방식으로 컨테이너를 적재한 상태의 트레일러를 화차 위에 실어 운송하는 철도운송의 하역방식 중 TOFC 방식을 협의의 피기백 방식이라 하기도 한다.
- **피쉬백(Fishy back) 방식:** 화물자동차와 선박이 결합한 방식으로 컨테이너 화물을 선박에 적재하여 수송하는 방법이다. 이 방식은 수송비 절감, 수송시간의 절약, 수송능률의 증대효과를 가져올 수 있다.
- **버디백(Birdy back) 방식:** 화물자동차와 항공기가 결합한 방식으로 컨테이너 화물을 항공기에 적재하여 수송하는 방법이다. 항공운송이 포함된 국제복합운송의 경우 공로운송은 내륙과 공항 간의 집배송 및 항구와 공항 간의 운송 등 보조적 운송수단으로 주로 이용되고 있는 것이 현실이다.
- **철도-해운(Train-Water) 방식:** 철도운송과 해상운송 간의 연계수송방식으로 연계방법에 따라 화물을 적재한 화차를 선박으로 운송하는 형태와 화물선과 화물열차 간 컨테이너에 적재된 상태의 운송화물만 환적하는 형태로 세분될 수 있다. 최근 우리나라에서 추진 중인 한-중 항로 간의 철도 페리는 현실화될 경우 전자의 현태로 운영될 것으로 예상된다.
- **랜드브리지(Land Bridge) 방식:** 대륙을 횡단하는 철도를 가교(bridge)로 하여 Sea-Land-Sea 방식을 통한 복합운송의 형태이다.

5. 포워더

(1) 포워더의 의의와 기능

① 국제물류의 형태는 운송기관의 운송경로에 해당하는 링크(link) 즉 항로 및 공로 등과 운송기관 연대의 장에 해당하는 결절점(node) 즉 항만 및 공항 등의 물류기지로 크게 나누어진다.

- 링크에서 주로 활약하는 것이 선사 및 항공사 등의 캐리어(carrier)
- 결절점을 기반으로 주로 활약하는 것이 포워더(forwarder)

② 포워더는 물류활동에서 경제적인 개념으로서 광범위하게 사용되며, 그 의의는 반드시 명확한 것이 아니다.

③ 외국사정을 참고하여 포워더의 본질적인 의의를 고찰하고, 국제물류에서의 기능을 살펴보면 다음과 같다.

- 국내운송을 취급하는 Domestic Freight Forward인데 주제교통법(Interstate Commerce Act)의 Part4에 규정되어 있으며, 주제 교통위원회(Interstate Commerce Commission: ICC)가 면허를 관장함.
- 해상수출화물을 취급하는 Ocean Freight Forwarder인데 연방해사위원회(Federal Maritime Commission: FMC)의 관할하에 있으며 미국 해운법(Shipping Act of 1984)에서 FMC의 면허를 요구하고 있음. 이것은 대가를 받고 해상운송 취급을 업으로 하고 있음.
- 항공운송을 취급하는 Air Freight Forwarder로 국내와 국제 모두 연방항공법(Federal Aviation Act: FAA)으로 규정되어 있는데, 민간 항공위원회(Civil Aeronautics Board: CAB)의 관할하에 있었으나, 1978년의 항공규제 완화법(Airline Deregulation Act of 1978)에 의거하여 1985년 이후 CAB는 폐지됨.

④ 포워더의 구분은 다음과 같다.

- NVOCC(Non-Vessel Operating Common Carrier)는 미국에서 해상운송사업의 규제완화법인 1984년 해운법에 의해 명확한 위치가 부여된 것. 이 법에 의하면 Common Carrier에 관해 보수를 받고 미국과 외국 간의 화물 또는 여객의 해상운송을 제공하는 것을 공중에게 약속하는 자로서
  - 미국 국내의 지점 또는 항과, 외국내의 지점 또는 항 간의 운송에 관해 책

임을 지면서 또한

– 그 운송의 전부 또는 일부에 관해 공해 혹은 오대호에서 운항되는 선박을 이용하는 자를 말한다고 하면서 NVOCC에 관해서는 해상운송을 제공하는 선박을 운항하지 않는 Common Carrier라고 하고 있다.

- Ocean Freight Forwarder는 그러한 책임과 의무를 지지 않는다. 따라서 Ocean Freight Forwarder는 1984년 해운법에서 화주 대신 화물운송을 위한 스페이스 확보와 그것에 부수하는 서류작성 등 관련업무를 행하는 것으로 정의되고 있으므로, 양자는 명백히 다르다. 하지만 실제로는 양자의 업무가 겸영되고 있는 경우가 많으며, 그 구별이 애매한 경우가 많다.

⑤ 우리나라의 경우 운송주선업이란 다음과 같다(해운업법 제2조 제1항에 해상화물운송주선업을 해운업의 범주에 포함시키고 동조 5항).

- 자기(계약된 외국인 주선인을 포함)의 명의로 선박에 의한 화물의 운송을 주선하는 사업을 말한다고 규정
- 화주로부터 화물운송을 의뢰받아 자기 소유의 선박 또는 타인 선박을 이용하여 자기 명의로 선화증권을 발행하여 자기 책임하에 화물의 최종 목적지까지 위탁을 받은 화물을 운송하는 사업

⑥ 포워더의 기능은 다음과 같다.

- 기본적 기능: 운송수탁, 운송대행, 운송중개, 이용운송의 형태인데 포워더로서 본질적인 역할을 하는 데 필요한 것
- 부수적 기능: 포워더의 기본적 기능에 부수하는 기능으로서 포워더의 활동을 구체화하고 증진하는 데 필요한 것. 부수적 기능으로는 운송관계 서류작성 기능, 운송의 조정, 조합, 스페이스의 수배기능, 집배, 도로 운송기능, 컨테이너 서비스 기능, 통관기능, 보관, 재고관리 기능, 유통가공 기능, 포장기능, 정보의 처리, 제공 기능 등

(2) 포워더의 이점과 단점

① 포워더의 이점

- **전문성:** 포워더는 특정 영역에서 특화한 정보를 제공하는 서비스 산업으로서

기능하고 기본적인 국제무역의 수속들을 잘 파악하고 있어야 한다. 또한 물류 뿐만 아니라 광범위한 영역에서 조언을 할 수 있어야 한다.

- **중개:** 목적지에서 포워더가 가지고 있는 중개역할은 특히 수출자가 인도조건의 계약을 할 때 아주 중요하다. 영국에서는 포워더의 중개가 수출입 쌍방에서 아주 중요한데 포워더는 운송업자, 세무국, 관리당국, 창고업자 및 기타 대리인과 같은 공식적인 조직과 같은 것이다.
- **시설:** 대부분의 포워더는 실제의 물품이동은 물론 보관, 포장, 재포장, 분류, 검사 등을 포함하여 무역업자의 물품을 위해 광범위한 물적시설의 제공 혹은 수배를 할 수 있다. 그렇지만 세관 시스템이 더욱더 컴퓨터화함에 따라 직접 무역업자 입력 시스템을 활용하는 포워더의 컴퓨터 시설이 더욱더 중요해지고 있다.
- **편리성:** 편리성은 포워더 이용의 강력한 이점으로는 보이지 않지만, 무역업자가 자신이 그것을 행하기보다도 대리인을 활용하는 주요 이유로서 많은 무역업자가 편리성을 들고 있다.

② 포워더의 단점

- **비용의 증가:** 제3자가 개입하기 때문에 무역업자로서는 그들 자신이 행하기보다 중개인을 이용하는 것은 보다 많은 비용이 든다. 운송주선으로 얻는 이익이 포워딩 비용보다 크다고 한다. 하지만 업무만 적절하게 하면 무역업자는 비용을 줄일 수도 있다.
- **컨트롤의 상실:** 어떤 수출업자들은 제3자가 그들의 사업을 관리하거나 사업에 접근하는 것을 인정하기 어렵다고 보면서 모든 것을 자사 내에서 관리하려고 노력한다. 전형적인 포워더는 아주 많은 무역업자를 대표한다는 것은 말할 필요가 없다.

핵심 Note

- 계약관계에 따른 복합운송의 형태: 동일운송(공동운송), 하청운송, 연대운송(순차운송)
- 운송수단의 결합에 따른 복합운송의 형태: 피기백 방식, 피쉬백 방식, 버디백 방식, 철도-해운 방식, 랜드브리지 방식
- 포워더의 기능: 기본적 기능(운송수탁, 운송대행, 운송중개, 이용운송의 형태인데 포워더로서 본질적인 역할을 하는 데 필요한 것)과 부수적 기능(포워더의 기본적 기능에 부수하는 기능으로서 포워더의 활동을 구체화하고 증진하는 데 필요한 것. 부수적 기능으로는 운송관계 서류작성 기능, 운송의 조정, 조합, 스페이스의 수배기능, 집배, 도로 운송기능, 컨테이너 서비스 기능, 통관기능, 보관, 재고관리 기능, 유통가공 기능, 포장기능, 정보의 처리, 제공기능 등)
- 포워더의 이점: 전문성, 중개, 시설, 편리성
- 포워더의 단점: 비용의 증가, 컨트롤의 상실

제8장

국제 복합운송

II. 핵심문제 및 예상문제

출제포인트

- 국제복합운송의 주요 형태
- 국제복합운송의 특징
- 운송수단 결합에 따른 복합운송의 형태
- 포워더

객관식 연습문제

1. 트럭으로 싣고 온 컨테이너 화물을 선박에 적재하여 운송하는 복합일관운송방식을 무엇이라 하는가?

① Birdy Back ② Ship Back
③ Fishy Back ④ Piggy Back
⑤ Train-Ship

해설 | 화물자동차와 항공기가 결합한 방식으로 컨테이너 화물을 항공기에 적재하여 수송하는 방법 답 ③

2. 국제복합운송에 관한 설명 중 옳지 않은 것은?

① 컨테이너화는 국제복합운송을 촉진시키는 요인이다.
② 운임의 경우 전 구간에 단일 운임이 적용된다.
③ 송화인은 전 구간에 대하여 하나의 운송계약을 체결한다.
④ 국제복합운송에서 운송을 담당한 모든 운송인은 송화인에 대하여 직접적인 책임을 부담한다.
⑤ 복합운송은 2가지 이상 서로 다른 운송수단에 의하여 이루어진다.

해설 | 복합운송은 복합운송인이 전 운송구간에 걸쳐 화주에게 단일책임을 져야 한다. 답 ④

3. IPI(Interior Point Intermodal)에 대한 설명으로 올바르지 않은 것은?

① 이것은 해운회사 운영의 미국 내륙부 도시향 국제복합운송으로 한국, 일본에서 북미 서안항까지 해상운송하고, 미국 서안에서부터 미국 내륙부 도시로 철도와

트럭으로 일관운송하는 것이다.

② MLB가 미국 동안까지의 해상운송 대체수단으로서 미국 동안, 걸프지역 항만으로 향하는 것에 한정되어 있는 것에 비해, IPI는 미국 내륙 주요도시까지의 복합운송으로 행해지는데, 내륙부 주요도시의 철도 터미널 또는 선사 보유의 CY나 CFS에서 화물인도가 이루어진다.

③ IPI 서비스에서는 MLB처럼 선사가 Through B/L을 발행하고 내륙 포인트까지 운송한다.

④ 운임은 원칙적으로 해상운임과 육상운임 중 높은 금액이고 운송일수는 로스앤젤레스 내쉬빌향의 경우 약 14일이 걸린다. MLB와 비교하면 IPI가 거리가 짧고 소요일수는 적지만 운임이 높게 설정되어 있는 것이 특색이다.

⑤ MLB의 경우와 똑같이 이단적 열차에 의한 효율적인 방법이 사용되고 있다.

해설 | 운임은 원칙적으로 해상운임과 육상운임의 합산금액이다. 답 ④

4. SLB(Siberia Land Bridge) 운송서비스의 문제점이 아닌 것은?

① 화물추적의 문제

② 거리의 단축에 따른 비용문제

③ 공컨테이너 환수문제

④ 냉대지역의 통과

⑤ 시베리아 철도의 비효율적 운영

해설 | 거리 단축에 따라 비용이 저렴해질 수 있는 가능성은 SLB의 장점에 해당하는 내용이다. 답 ②

5. 다음 중 화물자동차와 철도가 결합되어 운송되는 복합운송방식은?

① 피기백 방식 ② 피쉬백 방식

③ 버디백 방식 ④ 랜드 브리지 방식

⑤ 철도-해운 방식

해설 | 화물자동차와 철도가 결합한 방식으로 컨테이너를 적재한 상태의 트레일러를 화차 위에 실어 운송하는 것 답 ①

6. 복합운송의 이점이 아닌 것은?

① 하역설비의 자동화로 인력난 해소

② 무역 확대의 촉진

③ 위험부담의 분기점

④ 안정성 제고

⑤ 신속성 제고

해설 | 이는 복합운송의 특징에 대한 설명이다. 답 ③

7. 복합운송의 효과 중에서 운송인의 입장에서의 효과로 볼 수 없는 것은?

① 컨테이너를 이용하여 하역, 운송, 보관과정에서 높은 안정성을 가지고 있다.
② 컨테이너를 통한 단위화를 통해 일관수송이 가능하고 운송비, 포장비, 하역비, 보관비 등의 절감과 정보처리가 용이하다.
③ 정박기간의 단축으로 자본회전율이 높다.
④ 안정성에서 오는 보험료 절감 및 신속한 운송에 따르는 자금의 빠른 회전에서 현저한 경비의 절감을 가져온다.
⑤ 기계화를 통하여 항만에 정박하고 있는 시간이 단축됨으로 규모의 경제를 실현할 수 있게 됨에 따라 화물단위당 비용이 절감되고 기계화, 자동화에 따른 대폭적인 인건비 절감 및 대량화물의 신속한 취급으로 이익이 상승된다.

해설 | 항만 효율화와 관련된 내용으로 복합운송의 효과와는 직접적인 상관이 없다. 답 ⑤

8. 복합운송주선인(Freight Forwarder)의 기능으로 가장 거리가 먼 것은?

① 화주의 요청에 따라 가장 효율적인 운송경로와 비용을 제시해 주고, 목적국의 각종 운송규칙에 대해 조언한다.
② 특정 화주의 대리인으로서 자기명의로 운송계약을 체결하고 선박의 선복을 예약한다.
③ 화물의 집하, 분배, 혼재서비스를 제공한다.
④ 선박과 화물의 취급 및 운송업무의 대리, 선박의 배선 등의 역할을 수행한다.
⑤ 화물포장방법에 관해 운송방식이나 목적지에 따라 적절한 방법을 화주에게 조언하거나 수출입화물의 보관서비스를 제공한다.

해설 | 화물을 인수하여 수하인에게 인도할 때까지 일체의 업무를 주선하는 사람으로 화물수송취급인이나 송하인으로부터 화물을 인수하여 수하인에게 인도할 때까지의 집하 · 입출고 · 선적 · 운송 · 보험 · 보관 · 배달 등 일체의 업무를 주선하는 역할을 한다. 그밖에도 예외적인 경우이지만 스스로 운송을 책임지는 운송주체자가 되기도 하는 특징을 가지고 있다. 답 ④

9. 복합운송의 특성에 관하여 잘못 설명한 것은?

① 복합운송인은 복합운송의 서비스 대가로서 각 운송구간마다 분할하여 운임을 부과하게 된다.
② 복합운송에 있어서 위험부담의 분기점은 송하인의 물품을 내륙운송인에게 인도하는 시점이 된다.
③ 복합운송인이 전 운송구간에 걸쳐 화주에 대하여 단일 책임을 부담한다.
④ 복합운송이 화주에 대하여 전 운송구간을 나타내는 유가증권으로서의 복합운송서류를 발행하게 된다.
⑤ 복합운송인은 반드시 두 가지 이상 서로 다른 운송방식에 의하여 이행되어야 한다.

해설 | 복합운송인은 복합운송의 서비스 대가로서 전 운송구간에 대하여 운임을 부과하게 된다. 그러나 복합운송인의 책임관계는 단일책임, 이종책임, 절충책임체계 등으로 나뉜다.

답 ①

10. 다음 중 운송인형 프레이트 포워더인 것은?

① 항공운송 주선업자 ② 컨테이너 임대업자
③ 통관업자 ④ 선박회사
⑤ 해상운송 주선업자

해설 | 실제 운송인형이란 자신이 직접 운송수단(선박, 트럭, 항공기 등)을 보유하면서 복합운송인의 역할을 수행하는 형태를 말한다. 이 유형으로는 선박회사, 철도회사, 트럭회사 및 항공사 등을 들 수 있는데 복합운송 구간 중 해상구간이 차지하는 비중에 비추어 볼 때 선박회사가 가장 대표적인 실제 운송인형 복합운송인이라 할 수 있다. 답 ④

11. 복합운송의 특징에 해당하지 않는 것은?

① 단일운임의 설정 ② 운송방식의 다양성
③ 운송서류의 간소화 ④ 컨테이너 운송의 보편화
⑤ 운송책임의 단일성

해설 | ③은 국제복합운송의 이점에 관한 설명이다. 답 ③

12. 국제복합운송의 발전과정에 대한 설명으로 올바르지 않은 것은?

① 1970년대 이후 국제해상운송에 있어서 본격적인 컨테이너화의 전개와 함께 국제복합 일관운송은 크게 발전하였다.
② 미국 내륙지역으로 향하는 복합운송은 해상 정기운송에 컨테이너가 도입된 1970년대 중반부터 1980년대 초 사이에 시카고向을 제외하면 큰 진전을 보지 못했다.
③ 1980년대 들어서 북미 내륙지역向의 국제복합운송이 급속히 발전하였다.
④ 기술적인 측면에서 철도운송은 종래 화차의 진동이 컸기 때문에 화물손상이 발생하기 쉽고 또한 운송비용의 면에서 트럭운송이나 수상운송보다도 나빴기 때문에 그렇게 많이 이용되지 않았다.
⑤ 1984년에는 미국 해운기업인 OOCL사가 종래의 차량을 개량하고 경량화에 성공하여 이단적 열차의 운행이 개시되었다.

해설 | APL사가 차량 개조와 경량화를 통해 이단적 열차의 운행이 개시되었다. 답 ⑤

13. 국제화물운송 주선업자가 수행하는 업무로 거리가 먼 것은?

① 운송관계 서류의 작성 ② 통관업무
③ 운송수단의 수배 ④ 화물의 혼재운송
⑤ 복합운송

해설 | 통관업무는 화주나 관세사가 수행하는 업무이다. 답 ②

14. 국제복합운송 주요 경로에 대한 설명 중에서 내용이 일치하지 않는 것은?

① 중국 대륙 횡단철도(TCR): 중국 연운항에서 시작하여 러시아를 통과하여 로테르담까지 연결하는 운송경로

② 시베리아 대륙 횡단철도(TSR): 극동지역에서 유럽과 중동행의 화물을 러시아의 극동항으로 수송한 다음 시베리아 철도로 시베리아를 횡단하여 러시아의 서부 국경에서 유럽지역으로 또는 그 역으로 운송하는 시스템

③ 미니 랜드 브리지(MLB): 극동-미국서안항까지 해상운송한 다음 육상운송으로 대서양안, 걸프지역까지 내륙운송

④ 아메리카 랜드 브리지(ALB): 극동의 주요 항구로부터 미국서안의 주요 항구까지 해상운송하며, 내륙운송을 철도에 연결, 북미 동남부항에서 다시 해상운송으로 유럽지역 항구 또는 유럽내륙까지 일관수송

⑤ 마이크로랜드 브리지(Micro-Land Bridge): 벤쿠버 또는 시애틀까지 해상으로 운송하고 그 곳에서 캐나다 철도를 이용, 몬트리올에서 대서양의 해상운송에 접속하여 유럽 각 항구로 수송하는 복합운송경로

해설 | ⑤은 캐나다 랜드브리지(CLB)에 대한 설명이다. 답 ⑤

15. 포워더의 의의와 기능에 대한 설명으로 올바르지 않은 것은?

① 포워더란 말은 물류활동에서 경제적인 개념으로서 광범위하게 사용되고 있는데, 그 의의는 반드시 명확한 것이 아니다.

② 미국에서는 포워더는 3가지 영역으로 나누어 규정되고 있다.

③ NVOCC(Non-Vessel Operating Common Carrier)와 Ocean freight forwarder는 명확하게 같은 개념이다.

④ 포워더의 기능은 다양한데 이것을 크게 나누면 기본적 기능과 부수적 기능으로 나눌 수 있다.

⑤ 기본적 기능은 운송수탁, 운송대행, 운송중개, 이용운송의 형태인데 포워더로서 본질적인 역할을 하는 데 필요한 것이다.

해설 | 양자는 명백하게 다르다. 하지만 실제로는 양자의 업무는 겸영되고 있는 경우가 많으며, 그 구별이 애매한 경우가 많다. 답 ③

16. 포워더의 기본적 기능에 속하지 않는 것은?

① 이용운송 기능
② 유통가공 기능
③ 운송중개 기능
④ 운수수탁 기능
⑤ 운송대행 기능

해설 | ②는 부수적 기능에 속하는 내용이다. 답 ②

17. 포워더의 부수적 기능이 아닌 것은?

① 통관기능
② 포장기능
③ 운송관계 서류작성 기능
④ 집배, 도로 운송기능
⑤ 결제기능

해설 | 포워더의 부수적 기능으로는 운송관계 서류작성 기능, 운송의 조정, 조합, 스페이스의 수배기능, 집배, 도로 운송기능, 컨테이너 서비스 기능, 통관기능, 보관, 재고관리 기능, 유통가공 기능, 포장기능, 정보의 처리, 제공 기능 등이 있다. 답 ⑤

18. 포워더의 이점에 해당하지 않는 것은?

① 편리성
② 신속성
③ 중개
④ 전문성
⑤ 시설

해설 | 포워더의 이점은 전문성, 중개, 시설, 편리성이다. 답 ②

19. Freight Forwarder의 주요 기능으로 옳지 않은 것은?

① 운송에 대한 전문적인 조언
② 운송수단의 예약
③ 운송관계서류의 작성
④ 본선과 화물의 인수 또는 인도
⑤ 포장, 보관업무 및 매매계약 주선

해설 | 운송수단을 직접 소유하지 않은 채 운송을 위탁한 고객의 화물을 인수하여 수하인에게 인도할 때까지의 집하, 입출고, 선적, 운송, 보험, 보관, 배달 등의 업무를 주선 또는 수행하거나 복합운송체제하에서 스스로 운송계약의 주체자가 되어 복합운송인으로서 복합운송증권을 발행하여 전 구간의 운송책임을 부담하는 자 또는 법인 답 ⑤

20. 다음 중 복합운송에 관한 설명으로 옳지 않은 것은?

① Intermodal Transport란 이종운송기관 간의 상호 협동에 의해 수송된다는 뜻이다.
② 랜드브리지 시스템이란 종전의 항로를 중심으로 한 해상운송경로에다 일부 대륙횡단경로를 추가함으로써 거리, 시간, 비용을 절약하는 시스템을 말한다.
③ MLB는 벤쿠버 또는 시애틀까지 해상으로 운송하고 그 곳에서 캐나다의 철도를 이용, 몬트리올에서 대서양의 해상운송에 접속하여 유럽 각 항구로 수송하는 복합운송경로를 말한다.
④ NVOCC란 해상운송에 있어서 자기 스스로 선박을 직접 운항하지 않으면서 해상운송인에 대해서는 화주의 입장이 되는 것을 말한다.
⑤ 하청운송이란 1인의 운송인이 육, 해, 공 다수의 운송구간에 걸친 전구간의 운송을 인수하고 그 운송의 전부 또는 일부를 다른 운송인에게 하청 또는 도급을 준 경우이다.

해설 | MLB는 동아시아에서 미국서안까지 그리고 철도 등의 내륙운송을 거쳐 미국동안 항만까지 수송하는 해륙복합운송이다. 답 ③

21. 동북아시아 철도 중 중국 천진항-베이징-몽골-시베리아 횡단철도로 연계되는 철도의 명칭은?

① TSR ② TKR
③ TCR ④ TMR
⑤ TMGR

해설 | 몽골횡단철도: 중국의 단둥[丹東]과 베이징을 거쳐 몽골의 수도인 울란바토르를 지나 러시아의 울란우데에서 시베리아철도(TSR)와 연결되는 철도 교통망 답 ⑤

22. 복합운송은 서로 다른 운송수단을 결합하여 운송하는 형태를 말한다. 다음 중 복합운송시스템으로 볼 수 없는 것은?

① 피기백(Piggy-back) 시스템
② 시앤에어(Sea-and-Air) 운송시스템
③ 피쉬백(Fishy-back) 시스템
④ 랜드브리지(Land bridge) 시스템
⑤ 포인트 투 포인트(Point-to-Point) 시스템

해설 | 운송수단의 결합에 따른 복합운송의 형태: 피기백 방식, 피쉬백 방식, 버디백 방식, 철도-해운 방식, 랜드브리지 방식 답 ⑤

23. Sea and Air 운송에 대한 설명으로 올바르지 않은 것은?

① 항공운송만으로는 운임이 아주 높고, 해상운송만으로는 운송일수가 아주 긴 경우에 Sea and Air 운송은 경제적으로 유효한 운송방식이다.
② 1950년대 전반기는 Sea and Air 운송초기의 시대로서 그것의 이용은 일부의 화주에게 제한되었으며, 운송실적은 아주 미비하였다.
③ 1970년대 전반기까지는 모두 항공회사 주관의 운송서비스로서 행해졌으며, 1970년대 후반에 들어서 비로소 Sea and Air 전문업자가 출현하여 이 시장에 진입하였다.
④ 1980년대에 항공화물 혼재업자 Sea and Air 운송의 혼재서비스를 개시하고 포워더로서의 진입의 기초가 형성되었다.
⑤ Sea and Air 운송은 원래 항공회사에 의해 시작된 것인데 현재는 항공회사, 포워더, Sea and Air 브로커에 의해 이루어지고 있다.

해설 | 1960년대 전반기가 Sea and Air 운송초기 시대이다. 답 ②

24. 다음 중 복합운송수단의 결합에 따른 형태가 아닌 것은?

① Landbridge System ② Piggy Back System
③ Roll-on Roll-off System ④ Fish Back System
⑤ Birdy Back System

해설 | ③은 컨테이너를 적재하는 방식으로 선미나 선측 경사판을 거쳐 견인차로 수평 적재한다. 답 ③

25. 복합운송방식을 성립시키는 기본 요건에 해당되지 않는 것은?

① 단일운임적용
② 단일증권발행
③ 컨테이너 운송의 보편화
④ 도로운송과 철도운송 간의 연계운송
⑤ 단일책임체계

해설 | 복합운송의 기본적인 요건: 일관된 운송책임, 복합운송증권의 발행, 단일운임적용, 컨테이너 운송의 보편화, 운송방식의 다양성

답 ④

단답식 연습문제

1. 해상운송은 위험부담이 선박의 난간이다. 복합운송에 있어서 위험부담이 인도되는 시점은?

답 내륙 운송인에게 인도되는 시점

2. 화물자동차와 선박이 결합한 방식으로 컨테이너 화물을 선박에 적재하여 수송하는 방식은 무엇인가?

답 피쉬백(Fishy back) 방식

3. 항공회사에 의해 개발된 것으로 Sea and Air 운송 가운데서 가장 오래된 것으로 운송량도 많고 운송루트도 다양한 경로는?

답 북미서안 경유 Sea and Air 경로

4. 한국, 일본/구주 간의 복합운송 중에서 극동지역의 항으로부터 북미서안의 주요항(오클랜드, 로스앤젤레스)까지 컨테이너로 운송하고 그후 미국 내륙부를 철도운송하고 뉴올리언즈 등에서 다시 해상운송으로 유럽 주요항 또는 일부의 유럽 내륙부까지 일관운송을 실시하는 방식은 무엇인가?

답 ALB(America Land Bridge)

5. 북미서안의 항들로부터 철도에 접속시켜 내륙까지 해운회사의 일관책임에 의한 운송서비스를 지칭하는 용어는?

답 IPI(Interior Point Intermodal)

6. 국제복합일관운송을 원활하게 행하기 위한 세 가지 요건은 무엇인가?

답 일관운송책임의 인수, 통(通)운임의 제시, 복합운송증권의 발행

7. 화물자동차와 항공기가 결합한 방식으로 컨테이너 화물을 항공기에 적재하여 수송하는 방식은 무엇인가?

답 버디백(Birdy back) 방식

8. 포워더의 기본적 기능 중에서 자기의 명의로 물품운송을 대행하는 기능은 무엇인가?

답 운송수탁기능

9. 다음은 포워더의 이점에서 어떤 항목에 대한 설명인가?

> 포워더는 특정 영역에서 특화한 정보를 제공하는 서비스 산업으로서 기능하고 있다. 포워더는 기본적인 국제무역의 수속들을 잘 파악하고 있어야 한다. 또한 물류뿐만 아니라 광범위한 영역에서 조언을 할 수 있어야 한다.

답 전문성

주관식 연습문제

1. 국제복합 일관운송의 정의 및 기본적인 요건에 대해서 기술하시오.

국제복합일관운송은 해상운송에 접속한 내륙의 최종목적지까지 운송하는 것으로, 국제간에 복수의 운송수단을 조합해서 운송하는 것이다. 기본적인 요건은 ① 일관운송책임의 인수 ② 통(通)운임의 제시 ③ 복합운송증권의 발행이다.

2. 한국, 일본/북미 간의 복합운송 종류와 개념에 대해서 설명하시오.

– Mini Land Bridge(MLB)
이 경로는 해운회사가 개발한 것으로 한국, 일본-미국서안 간을 해상으로 운송하고 서안항으로부터 미국 동안 혹은 걸프항까지 철도운송하면서 컨테이너 일관운송을 행하는 것이다.

– Interior Point Intermodal(IPI)
이것은 해운회사 운영의 미국내륙부 도시향 국제복합운송으로 한국, 일본에서 북미 서안항까지 해상운송하고, 미국 서안에서부터 미국 내륙부 도시로 철도와 트럭으로 일관운송하는 것이다.

– Reversed Interior Point Intermodal(RIPI)
이것은 컨테이너선에 의해 한국, 일본에서 파나마 운하 경유, 북미동안항들까지 해상운송하

고, 거기서부터 철도, 트럭으로 접속하고 내륙지구까지 운송하는 선사 서비스이다.

– 북미 복합운송의 포워더 서비스
이것은 포워더가 주관자가 되어 컨테이너 운송을 이용해서 행하는 국제복합운송이다.

3. 한국, 일본/구주 간의 복합운송의 종류와 개념에 대해서 설명하시오.

– Siberia Land Bridge(SLB)
이것은 컨테이너선을 이용하여 러시아의 보스토치니항까지 해상운송하고, 그곳에서부터 1967년에 재개된 시베리아 철도로 구소련의 국내를 통과하여 동유럽의 국경까지 운송하거나 나아가 더 멀리 철도, 트럭, 선박 또는 항공기에 의해 서유럽, 중동까지 결합운송하는 포워더 주관의 국제복합운송이다.

– America Land Bridge(ALB)
극동지역의 항으로부터 북미서안의 주요항(오클랜드, 로스앤젤레스)까지 컨테이너로 운송하고 그후 미국 내륙부를 철도운송하고 뉴올리언즈 등에서 다시 해상운송으로 유럽 주요항 또는 일부의 유럽 내륙부까지 일관운송을 실시하는 방식이다.

– 구주항로 동맹선사에 의한 복합운송
이것은 주로 한국이나 일본으로부터 구주항로의 컨테이너에 의해 유럽의 항에까지 해상운송하고 나아가 유럽 각국의 내륙부까지 일관운송하는 것으로 해운회사 주관의 국제복합운송이다.

– 구주항로 경유 복합운송의 포워더 서비스
구주항로에 있어서 맹외선들을 이용하여 유럽의 주요항까지 해상운송하고, 나아가 트럭이나 철도에 의해 내륙부까지 일관운송하는 포워더 주관에 의한 서비스이다. 이 서비스에서 포워더는 화주에 대해 Through B/L을 발행하며, 일관책임하에서 통운임으로 문전에서 문전까지의 일관수송을 행하고 있다.

4. 계약관계에 따른 복합운송의 형태 3가지에 대해서 간략히 설명하시오.

① 동일 운송(공동 운송)
연대적인 책임 부담, 운송인이 함께 서명한 공동 일관 선화증권이 발행

② 하청운송
1인의 운송인이 전 구간 운송을 인수한 후 다른 운송인에게 하청 또는 도급을 준 경우

③ 연대운송(순차운송)
다수의 운송인이 통운송장과 함께 운송을 인수한 경우, 송화인은 최초의 운송인에게 운송을 위탁함으로써 다른 운송인도 함께 이용할 수 있는 계약방식

Ⅲ. 읽을거리

2012-13년 물류시장 회고와 전망: 3PL 부문
'경쟁' 뛰어넘을 '내실' 찾아 사업다각화 · 당일배송 확대 전망

올해 3PL시장은 대형 M&A의 성사, 화주기업과의 갈등, 저단가를 부른 경쟁 심화, 대기업의 물류업 진출 본격화 등이 이슈로 떠오른 반면 눈에 띄는 큰 호재는 찾아보기 어려웠다.

오히려 고유가, 화물연대의 파업, 경기 위축 등의 악재에 글로벌 경제위기까지 겹쳐 힘든 한 해였다는 3PL 업계의 비명이 자주 언론에 오르내렸다. 2013년 전망도 그리 밝지는 않다. 내수경기의 둔화와 낮은 경제성장률이 전망되면서 이로 인한 화주기업의 단가 인하 압박, 유통업계의 변화, 대기업 규제(일감 몰아주기), 대형 물류기업 출현, 해외진출 및 사업 다각화 등이 이슈로 떠오를 것으로 보인다.

2012 핵심 키워드는 '절감'과 '대형화'

올해 3PL시장에 영향을 끼친 키워드는 크게 2개로 압축할 수 있다. 바로 절감과 M&A다.

유로존 위기 등 세계적인 경제 위기감이 심화되면서 국내 화주기업들의 해외 수출도 다소 어려움을 겪었다.

특히 삼성전자나 엘지전자, 현대자동차 등 대형 화주기업들은 위기를 강조하며 돌파구를 찾느라 분주한 움직임을 보였다. '위기'는 화주기업들이 원가 절감의 중요성을 증명하는 카드가 됐고, 절감 대상으로 물류비용을 꼽는 사례가 많아졌다. 이는 3PL 업체들에게 적지 않은 영향을 끼쳤다.

M&A도 3PL업계의 이슈였다. 특히 CJ GLS와 CJ대한통운은 CJ그룹 전체 매출의 상당부분을 차지하면서 명실상부한 국내 최대 물류기업으로서의 입지를 다졌다.

내년부터는 더욱 가시적인 M&A 효과를 낼 수 있을 것이라는 기대의 목소리도 높다. 이외에도 M&A를 준비하고 있는 업체들이 3~4곳 정도가 있는 것으로 업계에서는 추정하고 있다. 업계에서는 대형화를 통해 규모의 경제를 실현하기 위함이라고 분석하고 있다. 우량 화주를 다수 유치하여 수익을 극대화할 수 있기 때문이다.

그러나 양극화를 걱정하는 목소리도 많았다. 특히 자금력이 약한 중소 3PL업체들은 대형 3PL업체의 영업 공세에 대응할 방법이 사실상 없다는 입장이며, 일부 화주기업들은 이를 악용해 단가 인하를 요구하는 경우도 있어 눈살을 찌푸리게 했다.

기회요인
• 신선물류, 헬스 케어 등 新시장 확대 • 화주–물류기업 間 공생발전 추진 • 물류 新기술 개발: 생산성 향상, 영역 확대

위협요인
• 유가, 물가 인상 원가구조 악화 • 소비위축, 생산량 감축: 물동량 감소 • 대형 화주시업의 물류시장 진출 검토

화주와 분쟁 두드러져

올해는 화주업체와 3PL 업체 간 분쟁이 두드러졌다. 특히 소셜커머스 업체와 계약한 물류업체에서 사례가 많았다. 물류업체들은 6개월도 채 되지 않는 짧은 기간에 계약을 파기하거나 손해배상을 청구했고, 소셜커머스 업체들도 맞고소나 자체 물류 시스템 구축, 다른 물류업체와 계약 체결 등으로 대응하는 등 갈등을 표출한 바 있다.

전문가들은 이러한 분쟁의 원인으로 3PL 업체들이 실적에만 눈이 멀어 저단가로 물량을 따낸 뒤 실제 물류수행 과정에서 현격히 낮은 매출액을 올리면서 갈등이 발생한 것이라고 분석하고 있다. 이와 함께 소셜커머스가 뜨는 사업이라는 이미지와 달리 실제 물동량은 기대에 미치지 못한 점도 3PL 업체들의 불만으로 꼽히고 있다.

소셜커머스 업체들이 물류서비스에 대한 불만족과 추가비용 요구 등에 질렸다는 반응을 보인 점은 3PL 업계에 시사하는 바가 있다. 소셜커머스 업체도 비용 절감에만 매달려 물류 서비스의 질에 대한 고민 대신 단가가 낮은 기업을 선호한 것이 아니냐는 비판을 받기도 했다. 이외에도 대형 유통기업과 물류기업 간의 마찰로 물류

계약이 중단되는 사례가 잇달아 업계의 관심을 끌었다.

2013년 변수는 '경제' 와 '대기업 참여'

내년 3PL 시장의 전망은 그리 밝지 않다. 우선 대내외적으로 경제상황이 나빠지고 있는 점이 걸린다. 3PL 업계에서는 화주기업, 특히 대기업들이 투자를 줄이려는 움직임에 대해 물량이 줄어들지 않을까 우려하고 있다.

한국은행에 따르면 지난 3분기 GDP성장률은 0.1% 증가에 그친 것으로 나타났으며, 올해 경제성장률 전망치인 2.4%도 사실상 달성하기 어렵다는 주장이 나오고 있다. 전경련은 지난 11월 600개 기업을 대상으로 설문을 실시한 결과 내년 투자계획을 축소하겠다는 기업이 36%에 달했으며, 올해와 비슷한 수준이라는 기업도 40%나 됐다고 전했다. 특히 전체 응답기업의 46%가 2013년 경영불안 요인으로 내수여건의 악화를 꼽았다.

대기업의 물류사업 진출도 가시화될 전망이다. 4PL 개념을 제시하며 업계의 시선을 사로잡았던 삼성SDS는 물류IT를 기반으로 국내는 물론 해외사업에도 적극적인 모습을 보일 것이라는 전망이 우세하다.

두산그룹도 그룹 내 물류사업을 총괄하는 역할을 두산 글로넷BG에게 맡길 가능성이 높은 것으로 알려졌다. 이처럼 물류운영을 통합하거나 물류사업에 진출을 확대하려는 화주기업들이 더 많아질 것이라는 예측이 꾸준히 제기되고 있다.

2013년 3PL 시장환경 전망
• 경기 위축에 따른 신규 수주경쟁 각축 심화 • 물류컨설팅 활성화로 원가절감 및 프로세스 고도화 • 화주기업의 물류시장 진출 시도 • 물류 新기술 개발을 통한 사업영역 확대 • 공동물류 활성화로 거점 효율화 및 녹색물류 실천 • 영세 중소 물류기업의 시장퇴출 가속화

일감 몰아주기와 전자입찰 주목해야

정부의 '일감 몰아주기' 에 대한 규제 강화도 변수로 꼽힌다. 정부는 자기 계열 관계회사 물량의 30%를 초과할 경우 증여세를 부과하고, 이를 적극 단속한다는 방침이다. 특히 부과대상 세금이 오너에게 책임을 지우는 증여세라는 점에서 민감한 사안이다.

이를 피하기 위해서는 공개 입찰 방식으로 진행해야 하는데, 모기업이 계열사라고 단가 압박을 하지 않을 것이라는 보장이 없다는 점에서 2PL 진영과 3PL 진영 사이에서 경쟁 기류가 흐를 것으로 예상된다.

전자입찰의 증가도 3PL 시장의 중요한 변수로 작용할 전망이다. 전자입찰을 진행했거나 도입하려는 화주기업들이 점차 늘어나는 것에 대해 3PL 업계는 달가워하지 않는 눈치다.

입찰 참여 과정에서 비용에 대한 항목부터 산출근거, 차량 연식 등 영업상 기밀에 해당하는 내용까지 요구하는 경우가 있어 껄끄럽다는 것이다. 한 업체 관계자는 "전자입찰의 취지가 비리를 없애겠다는 것인데, 화주기업들이 입찰 정보를 파악한 뒤에 업체 순위를 매기며 압박하는 용도로 쓰고 있다"며 "서비스의 질 대신 단가만을 우선시하는 입찰 사례가 늘어날 것"이라고 예상했다.

전문가들은 전자입찰로 인한 폐해를 방지하기 위해 업체 간 경쟁 자제와 화주기업과의 충분한 협의 혹은 서비스의 질을 강화함으로써 대처해야 할 것이라고 지적하고 있다.

바람직한 2013년을 준비하려면…

전문가들은 2013년을 위해 준비해야 할 것으로 '내실경영'과 '해외사업'의 강화를 꼽았다. 한 전문가는 "경쟁력을 높이기 위한 방법 중 하나는 내부 시스템을 새로 정비하는 것"이라며 "물류업체 내부에 있는 구매파트에서 원가 절감 차원에서 구매역량을 강화하려는 움직임이 늘어날 것"이라고 전망했다.

해외사업 강화는 3PL 업계가 불황에 대처하는 좋은 방안으로 꼽히고 있다. 화주기업들이 내수 부진을 타개하기 위해 해외 수출에 안간힘을 쏟을 것이기 때문에 이를 적절히 이용할 수 있어야 한다는 것이다.

내수악화에 따른 물량 감소의 대응책으로는 사업 다각화가 꼽히고 있다. 해외사업 강화도 다각화의 한 가지 방안이기도 하다. 특히 전문가들은 미술품 등 특수화물이나 렌트카 등 산업별로 수주하는 물량의 특성이 다양해지고, 전통적인 3PL 분야 중 비교적 경쟁이 덜한 신선물류와 이사화물 시장에 뛰어드는 업체들도 있을 것으로 내다보고 있다.

전문가들은 3PL업계가 경쟁력 강화를 꾀하는 방법으로 아라뱃길과 김포고촌물류단지 등에 대한 활용도를 높이는 방안을 찾거나 최근 늘어나고 있는 모바일 쇼핑족을 공략할 수 있는 영업이 필요하다고 입을 모으고 있다. 특히 당일배송의 수요가 많이 늘어날 것으로 보여 이에 대한 네트워크 구축이 중요한 화두가 될 것으로 보인다.

(물류신문, 2012-12-15) 이경성 기자 bluestone@klnews.co.kr

생각해 봅시다

1. 우리나라와 외국의 3PL이 다른 이유가 무엇인지 생각해 봅시다.
2. 대기업이 물류회사를 자회사로 가질 경우의 장 · 단점을 생각해 봅시다.

제9장

항만

제9장

항만

I. 중요내용 핵심요약

출제경향 예상분석

- 항만시설
- 항민 발전을 위한 주요 제도
- 관세자유지역의 기능 및 유형
- 관세자유지역의 효과

1. 항만의 기능

① 항만(Harbor)의 정의

- 해륙수송의 중계지로서 육상으로 운송된 화물의 선적과 해상으로 수송된 화물을 원활하게 양륙할 수 있는 시설을 갖추고 있는 장소를 의미함.
- 항만은 선박 입 · 출항에 필요한 설비인 하역장비, 창고, 화물장치장, 선박의 안전한 정박을 위한 충분한 수심, 넓은 접안시설, 육상교통과의 연계, 입출항에 필요한 세관 및 검역시설을 갖추고 있어야 함.
- 최근에는 타 수송수단과의 연계시설이나 생산시설 등의 후방 세력권을 가지고 우수한 시설을 갖춘 곳이 우수한 항만임.

② 원활한 항만기능을 위한 전제조건

- 항만 배후지에서 발생하는 국제무역 수요를 효율적이고 경제적인 방법으로 원활히 처리할 능력 보유
- 지역산업개발과 무역창출의 보조적 기능 수행
- 화물의 증가분에 효율적으로 대처할 능력 보유
- 전후방 기지 및 육 · 해 연결점으로서 이용 대상에 대한 효율적인 전환 시설 기능

(1) 경제적 차원

① 항만의 존재는 산업 자본의 재생산 과정을 더욱 촉진하고, 고용을 자극하고, 경제활동을 활발하게 함.
② 항만의 확충은 도시 혹은 국민 경제에 이익을 초래함.
③ 항만이 확충되면 선박의 입항이 용이해지고, 선박의 입항이 많아지면 도시의 수익이 증가하여 지역의 번영이 초래됨.
④ 항만의 경제적 영향력에는 서비스(조선, 선박수리, 공적 서비스 등)의 제 비용과 고용, 대리점료, 육상 종업원, 항운관련 자본 등이 포함됨.
⑤ 직접적인 서비스(프레이트 포워더, 선박대리점, 세관 화물취급업, 해상보험과 은행) 등이 도시와 항만에 직접적인 영향을 줌.

(2) 생태적 차원

항만에서의 생태문제는 일반적으로 1980년대에 워터 프론트의 재개발 계획이 개시되고, 공익성에 대한 의식과 도시의 재생이 문제시되면서 중요하게 부각되었다.

(3) 공간적 차원

최근 해상운송의 기술혁신은 선박의 대형화와 광대한 컨테이너 터미널 시설을 필요로 하고 있다. 그 결과 협소한 도심에 입지한 항만은 경제적으로 기능할 수 없게 되었다.

2. 항만시설

① 일반적으로 보관시설, 외곽시설, 수역시설, 임항교통시설, 선박보급시설, 선박건조 및 수리시설, 항만후생시설 등이 있다.
② 협의의 항만시설로는 부두, 안벽, 창고 및 잔교 등이 있다.

(1) 외곽시설

외곽시설로는 방파제, 방사제, 도류제, 제방, 호안, 수문 및 갑문 등이 있다.

(2) 계류시설

안벽, 물양장, 잔교, 돌핀, 부잔교, 계선부표 등의 시설이 있다.

(3) 수역시설

① 내항항로(Access Channel)

내항의 부두, 계류지 및 묘박지와 외항을 연결하는 선박의 통행로로서 선박이 항해할 수 있는 충분한 수심을 갖추어야 하며, 선박에 대한 조류의 영향을 최소화할 수 있도록 조류의 방향과 작은 각도를 이루도록 해야 함.

② 묘박지(Anchorage)

묘박지란 접안(berthing)을 앞둔 선박이 일시적으로 닻을 내리고 대기하는 수역으로 수면이 잔잔하고 닻을 내리기 좋은 지반이라야 함.

③ 선회장(船回場)

- 선회장은 선박이 방향을 전환할 수 있는 곳으로 예선의 유무, 바람, 조위의 영향 등을 고려, 안전한 수면을 확보해야 함.
- 대개 자선의 경우 대상 선박 길이의 3배를 직경으로 하는 원이며, 예선이 있을 경우에는 대상 선박 길이의 2배를 직경으로 하는 원으로 함.

(4) 임항철도(Dock Railway Siding)

선박과 철도에 의한 원활한 연계수송을 위해 간선철로에서 항만까지 연결된 철도인 입선을 의미한다.

(5) 협의의 항만시설

① 부두(Wharf)

항만 내에서 화물의 하역과 여객의 승하선을 위한 여러 가지 구조물을 총칭하는 것으로, 광의로는 부두광장, 임해철도, 창고 및 장치장, 각종의 하역설비 등이 상설된 부수지역 전부를 총칭한다. 항구의 환경, 구조, 설비 여하에 따라 Quay, Pier, Dock 등의 명칭이 있다.

② 안벽(Quay)

화물의 하역, 여객의 승하선이 직접 이루어지는 구조물로서 선박이 접안할 수 있도록 육상높이와 같이 해저에서 수직으로 구축된 일종의 벽과 그 부속물을 총칭한다.

③ 잔교(Pier)

해안선과 직각의 형태로 돌출된 교량형 간이 구조물로서 선박의 접안과 화물의 적양하작업, 선원 및 여객의 승하선에 이용되며, 목재, 철재, 석재로 된 기둥을 해저에 박은 뒤 기둥의 윗부분을 콘크리트로 굳힌 후 이 위에 교량형 구조물을 설치하여 육지와 연결한 형태이다.

④ 부잔교(Floating Landing Stage)

잔교 대신에 해저 지질과 수심이 부적당한 장소에서 구축한 변형 잔교를 말한다.

⑤ 상옥(Transit Shed)

중간창고라고도 하며 안벽, 잔교, 양륙장 등에 있어서 운송작업과 보관작업 사이에 중간작업을 하는 장소이다. 1층 또는 여러 층으로 건조되어 있으며 화물의 적·양과 입·출고를 위한 화물의 분리와 정리 또는 포장작업이 이루어지는 곳이다.

⑥ 창고(Warehouse)

곡물 및 산화물의 장치를 위해 사일로 창고(Silo Warehouse)가 이용되며, 화물의 보관장소를 총칭한다.

⑦ 항만하역시설

하역시설은 선박의 기동능력에 커다란 영향을 미치는 동시에 항만의 경제적 가치를 결정하는 요소로 부선, 해상기중기, 고정식 혹은 이동식 육상기중기, 컨테이너 크레인, 스트래들 캐리어 등 모든 운반기기와 벨트 컨베이어 등의 여러 가지가 있다.

⑧ 컨테이너 처리장

컨테이너 처리장소에는 CFS(Container Freight Station), CY(Container Yard) 등이 있다.

3. 항만의 환경과 거점항

(1) 항만의 환경

① 산업사회는 규모의 경제성이 우선시되는 공업화 시대로부터 범위의 경제성이 우선시되는 정보화 시대로 바뀌는 가운데 항만도 연결의 경제성을 중요시해야 한다.

② 항만의 수요 자체: 운송권의 산업구조, 경제상황, 무역구조, 해운 등의 동향에 의해 좌우된다.

- 수요의 주체인 외항 선사의 변화와 혁신과 같은 움직임을 통해 어떠한 항만을 선호하는지를 인식
- 컨테이너화뿐만 아니라 대형화, 전용화가 진행되어 왔다.

③ 항만의 외부환경으로서 보다 본질적인 주체로서는 화주기업, 특히 다국적기업인데 국제물류부문에서는 컨테이너화에 의한 Door to Door의 복합운송을 선호하고 있으며, 다국적기업 간에는 국제물류시스템의 효율화를 둘러싸고 격심한 경쟁을 벌이고 있다.

④ 국제물류의 네트워크화는 합리성만이 아니라 물류를 수주하고 제공하는 주체, 즉 항만을 위시해, 선사, 포워더 등 물류서비스 제공의 문제도 함께 고려해야 한다.

⑤ 항만의 외부환경 변화에서 가장 중요한 것은 컨테이너화이다.

- 컨테이너 운송의 보급에 의해 항만 등의 물류서비스를 제공하는 기능은 전체적으로 균형 있는 발달이 요구된다
- 항만에 최적의 물류 하역기능이 있는지의 여부가 기항하는 선박수의 증감, 나아가 항만의 성쇠를 좌우한다.

(2) 거점항(Hub Port)

① 선사는 안정적인 수익을 보장받기 위해 집화력이 있는 항에 직접 운항, 피더운송과의 연결을 원하게 된다.

- 먼저 발전한 대형항만이 서서히 거점항으로 성립된다.
- 항만의 계층화가 진전되고, 최상위의 거점항은 대형 컨테이너선에 의한 장거리 운송의 화물을 주로 취급하고, 하위 항인 소규모 항들은 피더 화물을 포함

하여 기타 화물에서 경합을 한다.

② 국제 중심항이 갖추어야 할 기능 3가지
- **기간항(Main Port) 기능:** 기간항로에 직접 참여할 수 있는 기능
- **국내집약(Gate Way) 기능:** 직접 배후권 이외로부터 접근할 수 있는 기능
- **국내환적(중계수송) 기능:** 3국 간 수송의 환적기능

③ 항만의 경쟁력을 결정하는 요인
- 입지, 시설, 비용, 서비스, 관리운영 형태, 물동량
- 입지, 시설, 비용, 서비스 및 관리운영 형태를 요소로 하여 이들을 종합한 능력을 항만의 경쟁력이라고 할 수 있으며, 이러한 경쟁력은 수출입 및 환적물동량의 형태로 나타난다.

핵심 *Note*

- ▶ 항만의 기능: 경제적 차원, 생태적 차원, 공간적 차원
- ▶ 일반적으로 보관시설, 외곽시설, 수역시설, 임항교통시설, 선박보급시설, 선박건조 및 수리시설, 항만후생시설 등이 있으며, 협의의 항만시설로는 부두, 안벽, 창고 및 잔교 등이 있다.
- ▶ 국제 중심항이 갖추어야 할 기능 3가지: 기간항(Main Port) 기능, 국내집약(Gate Way) 기능, 국내환적(중계수송) 기능
- ▶ 항만의 경쟁력을 결정하는 요인: 입지, 시설, 비용, 서비스, 관리운영형태, 물동량

4. 항만의 발전방향과 해상운송 합리화를 위한 주요 제도

(1) 항만의 발전방향

① 항만의 발전은 Bulk Carrier, Roll on-Roll off 등의 대형, 특수선의 기항은 물론이고 컨테이너선의 취항에 따라 항만의 개념을 일변시켰다.

② 시설이 뒤따르지 못한 항만은 체선, 할증운임, 차별운임 등의 부조화 현상을 야기시켜 해운발전에 큰 장애요인이 되고 있다.

③ 항만기능 효율화를 위한 조건
- 항만 배후지에서 발생하는 국제무역수요를 효율적이고 경제적인 방법으로 원활히 처리할 수 있어야 한다.
- 지역산업개발과 무역을 창출시키는 데 보조적 기능을 충분히 해야 한다.

- 국내용 환적화물의 증가분에 효율적으로 대처할 수 있어야 한다.
- 항만은 전후방기지 및 육 · 해 연결점으로서 이용 대상에 대한 효율적인 전환 시설기능을 다할 수 있어야 한다.

(2) 운송합리화를 위한 주요 제도

① 부두운영회사(Terminal Operation Company: TOC) 제도

종래 국가가 건설하고 소유, 관리, 운영하던 부두(선석, 야적장, 창고, 하역시설 등 포함)를 항만의 생산성을 향상할 목적으로 선박회사, 하역회사 등의 민간기업이 일정기간 동안 임대받아 전담 운영하는 제도를 의미한다.

부두운영회사제도의 시행상 효과

- 부두혼잡의 해소
- 하역장비의 가동률 향상
- 하역시간의 단축
- 선박의 가동률 향상
- 하역 및 야적장의 화물처리능력 향상

② 부두직통관제도

수출입 컨테이너 화물의 유통체계를 단순화하기 위해 도입된 제도로서 수출입 컨테이너 화물을 부두밖 장치장(ODCY)을 경유하지 않고 부두에서 직접 수출입통관을 하거나 보세운송신고를 수리하는 제도이다. 부두직통관제도를 채택한 경우 수입된 컨테이너 화물(FCL 화물)은 부두에 하역되기 전에 수입신고 또는 보세운송신고를 할 수 있도록 하여 하역 즉시 부두 내에서 세관검사, 세금납부 등 관련절차를 완료할 수 있게 된다. 즉, 수입 컨테이너 화물은 본선에서 양화된 후 48시간 이내에 통관 반출되거나 제조공장으로 보세 운송할 수 있으며, 수출 컨테이너 화물은 수출면허를 받은 후 바로 선박에 적재할 수 있어 수출물품이 적기에 선적될 수 있다.

부두직통관제도의 장점

- 화물운송상의 효율성 제고
- 물류비용의 절감: 운송료, 하역료 등 기업들의 직접 경비 부담 감소

- 도로파손, 소음공해 등 사회적 비용 절감
- 통관소요기간 단축 등

③ 항만공사(Port Authority)제도

국영체제의 항만관리에서 한국컨테이너부두공단 설립을 계기로 컨테이너 부두의 민영화체제를 도입하였고 부두운영회사(TOC)제도를 도입하여 일반부두의 운영권도 민간에 부여하고 있다. 그럼에도 불구하고 지방자치단체에서 항만관리권 이양을 주장하여 항만공사제도의 도입이 본격적으로 추진되고 있다. 항만공사제도는 동북아 물류중심기지로 도약하기 위해 재정 자립도가 상대적으로 높은 부산항과 인천항에 우선적으로 항만공사제를 도입하여 기업경영원리에 입각한 항만관리체제를 확립하여 항만의 국제경쟁력을 제고하고 지자체와 민간의 요구를 반영하여 균형 있고 효율적인 항만관리체제를 구축하는 데에 그 주안점을 두고 있다. 특히 지방자치단체 및 항만이용자가 정책결정에 참여하여 항만정책의 투명성을 높이고 국가적 관점과 지방적 관점의 조화로 균형적 항만개발을 이루고자 하는 제도이다.

항만공사제 도입시 기대효과

- 항만관리운영상의 효율성 제고
- 적극적인 항만투자 실현
- 항만공사제가 도입되면 지방자치단체 및 항만이용자가 정책결정에 참여함으로써 항만정책의 민주성과 투명성이 강화될 것이다.
- 국가적 관점의 항만정책과 지방적 관점의 도시정책이 조화를 이룸으로써 균형적 항만개발이 가능해질 것이다.

5. 항만의 개발과 관리체계

① 항만 관리 운영 방법의 전환

급변하는 항만환경에 적절히 대응하여 심화되고 있는 경쟁에서 우위를 확보하기 위해서는 반드시 항만의 관리 운영이 단순한 국가의 행정체제에서 벗어나 항만에 대한 기업적 또는 경영적 접근방법으로서의 전환이 요구된다.

② 항만의 개발 및 관리형태

- 지주항
- 도구항
- 운영항

③ 구분 기준

항만시설, 화물처리 서비스 및 관련된 서비스를 누가 제공하느냐이다.

(1) 지주항

① Port Authority나 항만관리주체가 기본 하부구조 제공

- 항로, 방파제, 박지(泊地), 임항도로, 안벽, 부두 등 선박을 위한 각종 시설을 제공
- 하역, 운송, 보관 및 운반과 같은 화물처리 서비스와 이에 부수되는 각종 서비스는 민간이 제공하는 형태

② 항만관리주체가 하부시설을 제공하며 이를 민간기업에게 임대해 주는 형태

- 화물처리를 위한 각종 기능시설은 모든 민간기업이 자기비용으로 제공
- 화물처리 서비스도 민간기업에 의해 이루어짐.

③ 지주항 형태를 취하는 항만에서 항만 관리자는 임차인의 항만운영 활동에는 참여하지 않음.

- 지주항의 경우에는 항만 관리자가 최소한 항만 시설만 제공할 뿐 화물하역 등 실제적인 항만운영에는 참여하지 않음.
- 로테르담, 뉴욕항, 앤트워프항 등 구미지역 대부분의 선진 항만과 일본의 일부 항이 여기에 속함.

④ 지주항 형태에 부합되기 위한 조건

- 물동량이 상당 수준 이상이어야 한다. 그 이유는 독점상황을 피하기 위해 적정수의 대규모 기업활동을 제공할 필요성이 있고 항만의 재원을 조달하기 위해 거래액이 적정수준 이상이어야 하기 때문이다.
- 전문기술, 의욕, 자본을 갖고 시설을 운영할 수 있는 투자자, 선박회사, 하역

업체가 존재해야 한다.

- 효율성에 관심을 가지는 자유주의적 환경이어야 한다.
- 항만 노조측에서의 장애요인이 없어야 한다.

⑤ 지주항의 장단점

- 장점
  - 민간기업이 Terminal Operator가 되어 터미널 시설의 효율성 제고를 위해 각종 기능시설과 부대시설을 스스로 정비하므로 항만관리주체는 이러한 시설에 대한 투자를 절약할 수 있다.
  - 항만의 민영화를 대표하고 있다.
  - 일상적인 항만운영 문제로부터 완전히 해방되며 당해 항만의 종합적인 관리와 장래계획의 수립 및 민간기업에 대한 감독 등 전략적인 의사결정에 대해서만 깊이 고려하면 된다.
- 단점
  - 민간의 책임이 많으면 공공성에 대한 문제가 제기될 수 있다.

(2) 도구항

① 항만의 기본시설뿐만 아니라 화물의 조작에 필요한 하역시설조차도 항만관리주체가 제공함.

- 지주항과 비교하면 민간기업의 참여가 제한되어 있음.
- 직접적인 화물하역에는 개입하지 않음.
- 프랑스의 항만과 우리나라의 일부 항만이 이러한 유형에 속함.

(3) 운영항

① 항만관리주체가 기본시설, 하부시설 및 기능시설뿐만 아니라 화물처리 서비스 및 관련 서비스도 동시에 제공하는 유형

- 이 경우에 민간이 담당하는 역할은 극히 제한적이며 항만관리주체가 일원적으로 모든 항만시설과 서비스를 제공하면서 항만을 운영함.
- 사회주의 국가의 항만이나 싱가포르항이 이 범주에 속함.

② 효율적인 항만관리를 위해서는 Port Authority항이나 자치단체항이면서 지주항의 형태를 취하는 것이 바람직함.

③ 이러한 항만개발 및 경영형태로 나아가야 하는 까닭

- 항만의 주인공은 그 항만과 가장 가까운 이해관계를 갖고 개발에 정열과 애정을 갖고 있는 지역주민이라는 점
- 항만 이용자에게 필요한 항만시설의 확충과 지역경제의 개발에 필요한 소요자금의 조달을 민간자금의 도입으로 해결할 수 있다는 점
- 경영능률의 향상을 위하여 유능한 민간경영능력을 항만개발 및 운영에 참가시킴으로써 항만투자 및 경영의 활성화를 도모할 수 있다는 점
- 이러한 효과가 종합됨으로써 항만 전체의 크나큰 효과를 기대할 수 있다는 점

6. 경제자유구역

(1) 정의

경제자유구역(free economic zones)은 외국인 투자기업의 경영환경과 생활여건을 개선하고, 각종 규제완화를 통한 기업의 경제활동 자율성과 투자유인을 최대한 보장하여 외국인 투자를 적극적으로 유치하기 위한 특별경제특구이다. 다양한 세제혜택, 자유로운 경제활동을 위한 규제완화, 편리한 생활환경과 간편한 행정서비스 제공으로 자유롭고 폭넓은 기업활동을 보장하고, 글로벌 기준을 선도하는 경제·사회제도의 정착과 각종 인센티브의 제공을 통하여 글로벌 기업의 국내투자를 유치하기에 용이하도록 한 장소이다.

(2) 목적

① 글로벌 네트워킹의 중심지 역할

글로벌 기준에 부합하는 제도개선을 통해 최고의 경영환경을 제공하고, 다국적·다문화 친화적인 지역사회와 쾌적한 미래형 생활환경을 제공함으로써 세계 제일의 인재, 정보, 기술이 모이는 상생의 터전을 마련

② 외국인 투자유치의 급성장

글로벌 네트워킹의 중심지 역할을 하면서, 외국인 정주환경을 조성하여, 국가 전체 외국인 투자유치 대비 비중의 15% 달성을 목표로 하고 있으며, 세계적인 국제대학(원), 연구소 등을 유치하고, 외국인 의료서비스가 가능한 외국의료기관의 설립을 허용하여, 외국인 투자를 유치하기 노력

③ 첨단지식산업의 중심

우수한 기술수준과 생산여건을 활용하고 우수인력의 유치와 생활을 지원하여 IT · BT · NT · CT 등 첨단기술 및 지식기반 산업의 연구 · 생산 중심지로서 외국 기술과의 융합 및 발전을 도모

(3) 혜택

① 안정적 투자를 위한 세제 혜택

외국인 투자에 대해서는 조세특례제한법이 정하는 바에 따라 사업소득, 배당소득, 기술도입대가, 근로소득 등에 대해서는 법인세와 소득세를 감면하고, 취득 보유하고 있는 재산에 대한 취득세 · 재산세를 감면

② 각종 규제 및 부담 완화

외국인 투자자들의 자유로운 경제활동을 보장함으로써 투자 활성화 및 증대를 도모하고자 각종 규제를 폐지하고 완화

③ 재정 및 기반시설 지원

경제활동의 활성화를 위해 외국인 투자자들의 재정을 보조하고 기반시설 확충을 지원

7. 자유무역지역

(1) 정의 및 의의

자유무역지역(free trade zone)은 외국인의 투자를 유치함으로써 수출의 진흥, 고용의 증대, 기술의 향상을 기하여 국가 및 지역경제 발전에 기여함을 목적으로 외국인 전용 공단을 설치함으로써 외국인에게 투자환경을 제공한다.

(2) 종류

생산중심의 산업단지와 물류중심의 항만, 공항배후 물류단지로 구분할 수 있다.

① 산업단지형 자유무역지역

산업단지형 자유무역지역은 수출증진, 고용창출 및 기술이전과 확산을 촉진하기 위해 산업단지에 지정되며 특히 제조업 분야의 외국인 직접 투자 유치가 주요 목적이다.

산업단지형 자유무역지역은 산자부 장관이 관리권자로 자유무역지역 관리원에서 직접 관리한다.

② 물류형 자유무역지역

물류형 중심의 자유무역지역은 입지적인 장점을 활용해서 항만, 공항 그리고 배후단지에 지정되며 무역과 물류활동 촉진을 주요 목적으로 이용한다.

국토해양부 장관이 관리권자로, 항만공사 및 공항공사 등의 기관이 관리업무를 위탁받아서 자유무역지역 관리원에서 관리한다.

(3) 혜택

① 관세 면제 및 국유지 장기 임대

시설재나 원자재 등 생산과 제조에 필요한 물품에 관해서 관세를 면제해 주고 용지(국유지)가액의 1% 수준으로 50년간 장기 임대가 가능하다.

② 원스톱 서비스 제공

외국인 투자 유치 및 투자 전진기지로 출발한 마산자유무역지역은 투자 유치 및 수출 진흥을 위해 입주업체에 대해 외국인 투자신고, 공장건축허가, 수출입 승인 등 모든 행정업무를 산업통상자원부 산하의 자유무역지역관리원에서 일괄처리하는 원스톱 서비스(one-stop service) 체제를 구축하여 편의를 제공하고 있으며 외국인 투자에 대해서는 관련법령의 일부배제, 조세감면, 저렴한 임대료 및 지원시설 등 각종 혜택을 부여하고 있다.

③ 비관세지역

비관세지역으로서 어느 지역보다도 수출입 활동이 편리한 지역이다.

〈표 9-1〉 경제자유구역과 자유무역지역의 비교

구분	경제자유구역	자유무역지역
지정목적	외국인 친화적 경영, 생활환경 조성을 통한 적극적 외자유치로 동 지역을 동북아 비즈니스 거점으로 육성	무관세 등 자유로운 제조, 무역활동 보장을 통해 외자유치 및 지역경제 활성화에 기여
지정권자	재경부장관(경제자유구역위원회 심의의결)	산자부장관
지정위치	국제공항, 국제항만 인근	항만, 공항주변지역, 산업단지
입주자격	국내외기업 (외국인투자 기업에 대해서만 인센티브 제공)	제조, 물류, 무역, 지원 서비스업 (제조업은 외국인투자 기업만 허용)
지정현황	3개 지역 (인천, 부산, 광양)	마산, 익산, 군산, 대불, 율촌, 광양항, 부산항 및 신항, 인천항 및 공항
주요 인센티브	• 법인세, 소득세, 지방세 3년간 100%, 2년간 50% 감면 • 외투기업에 노동, 수도권 규제 완화 등 경영환경 개선 • 외국학교, 병원 설립 등 생활환경 개선	• 관세면제 • 법인세, 소득세, 지방세 3년간 100%, 2년간 50% 감면 • 입주업체 기술개발 등 지원

참고: 기획재정부 http://www.mosf.go.kr/service/service02.jsp?actionType=view&runno=70960

핵심 *Note*

- ▶ 항만 발전과 해상운송 합리화를 위한 주요 제도: 부두운영회사제도, 부두직통관제도, 항만공사제도
- ▶ 항만의 개발 및 관리형태: 지주항, 도구항, 운영항
- ▶ 무역자유지역: 산업단지형 자유무역지역과 물류형 자유무역지역으로 구분. 항만, 공항, 공항만의 배후단지 그리고 산업단지에 지정되며, 관세면제의 혜택이 있다.

제9장

항만

II. 핵심문제 및 예상문제

출제포인트

- 항만 시설
- 항만의 한경과 거점항
- 운송합리화를 위한 주요 제도
- 항만의 개발 및 관리 체계
- 관세자유지역

객관식 연습문제

1. CFS/CY에 관한 설명으로 옳지 않은 것은?

① 한 사람의 포워더가 수입업자(Buyer)로부터 위탁을 받아 다수의 수출업자로부터 화물을 집화하여 컨테이너에 혼재한 후, 이를 그 수입업자에게 운송하는 형태이다.

② 대형백화점 또는 우리나라의 종합무역상사와 같은 대형업체로 이들은 수입업자는 한 사람이지만, 상품의 공급업자는 다수인 경우에 수입지에 있는 한 사람의 프레이트 포워더를 지정하여 운송업무를 전담시키게 하는 것이다.

③ 운송인이 지정한 선적항의 CFS로부터 목적지의 CY까지 컨테이너에 의해 운송되는 형태이다.

④ 선적항의 CFS에서 혼재하여 선적하고 목적지의 CFS에서 컨테이너를 개봉하여 화물을 분류하여 여러 수입업자에게 인도된다.

⑤ 이런 형태를 Buyer's Consolidation이라고 한다.

해설 | ④는 CFS/CFS에 대한 설명이다. 답 ④

2. 항만기능의 원활화를 위한 전제조건이 아닌 것은?

① 증가하는 화물에 대한 대처 능력 보유

② 배후지에서 발생하는 국제무역 수요를 효율적이고 경제적인 방법으로 처리할 수 있는 능력 보유

③ 해상화물의 원활한 처리를 위해 배후지를 늘리는 것이 가장 중요

④ 지역산업 개발과 무역창출의 보조적 기능 수행

⑤ 육 · 해 연결점으로서 이용 대상에 대한 효율적인 전환 시설 기능

해설 | 항만기능의 원활화를 위해서는 항만시설의 효율화, 배후단지 확보, 수송수단의 연계성 등 다각도의 경쟁 전략이 필요하다. 답 ③

3. 다음 중 마샤링 야드(Mashalling Yard)에 대한 설명으로 옳지 않은 것은?

① 컨테이너 적재와 양륙작업을 위하여 임시로 하치하거나 크레인이 통과주행할 수 있도록 레일을 설치하는 데 필요한 공간을 말한다.

② 에이프런과 인접하여 설치하는 경우가 많다.

③ 계획된 선내적부 계획에 따라서 선적예정 컨테이너를 도착지 항구에서 하역할 순서대로 정렬하거나 정렬한 공간을 준비해야 한다.

④ 컨테이너선으로부터 또는 컨테이너선에 직접 선적하거나 양륙하기 위하여 컨테이너를 정렬시켜 놓은 넓은 공간

⑤ 컨테이너 터미널 운영의 효율성에 직접적으로 영향을 미치는 중요한 부분이다.

해설 | ①은 안벽에 접한 야드 부분에 일정한 폭으로 나란히 뻗어 있는 공간으로서 Apron(에이프런)에 대한 설명이다. 답 ①

4. 수역시설에 해당하는 것은?

① 방파제 ② 수문 및 갑문

③ 선회장 ④ 안벽

⑤ 물양장

해설 | 수역시설에는 내항항로, 묘박지, 선회장이 있다. 답 ③

5. 계류시설에 해당하지 않는 것은?

① 돌핀 ② 계선부표

③ 부잔교 ④ 잔교

⑤ 도류제

해설 | 도류제는 외곽시설에 해당된다. 답 ⑤

6. 관세자유지역의 기본 기능에서 기능 유형에 대한 세부설명으로 적절하지 않은 것은?

① 생산기능 – 가공, 조립, 제조, 조작, 혼합, 파기, 멸각

② 정보전달기능 – EDI 물류 및 상류 정보시스템, POS, VAN, Stock Recording System, 정보자료센터

③ 물류기능 – 하역, 장치, 야적, 보관, 환적, 분배, 혼재

④ 거래촉진기능 – 중계무역, 수출입 무역, 판매, 경매, 주문처리

⑤ 물류촉진기능 – 물류업, 수배송업, 주선업, 재고관리

해설 | ④는 거래기능에 대한 설명이다. 답 ④

7. 항만이 경제적 차원에서 초래하는 기능이 아닌 것은?

① 산업 자본의 재생산 과정을 더욱 촉진함
② 고용을 유발함
③ 항만의 확충은 도시 혹은 국민 경제에 이익을 초래함
④ 항만은 공익성에 대한 의식과 도시의 재생이 문제시되면서 중요하게 부각됨
⑤ 경제활동을 활발하게 함

해설 | ④는 생태적 차원에 대한 설명이다. 답 ④

8. 항만에 대한 설명으로 적절치 않은 것은?

① 항만은 창고, 크레인, 하역장비 등과 같은 시설을 갖추고 있다.
② 입출항에 필요한 세관 및 검역시설을 갖추고 있다.
③ 최근에는 배후지역이 친수공간으로 많이 활용되고 있다.
④ 선박과 육지의 연결을 용이하게 하는 설비를 갖춘 공간이다.
⑤ 오늘날 항만에서는 합리화와 기술의 변화로 인해 노동자의 증가가 현저하다.

해설 | 하역의 합리화, 기술의 변화에 의해 항만 노동자의 감소가 현저하다. 답 ⑤

9. 부두운영회사제도의 시행상 효과가 아닌 것은?

① 하역장비의 가동률 향상
② 선박의 가동률 향상
③ 하역시간의 단축
④ 항비의 인하
⑤ 하역 및 야적장의 화물처리능력 향상

해설 | ④는 항만의 경쟁력 제고 방안 답 ④

10. 기능에 따른 관세자유지역 분류에서 물류 · 생산 복합형 관세자유지역의 목적에 대한 설명으로 올바르지 않은 것은?

① 자국내 기업 활동촉진
② 국제무역 활성화
③ 국내기업의 해외이탈 방지
④ 고용창출
⑤ 국제물류유통 촉진

해설 | ⑤는 물류중심형 관세자유지역의 목적에 대한 설명이다. 답 ⑤

11. 항만의 환경에 대한 설명으로 올바르지 않은 것은?

① 항만의 외부환경 변화에서 가장 중요한 것은 컨테이너화이다.

② 물류 시스템화 수준이 글로벌 시장에서 다국적기업 간의 경쟁에 큰 영향을 미친다.

③ 컨테이너화되면서 대형화, 전용화가 되어 가고 있다.

④ 수요 주체인 선사의 움직임을 파악하는 것은 중요하다.

⑤ 정보화시대에 맞추어 항만도 소형화되고 있는 추세이다.

해설 | 선박의 대형화에 발맞추어 항만도 대형화되고 있는 추세이다. 답 ⑤

12. 관세자유지역의 효과에서 관세 장벽의 제거 효과에 대한 설명으로 올바르지 않은 것은?

① 관세 면제의 특권과 면세품의 자유로운 반출입을 가능케 함으로써 물류 · 유통을 촉진

② 통관 절차에 소요되는 시간 손실과 인건비 부담을 제거함으로써 화물의 흐름을 신속하게 함

③ 지대 내에서 관세가 면제된 상태에서 장기간 물품 장치, 외국물품의 조립, 혼합, 가공, 제조 등을 인정함으로써 수출입 거점으로서 역할 수행

④ 해외 투자 기업 및 다국적 기업을 유치함으로써 자본의 유입이 가능

⑤ 항만 및 인접 내륙 지역 및 특정 지역을 비관세 지역화함으로써 화물의 자유로운 이동을 가능케 하고, 중계무역을 촉진하여 국제무역 및 국제교류 효과를 증진

해설 | 자본 형성 효과에 대한 설명이다. 답 ④

13. 컨테이너 터미널의 마샬링 야드(Marshalling Yard)에 대한 설명으로 옳은 것은?

① 항만에 있어서 본선 안벽의 바로 배후에 있는 부분으로 컨테이너 하역장비가 설치된 곳이다.

② 컨테이너 터미널 내에 있는 여러 종류의 하역기기를 수리, 점검하는 장소를 말한다.

③ 컨테이너 1개를 채울 수 없는 소량화물을 보관하거나 컨테이너에 적입하는 장소를 말한다.

④ 컨테이니 터미널 진세를 동제하고 운영하는 중앙 동제실을 밀한다.

⑤ 선적해야 할 컨테이너를 하역 순서대로 정렬해 두거나 양화된 컨테이너를 배치해 놓은 장소를 말한다.

해설 | ① Apron(에이프런), ② Maintenance shop, ③ CFS, ④ 통제탑에 대한 설명이다. 답 ⑤

14. 부두직통관제도의 장점이 아닌 것은 ?

① 항만통계의 통일화

② 통관소요시간 단축

③ 화물운송상의 효율성 제고

④ 도로파손, 소음공해 등 사회적 비용의 절감

⑤ 물류비용의 절감

해설 | ①은 항만관리의 제도적 변화에서 항만 협력의 국제화 증대와 관련된 내용이다. 답 ①

15. 항만공사제 도입시 기대효과가 아닌 것은?

① 항만관리운영상의 효율성 제고

② 항만공사제가 도입되면 지방자치단체 및 항만이용자가 정책결정에 참여함으로써 항만정책의 민주성과 투명성이 강화될 것이다.

③ 국가적 관점의 항만정책과 지방적 관점의 도시정책이 조화를 이룸으로써 균형적 항만개발이 가능해질 것이다.

④ 항만공사제가 도입되면 항만 관리기능의 지방 분권화 및 민영화가 가속될 것이다.

⑤ 적극적인 항만투자가 실현될 것이다.

해설 | ④는 항만관리의 제도적 변화에서 항만 목표의 개편과 관련된 내용이다. 답 ④

16. 관세자유지역의 부수기능에 속하지 않는 것은?

① 인재연수기능

② 위락기능

③ 업무지원 및 공공서비스 기능

④ 거래기능

⑤ 교류기능

해설 | ④는 기본기능에 대한 설명이다. 답 ④

17. 지주항을 이루기 위한 조건으로 올바르지 않은 것은?

① 효율성에 관심을 가지는 자유주의적인 환경이어야 한다.

② 항만 노조측에서의 장애요인이 없어야 한다.

③ 물동량이 상당 수준 이상이어야 한다.

④ 일원적인 항만정비 및 관리가 가능해야 한다.

⑤ 전문기술, 의욕, 자본을 갖고 시설을 운영할 수 있는 투자자, 선박회사, 하역업체가 존재해야 한다.

해설 | ④는 도구항의 장점에 대한 설명이다. 답 ④

18. 다음은 관세자유지역의 효과 중 무엇에 대한 설명인가?

> – 내외국인을 불문하고 자유로운 투자 및 영업 환경을 조성
> – 해외 투자 기업 및 다국적 기업을 유치함으로써 자본의 유입이 가능

① 자본형성효과 ② 기술이전효과
③ 고용창출효과 ④ 관세 장벽의 제거 효과
⑤ 외부경제효과

해설 | 상기의 설명은 자본형성효과에 대한 것이다. 답 ①

19. 관세자유지역(Free Trade Zone)에 대한 설명으로 올바르지 않은 것은?

① 우리나라는 1995년 12월 국제물류기지 육성을 위한 관세자유지역의 지정 및 운영에 관한 법률을 제정하였다.
② 국가의 관세선 외측에 위치한 공간으로서 수입물품에 대해 수량제약, 관세 및 물품세, 외항통제, 국내 소비자 보호를 위한 규제 등을 면제받고, 화물의 반출입 및 중계 등을 자유롭게 수행할 수 있는 법적 · 지리적 경제활동 특구를 의미한다.
③ 반출입 외국화물에 대해 관세행정과 통제(관세장벽)로부터 제외시켜 물류촉진, 중계 및 위탁무역의 촉진, 고용 및 물류 부가가치 창출, 외국자본유치 및 기술이전, 지역경제 활성화 등이 주목적이다.
④ 관세자유지역은 자유로운 경제활동을 수행할 수 있는 독립적인 비관세영역이다.
⑤ 지대내 반입물품의 장치 · 보관 · 분류 · 환적 등의 기본적인 물류기능, 제조 · 가공 · 조립 등의 생산기능 외에 무역 · 보험 · 법률서비스 등의 부수적 기능 등 다양한 기능을 수행하고 있다.

해설 | 우리나라는 1999년 12월에 법률로 제정되었다. 답 ①

20. 관세자유지역의 기본 기능 유형에 속하지 않는 것은?

① 물류기능 ② 제품조정기능
③ 교류기능 ④ 정보전달기능
⑤ 생산기능

해설 | ③은 부수기능에 대한 설명이다. 답 ③

21. 지주항에 대한 설명으로 올바르지 않은 것은?

① 항만관리자는 임차인의 항만운영 활동에 참여하지 않는다.
② 로테르담항, 뉴욕항, 앤트워프항 등 구미지역 대부분의 선진항만과 일본의 일부항이 여기에 속한다.

③ 항만의 기본시설뿐만 아니라 화물의 조작에 필요한 하역시설조차도 항만관리주체가 제공하고 있다.
④ 도선 서비스는 일반적으로 설정된 한계 톤수 이상의 선박에 대해서는 강제적이며 대부분 독립조직에 의해 수행된다.
⑤ 상황에 따라 항만관리주체의 기능과 책임을 이양하는 것이 더 합리적인 경우도 있다.

해설 | ③은 도구항에 대한 설명이다. 답 ③

22. 선박을 접안 계류하여 화물의 하역과 여객의 승하선을 용이하게 만든 목재, 철재, 혹은 콘크리트로 이루어진 교량형 구조물을 무엇이라고 하는가?
① 캡스탄(Capstan)
② 계선주(Bitt, Mooring Post, Bollard)
③ 펜더(Fender)
④ 잔교
⑤ 상옥(Transit Shed)

해설 | 배를 접안(接岸)시키기 위해 물가에 만들어진 계선시설 답 ④

23. 관세자유지역의 생성과 발전에 대한 설명으로 올바르지 않은 것은?
① 관세자유지역은 B.C. 2000년경 페니키아에 설치된 자유중계항에서 유래하여 1547년 이탈리아 리보르노항의 자유항 지정을 계기로 본격화되었다.
② 근대적 의미의 관세자유지역은 1888년 함부르크에서 조성되었다.
③ 현대적 의미의 관세자유지역 개념은 1954년 뉴욕 외국무역지대(Foreign Trade Zone)가 조성되었으며 뉴욕 외국자유지대의 성공으로 오늘날 전 세계 500여 개 지역으로 확산되었다.
④ Free Zone 또는 Free Trade Zone이라 불리는 관세자유지역은 미국, 유럽, 싱가포르 등 선진국은 물론 중국을 비롯한 개도국을 포함하여 설치되지 않은 국가가 별로 없을 정도이다.
⑤ 싱가포르는 기존의 자유항 제도를 포기하고 1969년 관세자유지역법을 제정하여 관세자유지역을 도입하였다.

해설 | 현대적 의미의 관세자유지역 개념은 1936년 정립 답 ③

24. 다음 중 컨테이너 터미널에서 주로 선박에 적·양하가 이루어지는 구역은 어디인가?
① 게이트 ② 에이프런
③ 마샬링 야드 ④ 컨테이너 야드
⑤ 컨트롤 센터

해설 | 안벽에 접한 야드 부분에 일정한 폭으로 나란히 뻗어 있는 공간으로서 컨테이너의 적재와 양륙작업을 위하여 임시로 하치하거나, 크레인이 통과주행을 할 수 있도록 레일을 설치하는 곳이다. 답 ②

25. 관세자유지역의 입지조건에 대한 설명으로 올바르지 않은 것은?

① 관세자유지역의 입지 및 시설요건은 항만 · 공항 또는 인접지역이어야 한다.
② 철도, 도로, 연관 수송과의 배후 수송망이 양호한 지역에 위치해야 한다.
③ 지리적으로 국제물류거점, 외국인투자, 시장개척이 유리한 지역이어야 한다.
④ 일정 규모이상의 면적이나 확장가능면적이 충분한 지역으로 CIQ 관리측면을 고려하여 외부와 가급적 거리가 가까워야 한다.
⑤ 허브항 또는 국제물류거점지역의 경우 내륙의 특정지역을 포함하여 관세자유지역으로 기능제고가 가능한 지역이어야 한다.

해설 | CIQ 관리측면을 고려하면 외부와 가급적 거리가 있는 것이 좋다. 답 ④

26. 항만의 경쟁력을 결정하는 요인이 아닌 것은?

① 입지 ② 비용
③ 규모 ④ 관리운영형태
⑤ 서비스

해설 | 항만의 경쟁력 결정 요인: 입지, 시설, 비용, 서비스, 관리운영형태, 물동량 답 ③

27. 관세자유지역의 효과가 아닌 것은?

① 고용창출효과 ② 생산유발효과
③ 자본형성효과 ④ 외부경제효과
⑤ 기술이전효과

해설 | 관세자유지역의 효과로는 관세장벽의 제거 효과, 자본형성효과, 기술이전효과, 고용창출효과, 외부경제효과가 있다. 답 ②

28. 효율적인 항만관리를 위한 항만개발 및 경영형태로의 전환이 필요한 이유가 아닌 것은?

① 국가적 관점의 항만정책과 지방적 관점의 도시정책이 조화를 이룸으로써 균형적 항만개발이 가능해질 것이라는 점
② 항만의 주인공은 그 항만과 가장 가까운 이해관계를 갖고 개발에 정열과 애정을 갖고 있는 지역주민이라는 점
③ 항만 이용자에게 필요한 항만시설의 확충과 지역경제의 개발에 필요한 소요자금의 조달을 민간자금의 도입으로 해결할 수 있다는 점
④ 경영능률의 향상을 위하여 유능한 민간경영능력을 항만개발 및 운영에 참가시킴으로써 항만투자 및 경영의 활성화를 도모할 수 있다는 점

⑤ 이러한 효과가 종합됨으로써 항만 전체의 크나큰 효과를 기대할 수 있다는 점

해설 | ①은 항만공사제 도입시 기대효과에 대한 설명이다. 답 ①

29. 견인되는 부선을 이용하여 항내 적소 또는 인근항까지 운항함으로써 안벽사용이 필요 없고, 하역시간이 단축되며, 하천 및 수로를 통하여 오지까지 직접운송이 가능하여 항만의 혼잡을 덜고 창고의 작업능률을 향상시킨다는 장점 때문에 유럽에서는 단거리 운송에 많이 이용되고 있는 운송수단은?

① Semi-container Ship
② Bulk Carrier Ship
③ Barge Carrier Ship
④ Conventional Ship
⑤ Full-container Ship

해설 | 바지는 용도에 따라 바지와 라이터(lighter)로 구별된다. 두 지점 사이에서 화물을 운반하는 배를 바지, 항내에 대형선이 접안(接岸)할 수 없는 경우 등에 화물을 싣고 내리기 위해 본선(本船) 옆에 대는 배를 라이터라고 한다. 답 ③

30. 컨테이너 보관 및 하역과 직접 관련이 없는 것은?

① 트랜스테이너
② 스트래들 캐리어
③ CY
④ AS/RS
⑤ 샤시

해설 | 보관선반의 역할 AR/RS는 보관/출고(S/R) 기계에 의해 운반되는 일련의 보관 통로로 구성되며 대개 한 통로당 한 대의 S/R 기계가 배치된다. 답 ④

31. 부두컨테이너 터미널에서 동일 목적지로 향하는 여러 송화인의 소량화물 혼재작업이 이루어지며, 주로 LCL 화물이 조작되는 창고형 작업장은?

① CFS
② ICD(Inland Container Depot)
③ On-Dock CY
④ Off-Dock CY
⑤ 상옥

해설 | Container Freight Station. CNTR 집결 또는 혼재를 행하는 시설, 혹은 LCL 화물을 가리키는 것이기도 하다. 답 ①

32. 항만내 일반잡화 중 규격화물의 하역에 대한 설명이다. 다음 중 맞지 않는 것은?

① 규격화물에는 팔레트 화물, 플레스링 등이 속한다.
② 통상 데릭(Derrick)의 끝에 매달린 훅(Hook)에 규격화물을 연결하며 하역한다.
③ 선내에서 화물이동은 페이로더에 의해 이루어진다.
④ 육상에서도 규격화물을 운반구에 싣거나 내리는 작업이 필요하다.
⑤ 통상 육상작업 인원이 선내작업 인원보다 적다.

해설 | 페이로더는 건설장비로 화물이동에는 적합하지 않다. 답 ③

33. 항만운송사업법령상 항만운송 사업자 또는 항만운송 관련사업자가 타 항만에서 일시적 영업행위를 할 수 있는 경우에 해당하지 않는 것은?

① 항만운송 사업자 또는 항만운송 관련사업자의 계약자가 다른 항만에서 이용을 요청한 경우
② 물품의 특성, 운반시간 등으로 인하여 선박의 수요를 적절한 시기에 충족시키기 곤란한 경우
③ 동일한 사업을 수행하는 사업자가 해당 항만에 없는 경우
④ 동일한 사업을 수행하는 사업자가 행정처분 등으로 인하여 일시적으로 사업을 수행할 수 없게 된 경우
⑤ 사업의 성질상 해당 항만의 사업자가 그 사업을 수행할 수 없는 경우

해설 | 제14조 (타항만 일시적영업행위) ①법 제27조의2제1항에서 "대통령령이 정하는 부득이한 사유"라 함은 다음 각호의 1에 해당하는 경우를 말한다. [개정 2003.11.11.]

1. 동일한 사업을 수행하는 사업자가 해당 항만에 없거나 행정처분 등으로 인하여 일시적으로 사업을 수행할 수 없게 된 경우
2. 사업의 성질상 해당 항만의 사업자가 그 사업을 수행할 수 없는 경우
3. 삭제 [2003.11.11.]

② 항만운송사업자 또는 항만운송관련사업자가 법 제27조의2의 규정에 따라 등록하지 아니한 항만에서 일시적영업행위의 신고를 하고자 하는 때에는 해양수산부령이 정하는 바에 따라 영업기간 등을 명시한 서면으로 하여야 한다. [신설 2003.11.11.]

③ 법 제27조의2의 규정에 의하여 등록을 하지 아니한 항만에서 일시적으로 영업행위를 하기 위하여 신고한 항만운송사업자 또는 항만운송관련사업자는 그 신고한 내용에 부합되도록 영업행위를 하여야 한다. [개정 99.5.27, 2003.11.11.] 답 ①

34. 항만운송사업법령상 등록제 사업이 아닌 것은?

① 항만용역업
② 항만하역사업
③ 선박급유업
④ 물품공급업
⑤ 컨테이너수리업

해설 | 물품공급업은 1999년 등록제에서 신고제로 전환되었다. 답 ④

단답식 연습문제

1. 자유로운 경제활동을 수행할 수 있는 독립적인 비관세영역으로서, 지대내 반입물품의 장치·보관·분류·환적 등의 기본적인 물류기능, 제조·가공·조립 등의 생산기능 외에 무역·보험·법률서비스 등의 부수적 기능 등 다양한 기능을 수행하고 있는 장소를 지칭하는 용어는?

답 관세자유지역(Free Trade Zone)

2. 항만관리주체가 기본시설, 하부시설 및 기능시설뿐만 아니라 화물 처리 서비스 및 관련 서비스도 동시에 제공하는 유형의 개발 및 관리 형태는?

답 운영항

3. 중간창고라고도 하며 안벽, 잔교, 양륙장 등에 있어서 운송작업과 보관작업 사이에 중간작업을 하는 장소는?

답 상옥

4. 관세자유지역의 기본 기능 유형에는 어떠한 것들이 있는가?(3가지 이상 답할 것)

답 물류기능, 물류촉진기능, 생산기능, 거래기능

5. 항만 내에서 화물의 하역과 여객의 승하선을 위한 여러 가지 구조물을 총칭하는 것은?

답 부두(Wharf)

6. 기업경영원리에 입각한 항만관리체제를 확립하여 항만의 국제경쟁력을 제고하고 지자체와 민간의 요구를 반영하여 균형 있고 효율적인 항만관리체계는 무엇인가?

답 항만공사(Port Authority) 제도

7. 항만의 기본시설뿐만 아니라 화물의 조작에 필요한 하역시설조차도 항만관리주체가 제공하고 민간기업의 참여가 지주항과 비교하면 제한되어 있는 항만의 개발 및 관리 형태는?

답 도구항

8. 화물의 하역, 여객의 승하선이 직접 이루어지는 구조물로서 선박이 접안할 수 있도록 육상 높이와 같이 해저에서 수직으로 구축된 일종의 벽과 그 부속물을 총칭하는 것은?

답 안벽(Quay)

9. 수출입 컨테이너 화물을 부두 밖 장치장을 경유하지 않고 부두에서 직접 수출입통관을 하거나 보세운송신고를 수리하는 제도는?

답 부두직통관제도

10. 항만의 생산성을 향상할 목적으로 선박회사, 하역회사 등의 민간기업이 일정 기간동안 임대받아 전담 운영하는 제도는 무엇인가?

답 부두운영회사(TOC, Terminal Operation Company) 제도

주관식 연습문제

1. 선사의 입장에서 컨테이너선의 운항비를 절감하기 위해 총 재항 시간을 단축하지 않으면 안 된다. 이때 연간 운항 회전율을 높이기 위해 선사가 취할 수 있는 기본적 방법에 대해서 서술하시오.

① 선박 재항시간의 단축화: 이에 대한 개선방법으로서는 해륙을 연결하기 위한 기능의 정비를 위시해 차별화할 수 있는 경영 노하우가 필요하고, 시간의 단축이 가능한 항만을 선사, 하주가 선택하는 것이다.
② 기항항의 집약화: 필요 이상의 다수항 기항을 피하고 가능한 한 피더 서비스를 활용함으로써 모선의 직접 기항 수를 삭감하는 것이다.

2. 해상운송 합리화를 위한 주요 제도에 대해서 기술하시오.

① 부두운영회사제도: 항만의 생산성을 향상할 목적으로 선박회사, 하역회사 등의 민간기업이 일정 기간 동안 임대받아 전담 운영하는 제도
② 부두직통관제도: 수출입 컨테이너화물을 부두밖 장치장을 경유하지 않고 부두에서 직접 수출입통관을 하거나 보세운송신고를 수리하는 제도
③ 항만공사제도: 기업경영원리에 입각한 항만관리체제를 확립하여 항만의 국제경쟁력을 제고하고 지자체와 민간의 요구를 반영하여 균형 있고 효율적인 항만관리체계

3. 지주항의 장단점에 대해서 기술하시오.

장점
– 민간기업이 Terminal Operator가 되어 터미널 시설의 효율성 제고를 위해 각종 기능시설과 부대시설을 스스로 정비하므로 항만관리주체는 이러한 시설에 대한 투자를 절약할 수 있다.
– 항만의 민영화를 대표하고 있다.
– 일상적인 항만운영 문제로부터 완전히 해방되며 당해 항만의 종합적인 관리와 장래계획의 수립 및 민간기업에 대한 감독 등 전략적인 의사결정에 대해서만 깊이 고려하면 된다.

단점
– 민간의 책임이 많으면 공공성에 대한 문제가 제기될 수 있다.

III. 읽을거리

한일 더블넘버 트레일러 상호주행

- 양국 차량 번호판 동시 부착
- 천일화물 등 통관 대폭 단축
- 지역 車부품 수출 증가 기대
- 일본 기업은 부산 진출 모색

한국과 일본의 바닷길을 잇는 물류 혁명이 본격화되었다. 한 대의 트레일러에 양국 차량 번호판을 동시 부착, 국경을 넘어 그대로 달리는 '더블넘버 물류제도'가 시범 시행에 들어가면서 부산이 물류중심지로 부상하고 있다. 일본 내륙 수송보다 부산에서 규슈지역으로 물건을 수송하는 비용이 저렴해지면 부산으로의 진출을 모색하는 일본 기업도 있다.

천일정기화물자동차는 29일 부산 강서구에 있는 C&S국제물류센터에서 '한일 더블넘버 트레일러 상호주행' 기념식을 열었다.

지난 7월 양국 정부에 의해 합의된 이 물류제도는 부품을 트레일러째 배에 실어 나르는 방식이다. 한국 부품을 적재한 트레일러가 양국 번호판을 달고 부산-시모노세키 간 배로 대한해협을 건넌 뒤 일본 내 도로를 달리게 된다.

지금까지는 특수 차량을 제외하곤 일반 화물차는 상대국 도로를 달릴 수 없었다. 때문에 부산항에서 컨테이너형태로 화물선에 옮겨 실은 뒤 일본 항구에서 다른 트럭에 옮겨 실어야 했다. 하지만 더블넘버 물류 제도 도입으로 옮겨 싣거나 내릴 필요가 없어 물류통관속도가 기존 45일에서 6일로 빨라지고 비용도 대폭 절감할 수 있게 됐다. 한국의 부품공장에서 일본의 공장으로 사실상 직행하는 셈이다. 시범사업자로 한국에서는 천일정기화물자동차가, 일본에서는 일본통운이 지정돼 총 4대가 운행된다.

한일 간 물류 혁신으로 부산 · 경남지역 자동차 부품 업계의 대일 수출물량이 증가하고 부산신항 배후지에 한국과 일본 물류업체들의 진출이 늘어날 것으로 기대된다. 일본 닛산자동차의 경우 요코하마에서 규슈 공장까지 300km 이상의 거리지만 부산항에서는 200km 미만이라 부산에서 부품을 납품하는 업체들이 많다.

일본 닛산자동차에 부품을 공급하고 있는 게스템프카테크 정병길 대표는 "일본 내 트럭 운송비보다 한국에서 배를 이용해 자동차 부품을 가져가는 게 품질면이나 물류비에서 유리해져 한국 부품을 이용하는 일본업체가 늘 것으로 기대된다"고 밝혔다.

일본 혼다자동차도 한국지사에 부품구매부를 만들어 일본 내 수송 시 이 시스템을 이용할 것으로 전망된다. 또 토요타자동차도 한국 내 부품을 일본으로 반입하기 위해 지역 유통업체에 문의를 한 것으로 알려져 부산이 자동차 부품 생산 · 수출 기지로 자리잡을 것으로 기대된다.

지리적으로 가깝고 물류시스템이 잘 갖춰진 데다 산업인프라가 풍부한 부산지역으로 진출을 모색하는 일본 기업도 2~3곳이 있다.

(국제신문, 2013-05-29) 이은정 기자 ejlee@kookje.co.kr

생각해 봅시다

1. 한 · 일 간 해상운송 루트에 대해 조사해 봅시다.
2. 2011년 3월 11일의 동일본 대지진에 따른 일본 물류시스템의 변화, 물류센터의 부산 이전과 함께 막힘없는 한 · 일 간 물류의 이슈에 대해 생각해 봅시다.

제10장

공항

제10장

공항

I. 중요내용 핵심요약

출제경향 예상분석

- 공항의 특성
- 허브 공항의 성립 요건
- 허브 공항 간 경쟁
- 기업적 콘셉트으로의 공항

1. 공항의 특성과 공항 간 경쟁

(1) 공항의 특성

항공기가 이 · 착륙하고, 항공 화물의 집적과 탑재 및 하역 등이 집중적으로 이루어지는 공항은 항공운송의 중심지로서 입지적인 요건과 기술적인 요건 등을 기본적으로 갖추어야 하며 이런 특성으로 인하여 다른 시설과는 차별화되고 있다. 또한, 항만과 더불어 건설 및 관리에 막대한 예산이 소요되는 국가 기반 산업으로서 국가적인 차원에서 관리되는 경향이 높다.

핵심 *Note*

▶ 입지적 요건: 공항의 입지는 크게 다음과 같은 항목에 의하여 좌우된다.
① 바람, 안개, 눈 등의 자연적 조건
② 공항과 그 세력권, 즉 배후권의 존재
③ 근린 공항의 입지와 그것이 제공하는 서비스의 정도

▶ 기술적 요건: 항공 운송에 필요한 공항시설(airport facilities), 항공로(airway)와 이것을 운용할 수 있는 항공종사자가 필요하다.

(2) 공항 간의 경쟁

신제품의 시장개척과 재고조정 등으로 인하여 '시간적 가치'가 점차 중요시되고 있으며 이런 경향은 해상운송에서 항공운송으로의 운송수단이 이동을 초래시키고 있다. 즉, 시장 환경의 변화가 항공화물에 대한 수요를 비약적으로 상승시키는 요인으로 작용하여 공항 간 경쟁이 야기되었다. 최근 공항 간 경쟁이 증대한 배경은 다음과 같다.

① 공항선택의 폭 증가

미국 주도의 영공 자유화(open sky)가 확대되고, 유럽항공시장의 단일화, 남미지역 항공시장의 자유화 등으로 인하여 항공사들의 공항선택 자유화 폭이 넓어지게 되었고, 공항들은 항공사를 유치하기 위해 공항을 포함한 항공 인프라 서비스를 확대할 필요성에 직면하고 있다.

② 지방 중소 공항들의 사업기회 확대

저가 항공사와 지역 항공사의 급격한 성장과 더불어 주요 허브 공항들의 혼잡 등의 이유로 많은 항공사들은 주위의 다른 공항들에게로 시선을 돌리고 있으며, 시장의 요구를 수용하기 위하여 지방 중소 공항들은 시설 확장 및 개선, 서비스 확충을 위한 투자를 늘리고 있다.

③ 국가 간 경쟁적인 초대형 공항건설

물류에 대한 관심도와 항공 운송에 대한 수요가 급속도로 증가함에 따라 수요를 충족시키기 위하여 초대형 공항이 건설되고 있다. 그러나 이런 경향은 국가 간 또는 공항 간의 경쟁을 더욱 가열시키고 있다. 현재 중국의 베이징, 상하이 공항, 대만의 CKS, 카오슝 공항, 일본의 나리타, 간사이 공항 등을 우리나라 인천 공항의 경쟁 공항이라고 볼 수 있다.

핵심 *Note*

- ▶ Open Sky: 당사국 간 취항 항공사 수와 노선, 횟수 등에 제한 없이 자유롭게 항공 운송을 보장하는 협정으로, 저가 항공사들이 급속하게 성장할 수 있는 배경이 되기도 하였다.
- ▶ Secondly Airport: Region Airport라고도 하는 지방의 중소 공항 및 허브 공항의 서브 공항으로서 허브 공항의 포화와 저가 항공사의 성장으로 인하여 활용도를 점차 높이고 있다.

2. 대규모 허브 공항의 성립 조건

일반 공항이 허브 공항으로 발달하는 데에는 공항을 사용하는 항공 회사 및 운송 회사의 증가와 노선들을 연결해서 환승하는 이용객의 증가와 관계있으므로 그 수요를 확보하기 위한 공항 간의 경쟁이 점차 치열해지고 있다.

(1) 기본적 성립 조건

허브 공항의 파라미터, 즉 지속적으로 사용하는 이용객과 화물량을 설명하는 요인으로 해당 공항의 노선수, 편수 등의 수요 요인, 혼잡도, 승계 시설, 가격 체계 등과 같은 마케팅 정책과 정비 상황, 지리적 위치 등의 물리적 조건 이외에 항공대책과 공항정비 제도 등의 제도적 요인을 들 수 있다. 그 중에서 가장 중요한 요인은 노선수와 편수가 포함된 수요 요인으로 일정량 이상의 노선과 편수는 그것과 비례한 여객 · 화물 수요 확보가 가능하게 하여 허브 공항으로의 역할을 수행할 수 있으나 터미널 수요의 크기에 의존하는 경향이 있다.

(2) 기타 경제적 · 기술적 조건

허브 공항의 주요한 성립 요건으로 터미널 수요를 들 수 있으나, 이 요건에 큰 차이가 없을 경우에는 경제적 · 기술적 요인으로 다음과 같은 사항을 유의해야 한다.

- 지리적 유리성
- 직항편과의 경쟁
- 공항의 마케팅 정책
- 핵심 항공사의 존재
- 국내와 국제의 일체화
- 육상 스포크에 대한 배려
- 이미 설립된 허브의 혼잡

핵심 Note

- 허브 공항의 주요 성립 요건: 허브 공항이 성립하는 가장 중요한 요건으로 일정량 이상의 노선과 환승객을 수용할 수 있는 터미널 수요를 들 수 있으며, 그 이외에는 각 공항의 지리적 · 경제적 조건이 있다.
- 허브 공항의 관리 시스템: Hub & Spoke 시스템을 중심으로 관리가 되며, 공항들은 대규모 항공사와 항공 운송업체를 확보함으로써 수요를 충족시키고 있다.
- Hub & Spoke 시스템: 허브 공항의 주요 항로를 기간항로와 지선(feeder)항로로 구성하여 항로의 체계가 마치 자전거 바퀴 중심의 바퀴통(Hub)과 바퀴살(Spoke)과 같다 하여, Hub & Spoke 시스템이라 불리게 되었고, 기간항로와 피더항로를 연결하는 중심공항을 허브 공항이라고 한다.

3. 기업적 콘셉트의 공항

(1) 공항의 변화

시장 환경의 변화로 인하여 국가기반시설로서의 공항의 역할에서 벗어나 민간자본으로 운영되는 공항이 늘고 있다. 이것은 단순운송형태(mono-modal)에서 복합운송형태 중심(multimodal hub) 또는 다목적기업 형태로 발전하고 있는 것으로 기존의 전통적인 공항의 기능 외에 다양한 수요를 충족시키고 새로운 가치사업의 창출로 공항의 수익성을 향상시켜 공항을 하나의 기업으로 보고 경영을 하는 경향이 나타나고 있다. 또한 공항과 지역산업 간 연계를 통하여 지역 산업 발전과 다양한 서비스를 제공하여 지역사회 발전을 위한 하나의 방법이 되기도 한다.

(2) 공항의 발전방향

① 단일운송에서 복합운송의 중심으로 발전

전통적인 공항 사업인 항공관련 수입만으로는 새로운 시장 환경 대처에 한계가 있음을 확인하여 신공항 건설과 서비스 확장 등을 통하여 복합운송을 중심으로 한 수송형태의 다양화로 새로운 이익 창출을 위한 노력이 시도되고 있다.

② 상업공항으로의 발전

이전의 공항은 교통 인프라의 하나로 간주되었으나 현재의 공항은 이를 넘어 부동산 개발, 상가 개발 및 운영, 물류창고 운영, 기타 공항관련 서비스를 포함하는 복합적인 클러스터(cluster)의 역할을 수행하고 있다. 또한 각국 정부는 공항 상업화의 필요성을 인식하여 민간의 참여를 넓히고 있으며, 민영화 · 상업화를 통하여 공항시설 정비 및 서비스 확대를 추진하고 있다. 새롭게 발전하는 공항에는 다음과 같은 활동들이 추가될 수 있다.

- 상업적 서비스
- 관광객 서비스
- 회의 서비스
- 물류 서비스

핵심 *Note*

- ▶ 복합운송방식: 복합운송은 기존의 단일운송방식에서 벗어나 상품의 특성에 따라 2개 이상의 복합적인 운송시스템을 사용하는 것으로 Sea & Air와 같이 해상과 항공을 연결하는 운송방식을 통칭하는 것이다.
- ▶ 기업적 콘셉트의 공항: 시장 환경의 변화와 운송 시스템의 발전으로 인하여 기존의 기반산업으로서의 모습에서 벗어나 다양한 형태의 시설을 갖춘 기업적 공항으로 성장하고 있다.

제10장

공항

II. 핵심문제 및 예상문제

출제포인트

- 공항의 형태
- 허브 공항의 성립 요건
- 지방 중소 공항의 운영방식

객관식 연습문제

1. 다음 운송 요소 중 Node에 해당하는 것은?

① 철도 ② 주유소
③ 공항 ④ 파이프라인
⑤ 정류장

해설 | Node는 화물이 집결되는 장소를 말한다. 따라서 공항, 항만, 화물터미널, 물류센터, 생산공장 등이 Node가 된다. 답 ③

2. 최근 항공운송이 성장하게 된 배경이 아닌 것은?

① Narrow-body 항공기의 도입 ② 항공 규제의 완화
③ 기업의 적정 재고정책 ④ 항공에 의한 정시배달 선호
⑤ 항공화물의 컨테이너화

해설 | Narrow-body(협동형)가 아닌 Wide-body(광동형) 항공기의 도입으로 늘어난 승객 수용이 가능해졌다. 답 ①

3. 다음 설명 중 항공운송에 대한 설명으로 옳지 않은 것은?

① 운항구간에서의 운송물량수요에 따라 운임이 탄력적으로 결정된다.
② 운송단가가 다른 운송수단에 비하여 매우 높다.
③ 상품가격이 높고 부가가치가 높은 소형, 소량의 화물운송에 주로 이용한다.
④ 기후에 영향을 많이 받는다.
⑤ 운송의 안전을 위해 화물에 대한 통제가 매우 엄격하다.

해설 | 항공운송은 부가가치가 높고 소형, 소량의 화물 운송뿐만 아니라 신속하고 안전한 운송이 요구되는 화물에 대한 운송수요가 더 높아지고 있다. 답 ③

4. 다음 중 항공운송시장의 성장배경으로 적절하지 못한 것은?

① 기업환경의 변화
② 재고감축
③ 고객서비스 증대
④ 공급사슬관리
⑤ 글로벌화로 인한 운송수요의 증가

해설 | 재고감축과 시장의 성장과는 크게 차이가 없다. 다만 재고를 감축하여 기업측면에서의 수익창출과 관련된 물류합리화에는 관련이 있다. 답 ②

5. 다음 중 최근에 항공운송이 증대하게 된 배경으로 거리가 가장 먼 것은?

① 항공기의 대형화는 적재량의 증가 및 운임 인하를 가져왔다.
② 기술 발달로 인한 스케줄 시스템이 최적화되었다.
③ 항공화물 터미널의 확충 및 전문성이 고조되었다.
④ 운송화물이 고부가가치화되었으며, 급송화물이 증가하고 있다.
⑤ 국제적 분업화보다 집중화가 가속되고 있다.

해설 | 최근 시장 환경을 살펴보면 국제적 분업화를 통한 물류 합리화가 가속화되고 있다. 답 ⑤

6. 허브 공항으로서 갖춰야 할 중요한 경제적, 기술적 요소로서 가장 거리가 먼 것은?

① 지정학적으로 유리한 위치에 있어 주변지역과 네트워크 구축이 용이하여야 한다.
② Hub & Spokes System이 잘 구축되어 있어 직항편뿐만 아니라 환승고객들도 이용하기 편리하여야 한다.
③ 공항의 적극적이고 효과적인 마케팅 전략과 활동이 중요하다.
④ 핵심 항공사가 존재하지 않고 노선수와 편수가 많지 않은 다수의 많은 항공사만 기항하면 허브공항으로 발전할 가능성이 높다.
⑤ 국내노선과 국제노선이 동시에 발달되어 있어야 하며, 항공노선 외에 육상 및 해상 네트워크도 잘 갖춰져야 한다.

해설 | 허브 공항은 노선수와 편수가 많은 대형 항공사들이 기항하는 공항이라고 볼 수 있다. 답 ④

7. 최근 공항이 상업공항으로 발전하고 있는데, 상업공항이 가지는 서비스가 아닌 것은 무엇인가?

① 상업적 서비스
② 관광객 서비스
③ 회의 서비스
④ 물류 서비스
⑤ 테마파크 서비스

해설 | 테마파크 서비스가 상업적인 시설이긴 하나 상업공항이 가지는 서비스는 아니다. 답 ⑤

8. 다음 물류시설 중 항공기의 이 · 착륙, 여객의 탑승 및 하기, 화물의 집적과 상 · 하역 등이 집중적으로 이루어지는 항공운송의 중심지는 무엇인가?

① 공항 ② 관제탑
③ 화물터미널 ④ 여객터미널
⑤ 컨테이너 터미널

해설 | 항공운송의 중심지로 항공화물을 다루는 물류시설은 공항이다. 답 ①

9. 공항이 가지고 있는 기본 시설이 아닌 것은 무엇인가?

① 활주로 ② 유도로
③ 여객터미널 ④ 화물터미널
⑤ CY

해설 | CY, Container Terminal은 항만의 구성 시설이다. 답 ⑤

10. 다음 중 공항의 특성이라고 볼 수 있는 것은 무엇인가?

① 공(空)과 육(陸)의 결합 ② 해(海)와 육(陸)의 결합
③ 공(空)과 해(海)의 결합 ④ 철로(鐵路)와 공로(空路)의 결합
⑤ 공로(空路)와 해수로(海水路)의 결합

해설 | 공항은 공(空)과 육(陸)의 결합된 결절 서비스를 제공한다. 답 ①

11. 시장 환경이 변화하면서 공항 간의 경쟁이 증대된 배경이 아닌 것은 무엇인가?

① 글로벌화를 통한 관광 수요의 증가 ② 지방 중소 공항들의 사업 기회 확대
③ 국가 간 경쟁적인 초대형 공항 건설 ④ 물류시스템의 통일화
⑤ 오픈스카이 정책

해설 | 물류시스템의 통일화는 물류합리화와 관련이 있다. 답 ④

12. 공항의 기능을 갖추기 위해 확보해야 하는 시설이 아닌 것은 무엇인가?

① 화물처리시설 ② 관제탑
③ 항공기의 정비시설 ④ 항공기 급유시설
⑤ 항만과의 연계 서비스 시설

해설 | 항만과의 연계 서비스는 특정 공항에만 있는 것으로 공항의 기본적인 기능과는 상관 없다. 답 ⑤

13. 국제항공기구 중 국제민간항공의 안전성 확보와 항공질서 감시를 위하여 설립된 기구로서, 1944년 시카고 조약에 의거 1947년 4월 발족된 유엔 산하의 기구는 무엇인가?

① 국제항공운송협회(IATA)
② 국제운송주선인협회연맹(FIATA)
③ 국제민간항공기구(ICAO)
④ 국제상공회의소(ICC)
⑤ 국제항공운송대리인협회

해설 | ICAO는 세계 항공업계의 정책과 질서를 총괄하는 기구로서 UN 산하 전문기구이다.

답 ③

14. 인천국제공항의 화물터미널은 항공운송 고유업무만을 위한 터미널로 운영되고 있다. 수출화물은 RFC 상태로 입고되는 것을 원칙으로 하는데, RFC는 무엇인가?

① Request For Comments
② Ready For Carriage
③ Ready For Container
④ Red Fit Cargo
⑤ Ready to Fly Cargo

해설 | RFC는 Ready For Carriage, 발송준비로 대리점의 고유업무로서 수출화물 및 관련 서류 등이 작성 완료되어 즉각적인 운송이 가능한 상태를 말한다.

답 ②

15. 공항이 가지는 부대시설이 아닌 것은?

① 소방시설
② 창고시설
③ 유류저장 및 관리시설
④ 유지 · 보수 시설
⑤ 숙박시설

해설 | 숙박시설은 공항이 갖추어야 하는 시설이 아니다.

답 ⑤

16. 허브 공항으로서 갖추어야 할 조건이 아닌 것은?

① 환승의 편리성
② 타 교통 시스템과의 연계성
③ 거대 항공사 유치
④ 경쟁력 있는 공항 사용료
⑤ 관제시설의 첨단화

해설 | 관세시설의 첨단화가 허브 공항의 조건에 들어가지 않는다.

답 ⑤

17. 최근 공항 간 경쟁이 치열해짐에 따라 동북아의 허브 공항들도 경쟁이 심화되고 있는데, 국가와 허브 공항의 연결이 잘못된 것은?

① 홍콩 – 첵랍콕 공항
② 싱가포르 – 창이 공항
③ 중국 – 칸사이 공항
④ 대한민국 – 인천 공항
⑤ 일본 – 나리타 공항

해설 | 칸사이 공항은 일본의 오사카에 위치한 공항이다.

답 ③

18. 기술의 발전으로 인하여 허브 공항도 슈퍼허브 공항이라는 차세대 공항으로 발전이 예견되고 있는데, 슈퍼허브 공항의 조건이 아닌 것은?

① 24시간 운영이 가능해야 한다.
② 항공기 대형화 · 고속화 추세에 따른 인프라를 확보해야 한다.
③ 국제간선항로상에 위치해야 한다.
④ 안정성과 집객력이 있어야 하며 상대적으로 이 · 착륙료가 싸야 한다.
⑤ 항공기 대형화에 따른 선석을 확보해야 한다.

해설 | 선석은 항만 용어이다. 답 ⑤

19. 다음 중 허브 공항의 역할이 아닌 것은?

① 신속하고 효율적인 항공운송의 중심지
② 항공수요를 집결, 분산시키는 기능을 수행
③ 교통량과 연계수요 확보로 인한 경제적 창출 효과
④ 지리적 위치 및 환승의 편의성 제공
⑤ 비싼 공항료와 체제료를 대처하는 서비스 제공

해설 | 저렴한 공항료와 항공사를 보유하는 것이 허브 공항의 역할이다. 답 ⑤

20. 공항 운영에 있어서 RFID의 적용가능성이 가장 적은 부분은?

① 운송업자로부터 화물접수　② 창고보관
③ 화물 분류작업　④ 재고관리
⑤ 세관 수출신고

해설 | 세관 수출을 신고할 때는 RFID를 사용할 필요가 없다. RFID는 화물의 재고 및 유통시의 상태를 파악하기 위해서 사용된다. 답 ⑤

단답식 연습문제

1. 비슷한 업종의 다른 기능을 하는 관련 기업, 기관들이 일정 지역에 무여 있는 것을 말하는 것으로, 즉 연구개발 기능을 담당하는 대학 및 연구소, 생산 기능을 담당하는 대기업 및 중소기업, 각종 지원 기능을 담당하는 벤처캐피탈과 컨설팅 등의 기관이 한 군데에 모여서 정보 지식의 공유를 통한 새로운 지식과 기술의 창출 등의 시너지 효과를 일으키는 지역을 무엇이라고 하는가?

답 클러스터(Cluster)

2. 기간항로와 피더항로로 구성된 컨테이너 항로를 하나의 허브 공항을 중심으로 운영하는 시스템을 무엇이라고 하는가?

답 허브 앤 스포크 시스템(Hub & Spoke system)

3. 항공운송과 육상운송의 접결점으로서 항공화물의 집적과 탑재 및 하역 등이 집중적으로 이루어지는 항공운송의 중심지는 무엇인가?

답 공항(Airport)

4. 항구나 철도 터미널에서 운송화물이나 보관화물에 대하여 행하여지는 화물의 재포장, 분할, 배분, 청소 및 간단한 혼합, 분해, 조립 등을 처리할 수 있는 능력을 총칭하여 무엇이라고 하는가?

답 화물처리능력

5. 당사국 간 취항 항공사 수와 노선, 횟수 등에 제한 없이 자유롭게 항공 운송을 보장하는 협정으로, 저가 항공사들이 급속하게 성장할 수 있는 배경이 되기도 한 항공정책은 무엇인가?

답 항공자유화(Open Sky)

주관식 연습문제

1. 대규모 허브 공항의 성립 요건에는 무엇이 있는지 서술하시오.

허브 공항이 성립하는 가장 중요한 요건에는 일정량 이상의 노선과 환승객을 수용할 수 있는 터미널 수요를 들 수 있으며, 그 이외에는 각 공항의 지리적 · 경제적 조건이 있다.

2. 최근 공항의 성향이 국가기반산업에서 벗어나 기업적 · 상업적 공항으로 변모하고 있는데, 그 이유가 무엇인지 서술하시오.

급속도로 변하는 시장 환경과 고객 성향의 변화로 인하여 공항들은 기존의 전통적인 공항의 기능에서 벗어나 다양한 수요를 충족하고, 새로운 가치사업의 창출로 공항의 수익성을 향상시키기 위해 새로운 성향을 가진 공항으로 변모하고 있다.

Ⅲ. 읽을거리

CJ대한통운-CJ GLS 합병 이후 달라질 물류시장 전망 새로운 시장선도자 출현…후위업체들 경쟁전략 새로 짜야할 듯

이번에 합병하게 되는 CJ대한통운과 CJ GLS는 각각 하드웨어-소프트웨어 측면, 국내-해외 측면에서 상호보완적인 시너지 효과 창출이 가능하다는 평가를 받고 있다.

통합 법인은 양사의 이런 강점을 합쳐 50% 미만에 불과한 우리나라 제3자 물류 시장을 선진국 수준인 70~80%로 끌어올리겠다는 계획이다. 택배부문에서도 통합에 따른 긍정적인 효과가 나타날 것으로 보인다. 기존 대비 더욱 촘촘해진 네트워크와 집배송인력 특히 허브 및 로컬 터미널 통합에 의해 배송 서비스 품질이 더욱 향상되며, 새로운 신규 서비스도 가능해질 전망이다. 택배기사 인력난 해소에도 긍정적인 영향을 미칠 것으로 예상된다.

향후 지속적으로 강화할 방침인 글로벌 물류 부문에서도 시너지 창출이 예상된다. 합병 시 글로벌 물류 네트워크가 17개국 35개 거점으로 더욱 확장된다. 특히 CJ 대한통운이 가진 항만하역, 복합물류, 철도운송, 중량물 육상-해상운송 등 폭넓은 물류사업 포트폴리오와 80여 년 역사의 운영 노하우 등을 접목한다면 해외사업 역

[통합개요]

	CJ 대한통운	CJ GLS	통합법인 (CJ 대한통운)
주식수	22,812,344주	15,803,040주	22,812,344주
자산규모 (2012년 3분기말)	3조 7,852억	1조 5,712억	5조 4,677억
매출(2011년)	2조 5,878억	1조 5,406억	4조 1,284억
영업이익(2011년)	1,228억	407억	1,635억
당기순이익(2011년)	810억	240억	1,050억

량 역시 더욱 강화될 전망이다.

통합기업 규모 차위기업보다 2.5~2.6배 확대 전망

CJ대한통운과 CJ GLS의 통합은 국내 물류시장에서 새로운 시장선도자가 출현했다는 것을 의미한다. 바꿔 말하면 다른 물류기업에게는 새로운 경쟁 환경이 조성된다는 뜻이다. 우선 통합법인의 물류시장 점유율이 증가하고 시장경쟁력도 지금보다 크게 향상될 것이다. 통합 후에는 차위기업보다 단순 예측으로도 규모가 2.5~2.6배 확대될 전망이다.

2011년 자료를 기준으로 통합법인의 시장 지배력을 보면 3자 물류시장의 경우 대한통운의 매출은 2조 2,441억 원으로 2위 (주)한진의 1조 1,919억 원보다 1.9배 큰 규모로 1위를 하였다. 통합법인은 이보다 2.5배나 큰 규모로 1위의 자리를 차지할 것으로 보인다.

[대한통운의 합병 전후 2위 업체와의 시장 지배력 비교]

구분	통합 전	통합 후	차위 회사	차위와 배수	
				전	후
회사 전체	22,414	29,597	11,919	1.9	2.5
택배사업	5,524	10,023	3,901	1.4	2.6

주) 회사 전체의 자료는 전자공시시스템 자료를, 택배사업은 「2012물류산업총람」 자료 인용.
출처: LOGISTICS Focus Review 2013.1.

택배사업 매출의 경우는 2011년 기준으로 대한통운이 5,524억 원, CJ GLS가 4,499억 원을 기록했다. 이를 통합할 경우 1조 23억 원이 돼 3위인 현대로지스틱스의 매출 3,901억 원보다 무려 2.6배나 큰 규모가 된다. M/S(market share)는 40% 수준이 되어 그간 국내 택배시장에서 흔히 표현하던 '빅5' 개념이 무너지게 된다.

M&A 후 독자경영을 했던 2012년에는 양사가 상호 독립된 전략에 따라 사업을 수행하였고, 그 결과 택배사업의 경우 시장점유율 1위를 선점하기 위한 경쟁이 있었다.

2011년 올라갔던 택배단가가 2012년 또다시 내려간 것도 양사의 이런 경쟁 때문이라는 분석도 있다. 그러나 통합운영을 하게 되는 2013년부터는 새로운 양상이 전개될 전망이다. 결국 통합법인은 통합법인대로, 후위 주자들은 후위 주자들대로 새로운 경영전략 또는 경쟁전략을 수립할 수밖에 없게 됐다.

(물류신문, 2013-01-14) 장지웅 기자 j2w2165@klnews.co.kr

생각해 봅시다

1. 대기업이 소유하고 있는 물류업체의 특징은 무엇인지 생각해 봅시다.
2. 대기업 소유의 물류업체와 일반 물류업체의 차이점은 무엇인지 생각해 봅시다.

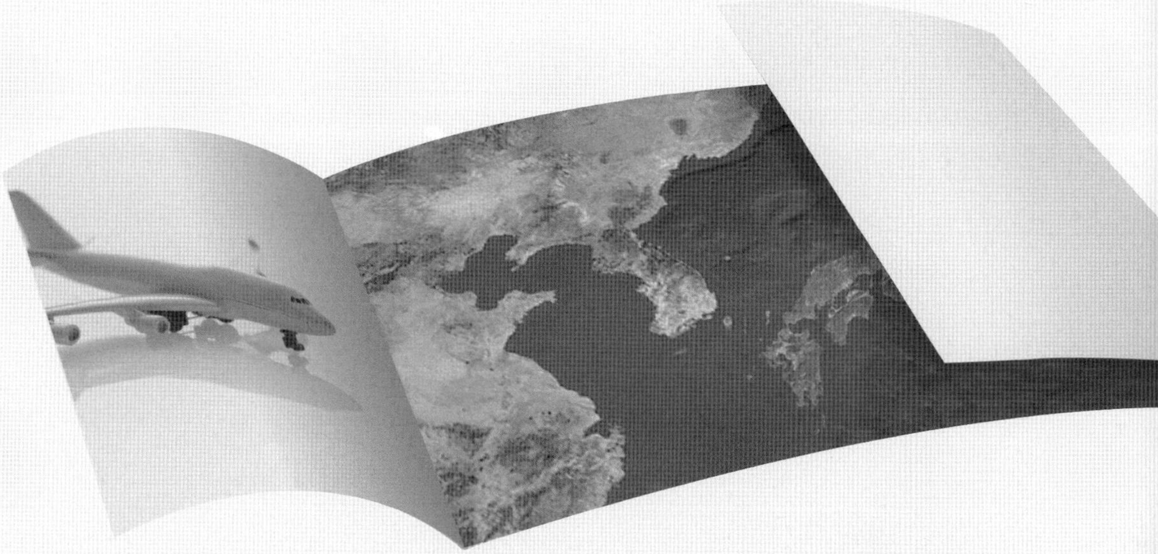

제11장

물류기지

제11장

물류기지

I. 중요내용 핵심요약

출제경향 예상분석

- 물류기지의 형태
- 물류기지의 기능
- 보세지역의 기능
- 컨테이너 터미널의 구성요소

1. 물류기지

물류기지는 운송기관의 기초시설로서 정비된 특정의 지리적 공간을 말하는 것으로 물류의 형태가 운송기관의 운송경로에 해당하는 [선] 부분(link)과 운송기관이 만나는 [점], 내지 결절부분(node)으로 크게 나누어지는데 이 중 결절부분에 해당하는 것이 물류기지 또는 물류거점이라고 할 수 있다. 점의 역할을 하는 물류기지에는 하역, 포장, 유통가공, 보관, 정보 등의 물류 기능이 집약해 있는데, 물류기지는 물류합리화의 주요 원천이라고 볼 수 있다.

(1) 물류기지의 형태

운송로(link)에는 도로, 철도, 수로 및 공로가 있고, 운송기관에는 자동차, 열차, 선박 및 항공기가 있다. 운송로를 연결하고, 운송기관의 연결을 원활하게 하는 것이 물류 결절점의 기능이다. 이것은 크게 5가지로 나누어진다.

- **트럭 운송에 관계하는 것:** 트럭 터미널, 유통업무단지, 내륙창고, 유통센터, 배송센터
- **철도 운송에 관계하는 것:** 화물역, 역내 창고
- **해상 운송에 관계하는 것:** 항만, 상옥, 컨테이너 터미널, 항만창고
- **항공 운송에 관계하는 것:** 공항, 항공화물 시티 터미널
- 위의 네 가지 항목의 조합에 관계하는 것: 복합터미널

(2) 물류기지의 기능

물류 결절점인 물류기지에서는 하역, 보관의 기본기능 이외에 각종 유통가공을 위시해 보조적인 활동이 행해진다.

- **환적 기능:** 운송기관 상화의 환전
- **혼재 기능:** 소량화물의 통합, 분류
- **유통보관 기능:** 유통과정에서의 일시보관 기능
- **유통가공 기능:** 상품의 소량화 포장, 레이블링, 조합, 조립, 절단, 가공 등 수요 형태로의 적합화
- **배송:** 단말 운송
- **정보처리 기능:** 각종 문의, 스페이스 예약, 운행도착 정보, 재고, 관리 정보 등 정보 서비스

핵심 *Note*

- ▶ 물류 합리화: 생산의 합리화 및 생산비 절감에 기여하며, 판매에 있어서는 고객이 만족할 수 있는 가격과 서비스를 제공하고, 동시에 기업이 이익을 얻을 수 있는 비용으로 물품을 제공할 수 있도록 물류기능을 원활하게 하는 것을 말하는 것으로, 운송, 보관, 하역, 포장 등 물류 하부기능을 통합하여 전체적인 흐름을 합리화하는 것이며, 주로 양적 물류에서 질적 물류로의 전환을 의미한다.
- ▶ 물류기지의 기능: 기본적인 환적 기능과 혼재 기능 이외에 유통 · 보관 · 가공 · 배송 및 정보처리 기능 등이 있다.

2. 트럭 터미널

(1) 트럭 터미널의 기능

트럭 운송은 그 용도에 의해, 첫째, 자동차를 이용한 행상이나 도심에서 자동차를 이용한 운송 방식, 둘째, 한 곳에서 여러 곳으로 화물을 배달하거나, 여러 곳의 화물을 모아 한 곳으로 집하하는 집배송 방식, 셋째, 한 곳의 발화주로부터 한 곳의 착화주로 직접 운송하는 방식과, 마지막으로 발화주로부터 그 지역 담당의 터미널까지 소형 집화 트럭으로 운송하고 그곳에서 대형 트럭에 다른 화주의 화물과 함께 적재

하여, 착화주 지역 담당의 터미널까지 운송하는 방식이 있다. 트럭 터미널인 경우 마지막 방식인 네 번째 방식에 필요한 시설로 다음과 같은 기능이 있다.

- **환적 기능:** 화물을 다른 운송 수단으로 옮기는 기능
- **혼재 기능:** 한 운송 수단에 여러 화주의 화물을 적재하는 기능
- **보관 기능:** 화물을 보관하는 기능
- **유통가공 기능:** 화물에 포장, 레이블링, 태깅 등 여러 가지 부가가치 서비스를 추가하여 화물의 가치를 높이는 기능
- **정보집적 기능:** 화물에 대한 정보의 수집 · 분석 · 처리 등을 하는 기능

(2) 트럭 터미널의 정비

운송 수단의 발전에 따라 수요가 급증하고 있으며, 지역 간 장거리 운송을 위하여 고속화, 대형화, 트레일러화된 트럭 운송이 활발해지고 있으며, 트럭 터미널의 위상이 높아지고 있다. 하지만 트럭 터미널은 사업수익성이 아주 낮아서 민간자금에만 의존하는 사업경영은 거의 기대할 수 없는 실정이다. 따라서 정부는 이러한 트럭 터미널 정비의 공공성, 긴급성 및 낮은 수익성을 감안하여, 민간자금 이외에 정부 · 지방 공공단체의 출자 및 장기 · 저리의 재정 자금의 융자를 이용하여 공공 트럭 터미널을 정비할 필요가 있다.

핵심 *Note*

▶ 육상 운송 방식: 주로 트럭을 중심으로 운송하는 것을 의미하며, 운송의 효율을 높이기 위하여 트럭 터미널 같은 물류기지를 만들어서 사용하고 있다.
▶ 트럭 터미널의 정비: 특성상 사업수익성이 낮아서 정부 및 지방 공공단체가 지원하여 시설을 확충함으로써 늘어가는 수요를 충족시켜야 할 것이다.

3. 철도역

철도화물운송의 장점은 대량 · 중량 · 장거리 운송인 반면 화주의 문전에서 문전으로의(Door to Door) 집배송 서비스가 불가능한 단점이 있다. 따라서 이를 극복하기 위한 시설과 궤도면에서의 보완책을 강구해야 한다.

(1) 철도화물운송 거점기지역(Hub Freight Depot)

거점기지역이란 철도에 의한 화물을 집결 · 운송할 수 있는 역으로서 집배송 · 하역 · 보관의 기능을 갖춘 일종의 소규모 유통기지라고 볼 수 있다. 즉 생산자 또는 소비자가 인근에 분산되어 있는 경우 철도 또는 자동차에 의하여 집화하거나 배화(配貨)를 효율적으로 수행할 수 있는 위치의 역에 소규모 유통기지를 갖춤으로써 다양한 연계운송의 기능을 강화할 수 있다.

(2) 철도역 물류기지 건설

기존의 철도와 관련된 물류 기능에서 수요자의 물류비 절감에 기여할 수 있는 부대서비스를 제공하고 운송수요의 증가를 유도함으로써 철도역의 구내 공간을 활용한 종합물류기지를 건설하여 수출입 컨테이너를 위한 통관, 검역, 금융 · 보험 및 주요 물류 · 무역 정보망과 연계될 수 있는 자체의 유통 정보망이 구축되어야 할 것이다. 또한 유통가공 기능을 첨부함으로써 제품에 부가가치를 향상시킬 수 있는 시설의 설립도 고려해야 할 것이다.

핵심 *Note*

▸ 철도역 물류기지: 철도가 가지는 단점인 Door to Door 서비스를 극복하기 위해서는 철도역 근처에 다양한 기능이 복합적으로 연계되어 있는 물류기지 설립이 중요하다. 물류기지를 갖춤으로써 다양한 연계운송이 가능하게 될 것이며 철도가 가지고 있던 한계에서도 벗어날 수 있다.

4. 컨테이너 터미널

정기항로의 일반화물(general cargo)이 컨테이너라고 하는 표준화된 대형 운송용기에 유니트화됨으로써 본선의 적재, 양륙의 능률이 현저하게 높아졌고, 항만 정박시간은 단축되었다. 또한 기술의 발전으로 인하여 컨테이너와 컨테이너 전용선이 대형화 · 고속화됨으로써 화물을 안전하고 신속하게 환적하는 터미널의 기능이 국제복합운송 시대를 맞아 더욱 중요해지고 있다.

컨테이너 터미널의 구성
① 본선이 접안하는 안벽
② 기계의 겐트리 크레인이 주행하고, 컨테이너의 적재와 양륙이 이루어지는 에이프런
③ 컨테이너를 장치 보관하는 광대한 마샬링 야드
④ LCL 화물의 혼재 및 컨테이너 개장과 이들 LCL 화물의 인도 · 인수가 행해지는 CFS (Container Freight Station)
⑤ 터미널 운영을 총괄하는 관리동

핵심 *Note*

▶ 컨테이너 터미널의 특성: 해상 및 육상운송의 접점인 부두에 위치하여 본선하역, 화물보관, 육상운송기관으로의 컨테이너 및 화물 인수, 인도를 수행하며, 기본적으로 CY와 CFS 등과 같은 시설을 구비하고 있어야 한다.

▶ CY(Container Yard): 선사가 컨테이너를 집적, 보관, 장치하고, 적입 컨테이너를 수도하는 항만 근처지역의 야적장을 말하는 것으로, 적재, 양하하기 위하여 컨테이너를 정렬시켜 두는 마샬링 야드(Marshalling Yard)를 포함하고 있다.

▶ CFS(Container Freight Station): 선박회사나 그 대리점이 선적할 화물을 화주로부터 인수하거나 양하된 화물을 화주에게 인도하기 위하여 지정한 장소로 반드시 항계 내에 위치해야 하며, 보세 화물조작허가가 있어야 한다.

5. 보세구역

(1) 보세구역의 의의

보세구역은 외국물품을 장치, 전시, 판매하거나 이것을 사용 또는 소비하여 물품을 제조, 가공, 산업시설을 건설할 수 있고, 반송신고 수리는 내국운송 승인을 받고자 하는 내국물품을 장치할 수 있는 장소로서 세관장이 지정하거나 특허한 장소를 말한다.

(2) 보세구역의 종류

분류	종류
지정보세구역	지정장치장 – 통관하고자 하는 물품을 일시 장치하기 위한 장소 세관검사장 – 통관하고자 하는 물품을 검사하기 위한 장소
특허보세구역	민간인의 영리를 목적으로 하는 시설 중 신청에 의해 세관장이 보세구역으로 특허함으로써 보세구역이 되는데, 종류로는 보세창고, 보세공장, 보세전시장, 보세건설장 및 보세판매장 등이 있다.
종합보세구역	한 번의 설영(設營)신고로 기존 특허보세구역의 모든 기능을 수행한다.

핵심 *Note*

▶ 보세구역의 특징: 세금을 납부하지 않은 상태에서 장치, 제조, 가공, 건설, 판매, 전시할 수 있도록 허용한 관세법상의 제도로 중계무역과 가공무역 등 수출진흥에 기여하고 수입물품에 대해서는 보다 안전하고 효율적으로 화물 관리를 할 수 있을 뿐 아니라 화주가 본인의 화물을 손쉽고 원활하게 통관해 갈 수도 있다.

6. 복합물류단지

물류단지는 물류 및 상적 유통활동이 함께 이루어지는 장소로서 수송, 하역, 보관, 환적, 포장, 조립 · 가공, 통관, 상품전시, 판매, 정보처리 등이 동시에 이루어지는 장소라고 정의할 수 있다. 따라서 복합물류단지는 2개 이상의 물류시설이 집단화되어 있어야 하며, 물류시설과 상류시설이 결합되어 있어야 한다. 복합물류단지의 기능은 크게 물류기능과 상류기능으로 나눌 수 있으며 그 내용은 다음과 같다.

(1) 물류기능

- 환적
- 집배송
- 보관
- 조립/가공
- 컨테이너 처리기능

- 통관

(2) 상류기능

- 판매
- 전시
- 포장
- 기획

제11장

물류기지

II. 핵심문제 및 예상문제

출제포인트

- 물류기지의 형태
- 물류기지의 기능
- 복합물류단지의 시설 및 기능

객관식 연습문제

1. 수송 · 보관하는 시스템인 유닛 로드 시스템(Unit Load System)을 가장 잘 설명한 것은?

① 수송경로를 정비하여 물류를 원활하게 하는 시스템

② 화물을 일정 중량을 단위화하여 기계적으로 하역하여 수송하는 시스템

③ 포장의 재질 및 수단을 단일화하여 표준화하는 시스템

④ 화물의 크기 및 중량을 제한하여 쉽게 수작업으로 할 수 있도록 하는 시스템

⑤ 물류활동을 보완하는 정보통신시스템

해설 | 유닛 로드 시스템이란 화물을 일정 중량 혹은 체적으로 단위화하여 기계적으로 하역, 수송하는 시스템 답 ②

2. 물류의 시스템화를 전제로 하는 물류표준화의 필요성과 거리가 먼 것은?

① 다양화되는 유통물량에 따라 물류의 일관성과 경제성을 확보하기 위해 표준화가 되어야 한다.

② 물류비의 과다부담을 줄이기 위해서는 물류표준화가 필요하다.

③ 새로운 기술, 새로운 소재, 공장자동회, 하역, 보관의 기계화, 자동화와 수 · 배송의 합리화를 하자면 물류의 표준화가 전제되어야 한다.

④ 국제화시대에 있어 국제환경에 대응하는 데는 국제표준(ISO)에 연계된 물류표준화가 전제되어야 한다.

⑤ 기업규격에 의한 표준화를 우선으로 설정하여 국가표준화규격의 선도적인 역할을 해야 한다.

해설 | 국가에 의한 표준화규격의 설정으로 기업규격의 선도적인 역할을 하여야 한다. 답 ⑤

3. 팔레트 풀 시스템(Pallet pool system)의 필요성과 거리가 먼 것은?
① 일관팔레트화의 실현
② 팔레트 수급파동 조절
③ 전체적인 팔레트 수량 증가에 따른 사회자본의 증가
④ 개별기업에서 팔레트 관리비 절감
⑤ 팔레트 회수 불필요

해설 | 전체적인 팔레트 수량이 줄어들어 사회자본이 감소되는 현상 답 ③

4. 물류공동화 추진을 위한 전제조건으로 옳지 않은 것은?
① 서비스 내용의 명확화와 표준화
② 자사시스템의 개방
③ 업체별 제품에 맞는 팔레트 채택
④ 업계의 통일전표 채용
⑤ 통일적인 기준에 의한 물류시스템의 정리

해설 | 외부와 교환 가능한 동일 규격의 팔레트 채용 답 ③

5. 보세구역에 대한 설명으로 옳지 않은 것은?
① 보세운송업자는 간이보세운송업자와 일반보세운송업자로 구분된다.
② 보세운송을 하기 위해서는 출발지 세관장에게 신고하거나 허가를 받아야 한다.
③ 수입업자가 직접 보세운송을 하는 것은 불가하다.
④ 외국물건들이 관세법에 의하여 관세의 부과와 유보되는 지역을 말한다.
⑤ 관세납부를 지연시키기 위해서 보세운송을 하기도 한다.

해설 | 수입업자나 화주도 직접 보세운송을 할 수 있다. 다만 세관에 수입화물에 대한 담보를 제공해야 한다. 답 ③

6. 다음 보세운송 요령에 대한 설명으로 바르지 않은 것은?
① 보세운송을 하기 위해서는 출발지 세관장에게 보세운송신고서를 접수시킨다.
② 모든 수입화물은 세관장에게 조건을 갖추어 신고서만 제출하면 보세운송이 가능하다.
③ 보세운송 신고시에 운송통로와 목적지를 명기해야 하며 운송업자는 반드시 이를 지켜야 한다.
④ 보세운송은 신고 후 15일 이내에 목적지에 도착해야 한다.
⑤ 보세운송 목적지에 화물이 도착하면 보세구역 운영인이나 관리자가 도착지 세관에 도착신고를 한다.

해설 | 보세운송 신고시 특정화물에 대해서는 세관장의 허가를 받아야 보세운송이 가능하다. 답 ②

7. 복합물류센터가 갖추어야 할 기능으로서 거리가 먼 것은?

① 분류기능 ② 유통가공기능
③ 수선기능 ④ 세관신고기능
⑤ 판매기능

해설 | 화물터미널에서는 판매기능을 갖출 수 있으나 복합물류센터는 세관신고기능을 갖출 필요는 없다. 답 ④

8. 내륙지역에 설치되어 컨테이너의 공급, 보관, 회수 등의 역할을 담당하는 터미널이 아닌 것은?

① 복합화물터미널 ② ICD
③ 철도CY ④ Depot
⑤ ODCY

해설 | ODCY는 항만 인근지역에 컨테이너 부두의 보조역할을 하기 위하여 설치된 컨테이너 운송업체들이 운영하는 CY를 말한다. 답 ⑤

9. 트럭터미널의 기능에 속하지 않은 것은?

① 환적기능 ② 혼재기능
③ 보관기능 ④ 유통기능
⑤ 정보집적기능

해설 | 트럭터미널의 기능에 유통기능은 해당되지 않는다. 답 ④

10. 내륙통관기지인 의왕 ICD의 기능에 대한 설명으로 옳지 않은 것은?

① 수도권 수출입컨테이너 화주는 의왕ICD에서 수출·입통관을 할 수 있어서 화주의 시간을 절약할 수 있다.
② 식품검사소와 식물검역소가 의왕 ICD에 상주하고 있다.
③ 철도운송은 부산항까지 가능하나 광양항까지는 철도운송이 되지 않는다.
④ 의왕 ICD 내에 세관이 상주하고 있다.
⑤ 수도권의 모든 공컨테이너를 의왕 ICD로 반납하여야 하는 것은 아니다.

해설 | 부산항은 물론 광양항까지 철도운송을 하고 있다. 답 ③

11. 철도역에서 사용되는 컨테이너 하역방식이 아닌 것은?

① TOFC(Trailer On Flat Car) 방식 ② Fo-Fo(Float on Float off) 방식
③ 프레이트 라이너 운송방식 ④ 플렉시 밴(Flexi-van) 방식
⑤ 캥거루 방식

해설 | Fo-Fo(Float on Float off) 방식은 부선(Bargo)에 컨테이너 및 기타 화물을 적재한 채 본선의 크레인으로 부선 자체를 적재 또는 양하하는 방식 답 ②

12. 항만에서 선사들이 LCL 화물을 모아 컨테이너에 적입하는 곳은?

① Container Yard

② Container Freight Station

③ Seller's Warehouse

④ Container Berth

⑤ Inland Container Depot

해설 | Container Freight Station은 CFS라고도 하며 LCL을 컨테이너에 적입하거나 수입화물을 혼재컨테이너에서 끄집어내서 하주에게 인도하는 업무를 행하는 장소를 말한다. 답 ②

13. 종합보세구역의 설명으로 틀린 것은?

① 물품을 반출입하고자 하는 자는 세관장에게 신고하여야 한다.

② 운영인은 종합보세구역에 반입된 물품을 수행하고자 하는 기능에 따라 구분하여 관리하여야 한다.

③ 물품의 장치기간은 10년이다.

④ 종합보세구역의 지정은 관세청장이 한다.

⑤ 유통단지개발촉진법에 의해 유통단지에도 종합보세구역을 지정할 수 있다.

해설 | 종합보세구역은 장치 기간의 제한이 없다. 답 ③

14. 물류합리화를 위한 일관 팔레트화(Pallet Pool System) 실행을 위한 해결책이 아닌 것은?

① 팔레트 풀 시스템의 구축

② 물류모듈체계의 확립

③ 표준팔레트 사용을 위한 관계기관의 홍보 필요

④ 운송업자 중심의 시스템 확립

⑤ 제품의 다양화에 대응하는 팔레트 규격의 다양화

해설 | 관련업체 간의 이해관계 협의가 필요하다. 답 ④

15. 물류센터의 기능 중 신속 · 정확한 작업이 요구되고, 시간이 많이 걸리는 작업 때문에 물류센터의 자동화 · 생력화를 고려할 때 우선적으로 초점을 맞추어야 하는 분야는?

① 입하

② 보관

③ 오더피킹

④ 검품

⑤ 포장

해설 | 물류센터 내의 작업 중에서 수작업을 요하는 것의 하나가 오더피킹이다. 최근과 같이 다품종 소량 시대에 있어서 오더피킹은 창고작업 중에서 매우 중요한 작업에 해당한다.

답 ③

16. 배송센터에 대한 설명 중 옳지 않은 것은?

① 시간적 격차를 위한 보관

② 생산과 소비의 균형 조정

③ 상류와 물류의 일원화

④ 분산 보관된 재고의 집약과 보관, 하역의 관리효율 향상

⑤ 고객에 대한 서비스 제고

해설 | 배송센터에서는 상류와 물류가 분리되고 있다. 답 ③

17. 복합화물터미널이 가지는 특징으로 옳지 않은 것은?

① 계획배송, 혼재배송이 가능

② 컨테이너 처리 기능

③ 정보시스템의 보급 확대

④ 도심 교통체증의 완화

⑤ 비표준화 치수의 상품 수송 원활화

해설 | 표준화를 통한 효율성을 확보하고 있다. 답 ⑤

18. 물류센터의 기능에 관한 설명으로 옳지 않은 것은?

① 일시 또는 장기적 물품보관을 통하여 공급과 수요의 완충기능

② 제조유통 및 판매기능

③ 주문품 적기납품을 위한 배송기지기능

④ 유통가공기능 및 품질, 수량 검품기능

⑤ 재고품절을 방지하기 위한 제품보관기능

해설 | 물류센터에서는 판매기능을 갖추고 있지 않다. 답 ②

19. 복합화물터미널에 대한 설명으로 옳지 않은 것은?

① 2가지 이상 운송수단 간의 연계운송을 할 수 있는 규모 및 시설을 갖춘 화물터미널로 일반화물터미널과는 구분된다.

② 운송 · 보관의 공급기능과 금융 · 정보 등의 보조적 기능이 종합적이고 조직적으로 이루어진다.

③ 화물의 집하, 하역, 분류, 외부포장, 보관 등에 필요한 시설을 갖추어 화물유통의 중심역할을 수행한다.

④ 수출입화물의 내륙통관기능은 내륙ICD의 고유기능으로 복합화물터미널은 이 기능을 가질 수 없다.

⑤ 투자방식은 크게 정부 · 지자체 주도방식, 민간주도방식 및 민관합동방식으로 구분할 수 있다.

해설 | 내륙 ICD는 복합화물터미널의 한 종류이다. 답 ④

20. 컨테이너 터미널에 대한 설명으로 옳지 않은 것은?

① Marshalling Yard는 에이프런과 인접하여 설치되는 경우가 많다.
② 컨테이너 야드(CY)는 경계선이 명확하지 않으나 일반적으로 Marshalling Yard의 배후에 배치되어 있다.
③ LCL은 컨테이너 하나에 채우기 부족한 화물을 말하며, FCL은 컨테이너 1개를 가득 채울 수 있는 화물을 말한다.
④ CFS는 컨테이너 소량화물의 혼재작업을 하는 취급장을 말한다.
⑤ 선석(Berth)은 컨테이너선에 선적해야 할 선적예정 컨테이너를 사전계획에 의해 순서대로 쌓아올린 장소이다.

해설 | 선석은 컨테이너선이 컨테이너를 적재, 하역하기 위한 장소이다. 답 ⑤

21. 보세구역 중 세관장이 민간인의 영리를 목적으로 선청에 의해 특허한 구역으로 보세창고, 보세공장, 보세전시장 등이 있는 구역은?

① 지정보세구역 ② 특허보세구역
③ 종합보세구역 ④ 지정장치장
⑤ 세관검사장

해설 | 특허보세구역은 민간인의 영리를 목적으로 하는 시설 중 신청에 의해 세관장이 보세구역으로 특허함으로써 보세구역이 되는데, 종류로는 보세창고, 보세공장, 보세전시장, 보세건설장 및 보세판매장 등이 있다. 답 ②

22. 화물터미널을 운영함으로써 얻을 수 있는 이점이 아닌 것은?

① 물류기능 간의 효율적인 연계의 이점
② 공동화의 이점
③ 대량, 대형운송의 이점
④ 표준화의 이점
⑤ 전문적인 물류서비스의 이점

해설 | 물류터미널의 제반시설은 표준화에 입각하여 시설을 갖추지만 각 상황에 따라 변화할 수 있기 때문에 표준화의 이점이 절대적인 것은 아니다. 답 ④

23. 물류센터내 재고수량의 과다에 따른 장점은?

① 대량발주로 결품률 감소효과가 있다.
② 재고품목 단가 인하 및 서비스율을 높일 수 있다.
③ 재고유지 비용 증가로 자금운용이 곤란하다.
④ 보관시설의 과다, 이동 및 정리시간이 과다 소요된다.
⑤ 보관시설 최소화로 자금운용이 양호하고, 화재, 도난 등의 위험이 낮다.

해설 | 대량발주로 인한 결품률 감소효과와는 상관없다. 답 ①

24. 물류기지 중에서 2가지 이상의 복합적인 운송 시스템을 연결하는 기지는 무엇인가?

① 철도역 ② 공항
③ 항구 ④ 버스터미널
⑤ 복합터미널

해설 | 복합터미널은 2가지 이상의 운송과 관계하는 시설이다. 답 ⑤

단답식 연습문제

1. 유닛로드시스템을 추진하기 위해 팔레트를 사용하여 하역을 기계화하고, 수송, 보관, 포장의 합리화를 도모하는 수단은 무엇인가?

답 팔레트화(Palletization)

2. 보통 컨테이너 부두의 일부에 설치되는 화물 처리시설을 말하는 것으로, 화물의 인수, 행선별 분류, 컨테이너 적재를 하거나 수입된 혼재화물을 배송 절차에 맞추어 작업하기도 하는 이 지역은 무엇인가?

답 CFS(Container Freight Station)

3. 주로 항만과 내륙 운송수단과의 연계가 편리한 산업지역에 위치하여 컨테이너의 집화, 혼재를 위한 하치장을 말하는 것으로 물류비용을 절감하기 위하여 주요 물류거점에 구축하는 대규모 컨테이너 터미널을 무엇이라고 하는가?

답 ICD(Inland Container Depot: 내륙 컨테이너 기지)

4. 외국물품을 장치, 전시, 판매하거나 이것을 사용 또는 소비하여 물품을 제조, 가공하거나 산업시설을 건설할 수 있고, 반송신고 수리 또는 내국운송 승인을 받고자 하는 내국물품을 장치할 수 있는 장소로서 세관장이 지정하거나 특허한 장소는 무엇인가?

답 보세구역

5. 컨테이너 터미널의 주요 부분으로 항만에 있어서 본선 안벽의 바로 배후에 있는 야적장 또는 상옥과 본선 사이에서 본선 선측의 연안 하역에 사용되는 지역 혹은 공항에 있어서 격납고 앞의 포장된 광장은 무엇인가?

답 에이프런

주관식 연습문제

1. 물류기지의 기능에 대하여 서술하시오.

기본적인 기능인 화물 환전과 혼재 기능 이외에 유통과 보관기능, 상품의 소량화 포장, 레이블링, 조합, 조립, 절단, 가공 등 소비자 기호에 맞게 가치를 부여하는 가공기능 및 각종 문의, 스페이스 예약, 운행도착 정보, 재고관리 정보 등의 정보처리기능과 배송기능을 갖추고 있다.

2. 물류기지의 형태에 대하여 설명하시오.

운송 수단에 따라 크게 5가지로 나눌 수 있는데, ① 트럭 운송에 관계하는 것으로 트럭 터미널, 유통업무단지, 내륙창고, 유통센터, 배송센터 ② 철도 운송에 관계하는 것으로 화물역, 역내 창고 ③ 해상 운송에 관계하는 것으로 항만, 상옥, 컨테이너 터미널, 항만 창고 ④ 항공 운송에 관계하는 것으로 공항, 항공화물 시티 터미널 ⑤ ①~④의 조합에 관계하는 복합 터미널 등이 있다.

Ⅲ. 읽을거리

7시간 거리에 50억명 거주 '新물류허브'

대한항공이 위탁경영하는 중앙아시아 나보이공항
유럽행 중간기착지로 안성맞춤 … 대한항공 3년 만에 흑자 달성

우즈베키스탄 보고서

기온이 40도까지 치솟는 우즈베키스탄의 여름은 두 가지 색깔로 나뉜다. 녹색과 황토색이다. 중앙아시아의 건조한 기후 속에서 물길이 닿는 지역은 푸르름을 자랑한다. 물의 혜택에서 제외되면 곧바로 황무지가 된다.

나보이는 녹색과 황토색의 경계 선상에 위치한다. 우즈베키스탄의 수도 타슈켄트에서 52인승 프로펠러 비행기에 몸을 싣고 1시간 30분 만에 도착한 나보이 주변은 대부분 메마른 대지였다. 중앙아시아의 물류허브로 성장하려는 나보이는 이처럼 황량한 들판에 세워져 있다.

7시간 거리에 50억명

우즈베키스탄은 중앙아시아 5개국의 중심에 위치한다. 그리고 우즈베키스탄 국토의 중앙에 나보이가 있다. 지구본을 돌려 나보이를 중심에 놓으면 아시아 · 유럽 · 아프리카가 한눈에 들어온다. 비행기로 7시간 거리에 50억명이 산다. 지구촌 인구의 71%다.

박병렬 나보이공항장(상무)은 "아시아 · 유럽 · 아프리카를 가기 위한 중간 기착지로 나보이만한 곳이 없다"고 설명했다. 물류를 한군데로 모아 주변으로 다시 내보내는 '허브 앤드 스포크(Hub and Spoke)' 로서 안성맞춤이라는 얘기다. 박 공항장은 "유럽~인천 노선의 경우 단번에 갈 수 있다. 그럴 경우 연료를 많이 실어야 하고 그만큼 화물은 줄어들게 된다. 나보이를 이용하면 1회 비행거리가 짧아지는 만큼 화물을 더 실을 수 있고 중앙아시아 인근으로 보내는 물량도 탑재할 수 있다"고 설명했다. 인천~유럽 직항의 경우 연료 100t과 화물 100t을 싣는다고 할 때 나보이를 거치면 연료 60t과 화물 140t을 실을 수 있는 만큼 경제성과 효율성이 높아진다는 얘기다.

물류허브로서 나보이공항은 대한항공의 작품이다. 나보이공항 개발의 모든 비용은 우즈베키스탄 정부가 부담하고 대한항공은 경영과 노하우를 전수하는 구조였다.

첫 시작은 4년 전으로 올라간다. 이슬람 카리모프 우즈베키스탄 대통령은 2008년 2월 이명박 대통령 취임식 때 한국을 찾았다. 방한 기간 중 조양호 한진그룹 회장을 면담한 카리모프 대통령은 나보이공항 프로젝트에 참여를 요청했다. 당시 항공화물운송 세계 1위인 대한항공의 실력에 감탄했기 때문이다. 조 회장은 한 · 우즈베키스탄 경제협력 차원에서 참여를 결정했다. 이러한 측면에서 나보이 프로젝트는 국내 기업의 현지 물류 진출뿐만 아니라 국가 간 경제협력 차원에서도 큰 의미를 갖는다.

[우즈베키스탄 국가 개요]

면적	44만 7400 km^2
인구	2970만명 (2012년 7월)
민족	우즈벡인 (84 %), 러시아인 (2.8 %), 고려인 (0.8 %) 기타 (12.4 %)
수도	타슈켄트
1인당 GDP	3288달러 (2011년)
무역	수출 150.2억달러, 수입 105억달러 (2011년)
환율	달러당 1909솜 (cym)
천연자원	천연가스, 원유, 금 등이 풍부

[나보이공항 화물 운송량(단위=t)]

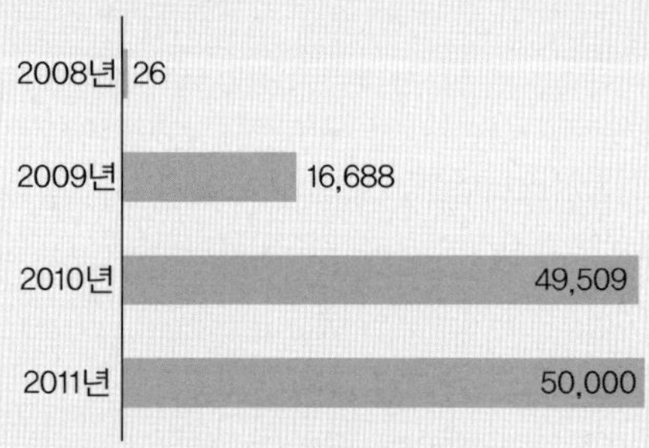

나보이공항, 3년 만에 흑자 실현

대한항공은 나보이공항을 키우기 위해 2008년부터 전력을 기울였다. 2008년 8월 인천~나보이~밀라노(이탈리아) 노선에 화물기를 취항하고 그해 9월에는 인천~타슈켄트 노선에 비행기를 띄웠다. 2009년부터는 나보이공항 위탁경영을 시작했고 2010년 8월에는 화물터미널을 완공했다. 박 공항장을 포함한 4명의 대한항공 직원이 파견을 나와 우즈베키스탄항공 소속으로 일한다.

화물터미널은 인천공항 내 대한항공 화물터미널의 축소판이다. 120m × 140m 크기 터미널은 하루 300t, 연 10만t의 처리 능력을 갖췄다. 화물트럭 10대가 동시에 들어올 수 있으며 기차가 화물터미널로 들어올 수 있게 만들어져 있다. 터미널 운영의 노하우를 전수해 주고 있는 조태연 고문은 "화물 주기장의 경우 5대가 들어올 수 있다. 유류 저장소의 경우 현재 비행기 15대(1100t)에 급유할 수 있는 용량인데 앞으로 55대(4000t)에 급유할 수 있도록 확대할 예정이다. 한마디로 말해 지난 4년간 아무것도 없는 상태에서 경쟁력을 갖춘 번듯한 화물터미널이 된 셈"이라고 설명했다.

나보이공항의 성장은 수치로 나타난다. 2008년 445편에 불과하던 항공편이 3년 만인 2011년에는 2850편으로 늘었다. 화물 처리량은 2008년 26t에서 지난해 5만t으로 증가했다. 2008년 700만달러에 불과했던 매출은 2011년 4800만달러로 확대됐다.

우즈베키스탄에는 13개 국제공항이 있다. 4년 전만 해도 나보이 규모가 가장 작았다. 박 공항장은 "대한항공이 위탁경영을 하면서 직원이 3년 만에 350명에서 1100명으로 늘었다. 실업률이 높은 우즈베키스탄에서 이처럼 고용이 급증한 사례가 많지 않아 주정부 등에서 매우 고마워한다"고 전했다. 경영실적도 나아졌다. 대한항공이 경영을 맡은 지 3년 만인 2011년 나보이공항은 적자행진에서 탈피해 234만달러 흑자를 기록했으며 올해 상반기에도 150만달러 이익을 냈다. 8월 초 현지를 찾은 지창훈 대한항공 사장이 "이제 나보이가 자리를 잡아가는 것 같다"며 격려했다는 후문이다.

경제특구 안착 등 현안 많아

우즈베키스탄의 수도인 타슈켄트는 국토 동쪽에 위치한다. 인구도 동쪽에 편중돼 있다. 우즈베키스탄 정부는 국토의 균형 발전 차원에서 2008년 말 나보이 경제특구(FIEZ) 개발을 시작했다. 나보이공항은 경제특구의 수출입 관문 역할을 하게 된다. 결국 나보이공항의 지속적인 발전은 경제특구 성공과 직결될 수밖에 없다.

나보이 FIEZ는 500ha(150만평) 규모로 조성돼 있다. 자동차를 타고 둘러보니 기업이 많지 않았다. 현재까지 16개 업체가 입주했으며 한국 업체로는 이레케이블 등의 간판이 보였다.

우즈베키스탄 정부는 진출 기업에 세제 감면, 외환 규제 완화 등의 혜택을 주고 있다. 하지만 세계적인 경기 침체 분위기에서 당장 들어올 기업은 많지 않아 보인다.

박 공항장은 이에 대해 "나보이공항과 경제특구는 미래를 내다보는 프로젝트다.

향후 경기가 회복될 때 나보이 특구는 중앙아시아의 대표적인 생산기지로 변모할 것이다. 우리 기업의 나보이 경제특구 참여는 중앙아시아 시장 진출의 교두보 마련의 의미가 있다. 이는 한 · 우즈베키스탄 양국의 성공적인 자원외교로 연결돼 한국의 장기 성장동력으로 작용할 것" 이라고 강조했다.

(매일경제, 2012-08-15) 김상민 기자

생각해 봅시다

1. 배후단지와 물류기지 건설과의 관계에 대해 생각해 봅시다.
2. 물류기지 건설에 따른 물동량 증대 이외에 얻는 이익은 무엇인지 생각해 봅시다.

제12장

수출기업의 국제물류

제12장

수출기업의 국제물류

I. 중요내용 핵심요약

출제경향 예상분석

- 국제물류의 합리화
- 국제물류시스템의 형태
- 기업의 국제물류

1. 국제물류의 합리화

(1) 국제물류 합리화의 의의

소비자 소비 성향의 변화로 기업은 상품의 다품종 · 소량화, 판매 채널의 다양화로 새로운 형태의 시스템 구축이 필요하게 되었으며, 이런 새로운 경향에 따라 재고감축과 판매증진이라는 두 마리 토끼를 동시에 잡아야 할 필요성이 증대되어 이를 위해 수출기업은 JIT(Just in Time)와 혼재시스템을 구축함으로써 물류합리화를 제고하려는 노력을 가속화시키고 있다. 또한 단순한 물류비용 절감 차원을 넘어 고객에 대한 서비스수준 개선까지를 고려한 통합적 물류시스템을 재구축할 필요가 있으며, 이러한 국제물류시스템의 변화 과정을 국제물류의 합리화 과정이라고 한다.

핵심 *Note*

▶ 국제물류 합리화 방안: 물류합리화를 위해서는 하드웨어적 기반시설(공항, 철도, 항만, 물류단지, 통신시설 등), 물류시설 및 기술(물류기기, 정보기술 등), 시스템적 및 소프트웨어적 솔루션(SCM, ERP, ASP, CIM, JIT 등), 물류운영 개선활동(TQR, 6시그마, TOC 등), 물류운영 및 조직(자가물류, 물류 아웃소싱, 제3자 물류, 제4자 물류 등)의 개혁적이고 의도적인 변화가 요구될 수 있으며, 이것을 통해 서비스를 개선하여 글로벌 경쟁력을 확보할 수 있다.

(2) 국제물류 합리화의 동향

최근 수출기업의 물류합리화 동향을 살펴보면, 두 가지의 특징이 있음을 알 수 있다.

① 분산되어 있던 출하거점 및 해외 배송거점과 같은 물류거점들이 집적
② 기업 내의 국제적 물류시스템화를 더욱 강화하는 방향으로 발전

2. 국제물류시스템의 형태와 선택

(1) 국제물류시스템의 형태

국제물류시스템은 무역상품이 수출국 기업에서 출하되어 수입국 고객에 이르기까지의 물류경로와 처리방법 등에 따라서 크게 고전적 시스템 · 통과시스템 · 직송시스템 · 다국적 창고시스템이라는 네 가지 형태로 구분할 수 있다.

형태	내용	장점	단점
고전적 시스템	제품이 해외의 자회사 창고로 출하된 후 발주요청이 있을 때 해당 창고에서 최종고객에게 배송되는 형태, 가장 보편화된 시스템	• 저렴한 운송 • 저운임률 • 공급이 상시 가능	• 대량의 재고로 인한 재고비의 부담
통과 시스템	저장기능보다는 통과센터로서의 기능이 강함	• 보관비 절감	• 고전적 시스템에 비해 높은 운송비 • 판매손실 가능성이 높음
직송 시스템	상품을 공장 또는 배송센터에서 해외 자회사의 고객에게 직송하거나 또는 수출국 배송센터에서 소비자나 판매점으로 직송	• 보관비 절감	• 혼재운송이 어려움 • 업무비용의 증가
다국적 창고 시스템	EU · 동북아 경제권 등과 같이 특정 경제권 내에 몇 국가의 자회사를 가지고, 해당 경제권의 중심국가에 센터를 설치, 그 센터를 중심으로 상품을 공급하는 시스템	• 보관비 절감 (고전적 시스템)	• 출국 창고에 재고를 집중하는 통과시스템에 비해 상대적으로 보관비가 높음

(2) 국제물류시스템의 선택

국제물류시스템을 선택하는 것은 수출기업에 있어 중요한 과제로 각각의 장 · 단점을 지니기 때문에, 경우에 따라서는 꼭 하나의 물류시스템이 아닌 둘 이상의 복합적인 물류시스템의 채택이 필요할 때도 있다. 또한, 국제물류시스템의 선택을 위한 의사결정은 경제적 · 환경적 · 관리적 조건 등을 살펴보는 것이 중요하다.

- **경제적 조건:** 상품의 특성, 제품의 종류 및 수량, 수요의 성격, 주문 규모 등을 고려
- **환경적 조건:** 고객 서비스 수준, 운송경로, 수입국 법령 및 규칙 등, 고객 서비스 수준은 국제물류시스템을 선택하는 데 특히 중요한 요인
- **관리적 조건:** 재고비용의 부담이 어느 정도인가 혹은 수입국에서 상품의 품질을 최종 검사할 필요가 있는가 등

핵심 *Note*

▶ 국제물류시스템의 선택: 물류시스템의 선택은 시장 및 제품의 상황에 따라 달라질 수 있으며, 기업 측면에서의 의사결정은 경제적 · 환경적 · 관리적 조건 등을 고려해서 선택을 해야 할 것이다.

3. 국제물류시스템의 운영과 기업경영

(1) 국제물류시스템의 운영방식

수출기업의 물류시스템 운영방식은 크게 마케팅과 물류관리를 판매자회사에 위임해서 행하는 분산거점형과 물류관리자를 본사에 집중해서 본사가 직접 관리하는 집중추진형으로 대별한다.

- **분산거점형 운영방식:** 자회사 스스로 고객에 대한 서비스수준을 설정하거나 수출지로부터 자회사 시장까지의 상품물류시스템을 결정하게 된다.
- **집중추진형 운영방식:** 기업 본부에서 결정한 물류정책이 자회사의 수입과 비용에 중요한 영향을 미치게 된다.

핵심 Note

▶ 각각의 시장 환경과 제품의 특성에 따라 물류시스템의 차이가 있을 수 있으므로, 각 상황에 따라 분산거점형과 집중추진형을 절충하여 운영하는 것이 중요하다.

(2) 국제물류시스템의 조정기능

기업경영에서는 분산거점형과 집중추진형을 절충하여 운영하고 경영 리스크를 줄여야 할 것이며, 이러한 절충을 보다 원활하게 하기 위한 조정기능을 두는 것이 중요하다.

4. 화주의 국제물류와 운송관리

국제물류는 시간적 · 공간적 격리를 효과적으로 극복하기 위한 국제적인 물적 유통으로 화주는 국내 및 국제간에 걸친 운송 · 하역 · 포장 · 보관 · 유통가공 및 정보 등의 모든 활동을 통합 · 운영함으로써 합리화를 제고하는 것이 특히 중요하다. 또한, 국제물류관리는 비용절감 측면에 그 중점을 두고 영업이나 판매부문에 일부 기여하는 식의 소극적인 정책에서 최근에는 적극적으로 영업을 추진하고 무역거래를 확대하기 위한 경영전략으로의 국제물류관리로 기능적 변혁을 꾀하고 있으며, 특히 소비자의 성향 변화와 함께 정보통신의 발달로 인한 수주 · 생산 · 판매를 일관한 정보시스템 확립을 통한 소비자 관리가 중요해지고 있다.

핵심 Note

▶ 글로벌 시대에 직면한 기업측면에서의 국제물류와 운송관리를 통하여 성숙단계에 직면한 시장 경쟁에서 물류비 절감을 통하여 새로운 형태의 가치와 성장 동력을 확보할 수 있다.

제12장

수출기업의 국제물류

Ⅱ. 핵심문제 및 예상문제

출제포인트

- 물류합리화 방안
- 국제물류시스템의 운영
- 다국적기업의 기업 경영 방식

객관식 연습문제

1. 경제 환경의 변화 중 국제물류의 중요성을 부각시킨 미시적 환경변화는 무엇인가?

① 국제시장의 수평적 분업화

② 제품차별화의 한계

③ 기업의 글로벌화

④ 국제시장에서의 다국적기업의 활동 확대

⑤ 세계 경제의 블록화

해설 | 미시적 환경변화로는 제품차별화의 한계, 생산부문 합리화의 한계, 다품종 소량생산 시대의 도래를 들 수 있다. 답 ②

2. 물류시스템을 설계하는 데 반드시 고려해야 할 요소가 아닌 것은?

① 기존의 물류활동 패턴

② 설계자 중심의 시스템 구축

③ 물류관련 조직체계

④ 경쟁사의 물류시스템 및 전략

⑤ 대상제품의 특성

해설 | 설계자 중심이 아닌 물류활동 패턴을 중심으로 한 효율화가 중요하다. 답 ②

3. 물류합리화에 대한 설명으로 옳지 않은 것은?

① 물류활동은 생산의 합리화 및 생산비 절감에 기여한다.

② 물류활동은 판매에 있어서 고객이 만족할 수 있는 가격과 서비스를 제공한다.

③ 물류활동은 기업이 이익을 얻을 수 있는 비용으로 물품을 제공하는 활동에 도움을 준다.
④ 생산규모의 극대화는 재고의 감소를 가져온다.
⑤ 생산규모의 극대화는 규모의 이익에 의한 생산의 증가와 생산비용 절감을 가져온다.

해설 | 생산규모의 극대화는 재고의 증가에 의한 비용 부담을 초래한다. 답 ④

4. 물류시스템에 대한 설명으로 옳지 않은 것은?
① 시스템의 구성요소들은 기계, 원료, 제품 등 물질적인 것이다.
② 시스템의 구성요소들은 이윤, 생산기준, 가격 등 추상적인 것이다.
③ 시스템의 구성요소들은 운송, 보관, 하역 등 기능적인 것이다.
④ 하부시스템이 하나의 라인에 연결 · 결합되어 통합된 기능을 발휘함으로써 시스템의 효과가 나타나게 된다.
⑤ 시스템에는 많은 요소가 존재하나, 이러한 요소들 간에는 관련이 없다.

해설 | 시스템에는 많은 요소가 존재하고, 이러한 요소들 간에는 서로 관련이 있다. 답 ⑤

5. 시장환경과 함께 급속히 변화하는 물류환경에 대한 설명 중 옳지 않은 것은?
① 전자상거래 확대, 특히 B2C의 확대는 물류의 중요성을 부각
② 제3자 물류를 미국 등 선진국에서는 기업의 정보유출을 우려하여 도입을 지연
③ CRM, SCM 등의 정보기술(IT)을 이용한 물류관리체계 합리화를 시도
④ 최종사용자 중심의 부가가치 개념을 중시하여 e-Market place 등이 등장
⑤ 글로벌화 진행으로 인한 물류합리화가 진행

해설 | 기업 간의 전략적 제휴 및 파트너십이 확산되고 있다. 답 ②

6. 물류의 전략적 계획과 전술적 계획의 차이점으로 잘못 설명한 것은?
① 전략적 계획은 의사결정 환경이 확실하고 전술적 계획은 불확실한 계획을 말한다.
② 전략적 계획은 장기적 계획이고 전술적 계획은 단기적 계획이다.
③ 전략적 계획의 목적은 장기적인 생존 및 성장이고 전술적 계획은 전략적 계획의 집행을 목적으로 한다.
④ 전략적 계획의 주체는 중간관리자 및 최고경영자이고 전술적 계획은 초급관리자 및 중간관리자이다.
⑤ 전략적 계획은 혁신적 의사결정이 필요하고 전술적 계획은 일상적 결정이다.

해설 | 전략적 계획은 물류 전체의 목적과 자원에 관한 포괄적 계획이고, 전술적 계획은 목적 달성을 위해 사용되는 자원에 대한 구체적인 계획이다. 답 ①

7. 국가물류 합리화 방안으로 옳지 않은 것은?
① 공항, 철도, 항만 등의 하드웨어적 기반시설에 대한 투자
② 물류활동을 계획적으로 수행하고 피드백을 통한 물류활동의 효율증대
③ 정부의 물류관련 제도 및 법규를 정비하여 물류활동을 원활히 지원
④ 물류의 각 기능별, 영역별 활동의 분리와 독립화
⑤ 물류조직 및 물류시스템 정비를 통한 서비스 개선

해설 | 물류의 각 기능별, 영역별 활동의 통합과 체인화 답 ④

8. 효율적인 물류시스템을 설계하기 위한 물류시스템의 5S에 대한 설명 중 옳지 않은 것은?
① Scales Optimization(물류시설규모의 적정화)
② Sales(판매)
③ Service, Speed(신속 정확한 배달)
④ Stock Control(재고관리)
⑤ Space Saving(물류설비의 효율성 제고)

해설 | 5S목표: Scales Optimization(물류시설규모의 적정화), Speed(신속), Service(정확한 배달), Stock Control(재고관리), Space Saving(물류설비의 효율성재고) 답 ②

9. 일본의 대표적인 경영방식 중 하나인 JIT 시스템에 대한 설명으로 옳지 않은 것은?
① 리드타임의 단축
② 불량재고의 위험성 존재
③ 주문의 구체화
④ SCM 체제의 구축
⑤ 무결점 생산체제 구축

해설 | JIT 시스템은 불량재고의 방지를 위한 시스템이다. 답 ②

10. 국제물류 유통방식 중 직접유통경로를 택한 경우의 장점으로 볼 수 없는 것은?
① 제조업체는 큰 규모의 수출부서, 해외지사 등을 운영하지 않아도 되므로 수출운영비와 수출광고촉진비 등을 절감할 수 있다.
② 해외시장정보를 비교적 정확하고 용이하게 충분히 얻을 수 있다.
③ 중간상에 대한 비용을 절약하고 이익을 증대시킬 수 있다.
④ 판매에 따른 사전 및 사후서비스를 제공할 수 있어서 신용도의 유지와 위상을 증대시킬 수 있다.
⑤ 자사내에 수출 및 국제마케팅 전문기능을 개발할 수 있다.

해설 | 간접유통경로를 택한 경우보다 비용은 많이 들지만 더 큰 이익 잠재력을 가질 수 있다.
답 ①

11. 국제물류환경의 변화 및 발전방향에 대한 설명으로 옳지 않은 것은?

① 부가가치가 높은 기술집약적 산업에 의한 산업구조의 고도화가 이루어지고 있다.
② 경제규모가 확대되고 소비가 증대됨에 따라 소비 패턴은 더욱 다양화, 고도화되고 있다.
③ 고부가가치 상품에 대한 운송수단 발달이 요구되고 있다.
④ 다품종 소량 다빈도 집배송 등 물류고도화에 따른 물류 비용 비율이 증가되고 있다.
⑤ 리드타임을 단축함으로써 제품의 재고량을 줄이고 제품의 진부화(Obsolescence)를 높일 수 있다.

해설 | 제품의 진부화를 낮출 수 있다. 답 ⑤

12. 물류환경에 있어 트레이드 오프(Trade-off)의 개념을 잘못 설명한 것은?

① 고객서비스와 물류비는 트레이드 오프 개념에 해당한다.
② 물류센터가 많을수록 보관비는 올라가고, 수 · 배송비는 내려간다.
③ 발주횟수가 많을수록 발주비는 올가가고, 재고유지비는 내려간다.
④ 재고량이 많을수록 보관비는 올라가고, 재고부족률은 감소한다.
⑤ 발주량이 많을수록 재고유지비는 내려가고, 발주비는 올라간다.

해설 | 발주량이 많을수록 재고유지비는 올라가고, 발주비는 내려간다. 답 ⑤

13. 다품종소량생산 시대의 물류관리 운영방침에 가장 적합하지 않은 것은?

① 물류업무 효율성을 위해 상품의 기획 · 설계 단계에서부터 물류관리자가 참여한다.
② 고객의 요구사항을 단순화시키고 비용절감을 위해 일정단위의 대규모생산과 일정량을 모아서 배송하는 일괄처리를 활성화한다.
③ 공동화 · 표준화할 수 있는 것과 조합할 수 있는 것을 그룹화한다.
④ 생산과 물류 및 판매부문이 보다 긴밀한 협조체계를 구축한다.
⑤ 소매점 · 대리점 · 판매회사까지의 수주 정보를 가능한 한 신속하게 파악할 수 있는 정보시스템을 구축한다.

해설 | 고객 요구를 적극적으로 수용해야 하며, 고객 요구가 다양해지므로 소량 다품종 생산과 소량 다빈도 물류 활동이 이루어진다. 답 ②

14. 국제물류시스템의 형태가 아닌 것은?

① 고전적시스템　② 통과시스템
③ 직송시스템　④ 다국적 창고시스템
⑤ 수출입물류 정보시스템

해설 | 수출입물류 정보시스템은 국제물류시스템의 형태가 아니다. 답 ⑤

15. 물류가 21세기에 가장 크게 영향을 받을 변화의 배경에 해당되지 않는 것은?

① 물질 순환형 경제사회
② IT 혁명에 의한 물류의 변화
③ 대량생산, 대량소비의 양적 확대
④ 인터넷 비즈니스(전자상거래)
⑤ 지구환경문제

해설 | 물류가 가장 크게 영향을 받을 21세기 변화의 배경으로는 물질 순환형 경제사회, IT 혁명에 의한 물류의 변화, 인터넷 비즈니스(전자상거래) 및 지구환경 등이 거론되고 있다.

답 ③

16. 국제물류의 특징으로 옳지 않은 것은?

① 국제물류는 운송시간의 단축 및 조기인도나 적기인도 등을 통하여 해외고객에 대한 서비스 활동을 향상시킴으로써 신뢰감을 높이고 판매기능을 촉진한다.
② 통관절차, 대금지불, 판매조건 및 운송책임 등에 대한 서류처리의 복잡성은 운송주선인, 통관중개인, 전문물류업자 등의 활용을 크게 증가시키는 요인이 된다.
③ 물류관리가 국내물류보다는 훨씬 더 복잡하며, 운송영역이 넓고, 대량화물을 운송하여야 하기 때문에 환경적 제약을 많이 받게 된다.
④ 현재 우리나라는 운송수단으로 선박보다는 항공이나 철도를 더 많이 이용하고 있다.
⑤ 국제간 물품의 생산과 소비를 연결하는 역할을 수행하고 생산력을 증대시켜 국제시장의 발전에 기여하는 효과가 있다.

해설 | 현재 우리나라의 경우 대부분 선박으로 운송되며, 일부 항공으로 운송된다.

답 ④

17. 국제물류환경변화에 따른 국제기업의 고려사항에 대한 설명으로 옳지 않은 것은?

① RFID와 같은 물류 신기술의 등장
② 지속적인 재고 증가로 인한 국제물동량의 증가
③ 물류기업 간의 M&A
④ NAFTA 국가 간 물류성장
⑤ 국가 간 경제블록 형성

해설 | 각국의 노력에 의하여 재고는 감소하고 있다.

답 ②

18. 국제통합물류시스템을 구축하기 위한 전략으로 잘못 설명한 것은?

① 제품표준화의 수준이 낮으면 생산과 물류 기능들은 분산하고 주문 및 수요에 관한 확실한 정보가 들어올 때까지 지리적 · 가치부가적 지연전략을 활용한다.
② 경쟁이 주로 가격 중심으로 이루어지면 생산과 물류를 집중시키고 화물통합을 통해 비용을 절감한다.

③ 운송비용이 총비용에서 차지하는 비중이 크면 생산시설을 집중시켜 고객과의 거리를 단축시킨다.

④ 제품의 가치밀도가 높으면 물류기능 및 제고를 집중시키고 주문이 들어오면 고급 운송 수단을 이용하여 신속하게 배달한다.

⑤ 제품이 수명주기상 도입기 혹은 성장기에 있으면 물류기능의 분산 등을 통해 높은 수준의 고객서비스를 제공한다.

해설 | 운송비를 줄이는 방법으로는 운송노선을 최적화하거나 최적 장소에 물류기지를 설립하는 방식을 들 수 있다. 답 ③

19. 글로벌 유통기업인 월마트가 사용한 전략이 아닌 것은?

① Cross docking

② POS

③ EDLP(Every Day Low Price)

④ Pull System

⑤ Profit Sharing Plan

해설 | Pull System은 고객의 주문에 따라 생산하는 방식으로 월마트의 전략과 직접적인 관련이 적음 답 ④

20. 글로벌 기업들이 세계화에 대한 압력을 느끼는 이유 중 거리가 먼 것은?

① 각국마다 소비자의 기호가 다양화됨에 따라 기업들은 주문제품들을 생산하여 규모의 경제를 추구할 수 있기를 기대한다.

② 전 세계적으로 소비자의 수요가 점차 동질화되어 가는 추세에 있고, 또한 GATT와 WTO 체제하에서 무역장벽이 무너지고 있기 때문이다.

③ 저비용 생산기지에서 생산된 제품을 세계 각국에 수출함으로써 규모의 경제를 최대한도로 활용할 수 있는 것이다.

④ 인터넷은 전 세계의 경쟁자, 공급업체, 딜러, 소비자와 순간적으로 정보를 공유하게 해준다. 이와 같은 인터넷 기술의 발전은 궁극적으로 소비자수요를 동질화하고 경쟁을 보다 글로벌하게 한다.

⑤ GATT와 WTO체계하에서 각종 관세 및 비관세장벽이 무너지고, 지역 내 경제통합현상이 가속화됨에 따라 표준화된 상품의 대량생산을 통하여 비용우위를 확보하려는 글로벌화의 압력은 더욱더 가중되고 있다.

해설 | 소비자의 기호가 다양화됨에 따라 기업들은 주문 생산 체제가 아닌 다빈도 소량생산 체제를 갖추고 있다. 답 ①

단답식 연습문제

1. 물류 합리화 방안 중 하나로 원재료 구매에서부터 최종고객까지의 전체 물류흐름을 계획하고 통제하는 통합적인 관리방법은 무엇인가?

답 SCM(Supply Chain Management: 공급체인관리)

2. 국제물류시스템의 한 형태로 저렴한 운송과 상품공급이 상시 가능하고 저운임률을 적용하나 대량의 재고 보유로 인한 부담이 큰 시스템은 무엇인가?

답 고전적 시스템

3. 2개국 이상에서 유형 · 무형의 재화가 출하인부터 수하인에게까지 도달되는 데 있어서 존재하는 시간적 · 공간적 격리를 효과적으로 극복하는 물리적인 국제적 경제활동은 무엇이라고 하는가?

답 국제물류

4. 국제물류시스템 운영 방식 중 해외의 자회사가 기업의 이익증대를 위한 핵심적 역할을 수행할 뿐만 아니라 자체의 수지를 검토 · 운영하기 때문에 이와 관련한 총책임과 권한을 행사하는 운영방식은 무엇인가?

답 분산거점형 운영방식

5. 한 제품에 필요한 자재를 필요한 때에 필요한 양만큼만 생산, 공급하는 상품관리 방법을 말하는 것으로 불필요한 재고를 없앰으로써 생산성을 향상시키는 효과를 얻는 관리방법은 무엇인가?

답 JIT(Just in Time)

주관식 연습문제

1. 최근의 국제물류관리 시스템 구축에서 나타나는 특징을 서술하시오.

국제물류는 시간적 · 공간적 격리를 효과적으로 극복하기 위한 국제적인 물적 유통으로 시스템 구축을 하기 위해서는 국내 및 국제간에 걸친 운송 · 하역 · 포장 · 보관 · 유통가공 및 정보 등의 모든 활동을 통합 · 운영함으로써 합리화를 제고하는 것이 특히 중요하며 최근, 정보 통신 기술의 발전으로 인하여 생산체제에서 판매체제까지를 아우르는 물류정보를 극대화한 시스템을 구축하는 것과 무역상품의 소량화 · 다품종화에 대응한 혼재운송 시스템의 추진을 특징으로 볼 수 있다.

2. 국제물류의 합리화에 대하여 서술하시오.

기업은 시장 환경의 변화로 인하여 물류를 통한 수익 창출 필요성이 증대되었고, 이를 위해 JIT와 혼재시스템 등을 구축하여 물류합리화를 제고하려는 노력을 가속화시키고 있으며, 비용 절감 차원을 넘어 고객에 대한 서비스 수준까지 고려한 통합적 물류시스템을 구축함으로써 국제적 물류시스템을 더욱 강화하는 방향으로 발전하고 있다.

Ⅲ. 읽을거리

[중견기업 SCM] 재고 안 남기려면 판매예측부터

경기침체가 지속되면서 중견기업의 경영환경이 악화되고 있다. 제품 차별화나 가격 경쟁력을 확보하는 것도 쉽지 않다. 이미 제품 기술이나 디자인 등은 업계 전반적으로 평준화된 상태다. 생산 비용을 절감할 수 있는 방안을 마련하는 것도 쉽지 않다. 중견기업들이 악화된 경영환경을 탈피하기 위해 고심에 빠졌다. 이런 중견기업에게 경쟁력을 확보할 수 있는 방안으로 공급망관리(SCM)가 제시된다. 판매와 수요를 예측해 연구개발(R&D)부터 생산 · 물류 · 재고 · 판매 관리에 적용, 불필요한 비용을 줄이고 상품을 시장에 적시에 출시한다. 성공적인 SCM 도입은 시스템 구축은 물론이고 각 부분의 프로세스와 기업 문화를 혁신해야 한다.

중견기업에게 SCM은 모호하다. 대기업과 일부 1차 대형 협력업체를 중심으로 도입된 SCM이 중견기업에게 실질적으로 어떤 효과를 가져다줄지 막연하다. 현재 자사 상황이 SCM을 도입해야 하는 상황인지도 판단이 서지 않는다. 실제 SCM 도입은 삼성전자와 LG전자, 현대자동차, 포스코 등 대형 기업을 중심으로 적극적으로 도입됐다. 이후 제조 · 유통 대기업 중심으로 SCM 도입이 확산됐다. 해외사업 확대로 글로벌 SCM 통합 프로젝트도 곳곳에서 진행했다. 그러나 중견기업의 SCM 도입은 일부에 그쳤다.

수요예측 없는 생산계획은 재고만 늘려

매출 1000억원에 이르는 중견 제조기업인 A사

A사는 최근 B제품이 잘 팔리자 B제품 생산라인을 늘려 생산량을 큰 폭으로 늘렸다. 이렇게 생산된 B제품은 창고로 이동, 대리점으로 배송되기 시작했다. 그러나 특정 기간이 지나자 B제품은 대리점에서 판매되는 양보다 생산하는 양이 많아 창고에 쌓이는 물량이 늘어나게 됐다. 재고물량이 많아진 것이다.

결국 A사는 무리하게 B제품의 재고를 줄이기 위해 끼워 넣기나 할인 행사를 지속적으로 실시했다. 심지어는 대리점에게 무리하게 판매를 요구하는 '밀어내기' 까지 실시했다. 결국 A사 매출은 급속도로 줄었고, 상당수 대리점은 계약 해지를 요구했다.

이는 명확한 수요예측 없이 순간의 판매 실적만 보고 제품 생산계획을 수립했기 때문이다. SCM 전문가들은 제품 경쟁력을 갖추기 위해 매출 등 재무적 관점만 바라봐서는 안 된다고 강조한다. 생산과 판매를 유기적으로 연결할 수 있는 프로세스와 정보시스템을 갖춰야 한다는 것이다.

현재 상당수 중견기업은 SCM에 대한 투자가 이뤄져 있지 않다. 판매운영계획(S&OP)을 월간에서 주간 단위로 단축시키기 쉽지 않다. 여전히 판매와 운영을 제품 수와 고객 등 재무적 관점으로만 바라본다. 구매가 수요예측 기반으로 이뤄지지 않고, 영업도 창고에 쌓인 물량만을 기반으로 목표를 설정한다. 영업파트에서 무엇을 얼마나 팔려고 하는지를 모르는 상태에서 구매가 이뤄지고, 판촉 활동 계획도 모른 채 생산을 한다.

류동식 자이오넥스 대표는 "중견기업 중 △제품 판매주기가 짧아 신제품 출시가 빈번한 제조기업 △생산 현장이 해외로 확대된 기업 △다품종 상품을 취급하는 유통기업 △원재료 공급이 중요한 식품기업 △가구업체 등 소비재 기업 △재고가 경쟁력 악화에 영향을 미치는 기업에 해당되면 SCM 도입을 검토해야 한다" 고 권고했다.

CEO가 직접 SCM 도입에 나서야

중견기업은 대기업과 달리 프로세스나 정보시스템에 많은 투자를 하지 못했다. 이로 인해 SCM 도입을 단기적인 프로젝트로 진행하기보다는 장기적으로 적용하는 것이 바람직하다. 단순히 SCM 솔루션만을 도입하고 나서 SCM 체계를 갖췄다고 생각하면 오산이다.

SCM은 정보시스템이 아니라 프로세스이고 문화다. SCM에 맞게 전사적으로 프로세스와 문화를 혁신하기 위해서는 SCM에 대한 오너십을 누가 갖느냐가 중요하다. 가트너는 각 부서별로 다른 SCM 전략을 수립해서는 안 된다고 권고한다. 구매부서만의 관점으로 구매 비용을 낮추거나 재고를 줄이는 것은 전체적인 기업 경쟁력에 큰 도움이 되지 않는다.

유성민 언스트앤영 SC&O컨설팅 리더는 "CEO 주관으로 모든 부서가 모여 SCM 회

[중견기업의 현 상황과 SCM 도입효과]

현 상황

- 수요예측 기반이 아닌 구매, 생산 계획, 수립과 실행
- 판매가 이뤄지지 않아 창고에 재고 증가
- 짧은 제품 판매주기에 맞춰 신제품 출시 대응 못함
- 판매운영계획 주간 단위 변경 어려움
- SCM 회의가 특정 부서 회의로만 진행됨
- CEO 인식 부족

방 안

- 기업 특성에 맞는 SCM 프로세스와 정보 시스템 구축
- CEO와 CFO가 직접 SCM에 대한 프로세스와 제도 혁신을 주도
- SCM회의에 모든 부서가 참여하고 이를 기반으로 한 부서별 KPI 수립
- 기업 경영전략에 맞는 SCM 전략 방향 수립
- 장기적이고 지속적인 SCM 고도화 필요

개선방안

- 수요 예측 기반의 구매와 생산계획 수립이 가능해짐
- 적정 재고물량 확보로 비용절감 리스크 관리 가능
- 생산계획 일정을 단축시킬 수 있음
- 신규 사업에 대한 추가 인원 감축으로 비용절감 효과
- 물류비용 절감으로 제품 경쟁력 제고

의를 해야 한다"며 "그러나 SCM 체계를 갖춘 후 회의를 하면 시간이 지날수록 영업부서가 참여를 하지 않게 되고 결국은 일부 부서만의 SCM 회의가 된다"고 지적했다.

이에 대한 해법으로 매트릭스 형태의 부서별 SCM 설계를 제시한다. 기업 목표에 맞게 전 부서의 SCM 전략을 매트릭스 형태로 배열한 후 부서별 핵심성과지표(KPI)도 이에 맞춰 수립하는 방법이다. 예를 들어 기업 목표가 '속도'에 초점을 뒀다면 구매와 물류비용이 더 들더라도 빠르게 납품할 수 있는 조달력을 갖추는 데 집중하는 것이 효과적인 SCM 전략이다.

S&OP에 대한 고도화도 필요하다. 현재 S&OP 운영 수준은 △조달 운영에 급급한 단계 △수요와 공급 일치를 시도하는 단계 △재무를 고려한 협업 전략 수립 단계 △비즈니스와 연계해 재무성과 도출 단계 등 4단계로 구분한다. 그러나 상당수 중견기업은 1~2단계에 그친다. 수준을 높이기 위해 CEO와 CFO 등이 SCM 의사결정권자로 직접 나서야 한다. 최근 까사미아의 SCM 프로젝트를 진두지휘하는 이형우 까사

미아우피아 대표는 "기업 특성과 조직에 맞는 SCM을 갖추기 위해서는 반드시 내부 관계자가 직접 프로세스 혁신과 정보시스템 구축에 참여해야 한다"며 "외부 전문가에게만 맡겨 놓으면 대부분 실패한다"고 충고했다.

루셈, SCM 도입으로 단납기 대응 가능

디스플레이 반도체 후공정 전문기업인 루셈은 지난해 말 SCM 도입을 시작했다. 고객 요청 납기 준수와 생산계획의 유연성 확보, 자재조달 대응력 강화와 가시성을 높이기 위해서다. 고객 중심의 유연한 계획 체계를 확보하는 것이 목표다.

당시 루셈은 고객 납기를 3개월간의 예측 기반으로 주단위 체계로 전환했다. 생산계획 프로세스도 이에 맞게 표준화돼야 했다. 생산 · 자재 공급 정보가 실시간으로 분석돼 고객 납기 이전에 관련 이슈를 파악하고 대응이 이뤄져야 했다.

수시로 변경되는 요구에 따른 유연한 생산계획 수립과 이를 지원할 수 있는 정보시스템도 필요했다. 다양한 변수를 반영한 기준정보를 적용, 생산계획 수립 고도화도 요구됐다. 자재 조달에 있어서는 생산계획에 따른 장(長)납기 자재 소요와 발주 정보 제공 체계가 갖춰져야 했다. 판매 · 생산 · 자재계획이 연동돼 실시간으로 계획 대비 실적 모니터링도 가능해야 했다.

루셈은 이를 위해 영업 · 생산관리 · 구매자재 영역별 요구사항을 분석했다. 이 결과 △프로세스 표준화 △생산계획 시뮬레이션 구축 △자재요소 분석강화 △사전경고 체계 구축 △모니터링 체계 구축 등 5개 과제를 도출했다.

과제 수행으로 3개월간 1일 판매계획 체계와 D+1 생산계획 확정, 기준정보 관리 기능과 역할 정립이 가능해졌다. 자재 · 장비 변수를 반영한 계획 수립과 재공 · 공정 상황을 반영한 생산계획도 수립했다. 판매 · 생산계획 기반 자재소요 분석과 납기 차질 예상시 사전경고 체계도 갖췄다. 생산 · 자재입고 계획 대비 실적 모니터링도 이뤄진다.

루셈은 SCM을 도입함으로써 생산계획 확정일을 D+4일에서 D+1일로 단축하고 자재 조달리스크 사전 검증으로 단납기 요구에 대응할 수 있었다. 신규 사업에 대한 추가 인원 감축으로 비용절감 효과도 봤다. 생산 유연성과 업무 생산성, 고객 만족도도 향상됐다.

(전자신문, 2013-04-08) 신혜권 기자 hkshin@etnews.com

생각해 봅시다

1. 기업 규모별 SCM이 어떻게 이루어지는지 알아봅시다.
2. 중견기업의 SCM 활성화 방안에 대해 생각해 봅시다.

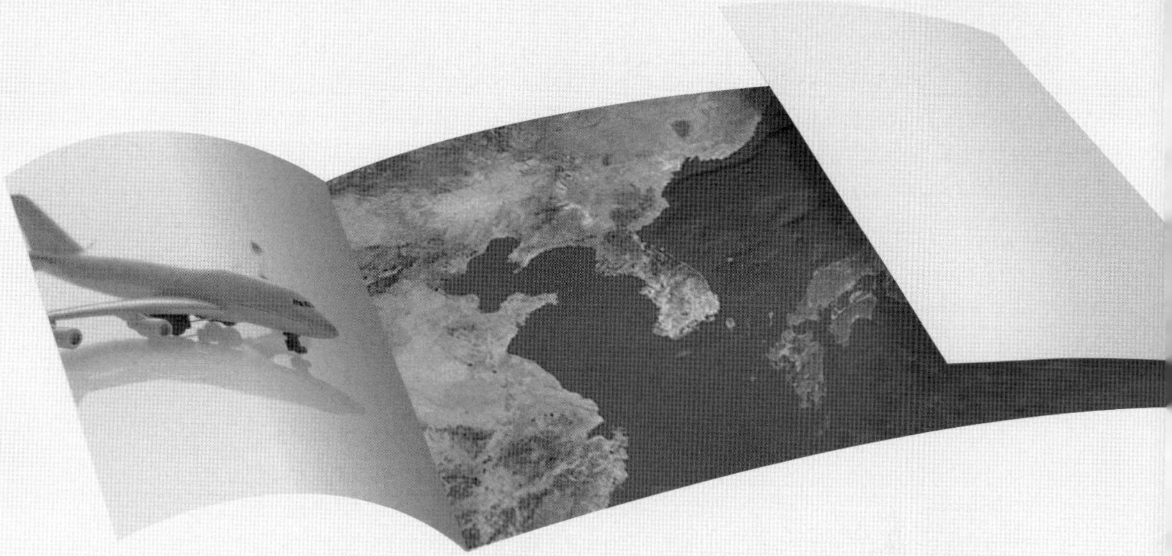

제13장

무역상무와 해상운송

제13장

무역상무와 해상운송

I. 중요내용 핵심요약

출제경향 예상분석

- 해상운송의 특징
- 복합운송의 특징
- 해상운송과 복합운송의 비교

1. 해상운송의 절차

(1) 선적절차

① 운송계약 성립 과정

- 무역계약 체결 → 매도인의 선박결정 → 매도인의 선복신청서(shipping request: S/R) 제출 → 선박회사의 인수확인서(booking note) 교부 → 선박회사와 운송계약 성립
- 선박회사: 선복신청 승낙 후 선복원부 기입(booking)

해상운송계약 체결 후 선적지시서(shipping order: S/O) 발행

핵심 *Note*

- ▶ 문제가 있는 경우 M/R의 비고란에 기재하며 이러한 M/R을 고장부수령증(foul receipt)이라 하고 이를 근거로 발행된 선화증권을 고장부선화증권(foul B/L)이라 한다.
- ▶ FCL 화물의 경우: 화주가 컨테이너를 CY operator에 인도할 때 부두수령증(dock receipt: D/R)이 발행되며, 화주는 D/R과 상환으로 컨테이너 선화증권(container B/L)을 발급받는다.
- ▶ LCL 화물의 경우: 통관필반입의 경우 CFS operator는 여러 화물을 혼재한 후 컨테이너 선화증권을 화주에게 발행하고, 통관미필반입의 경우 통관미필상태로 CFS에 반입 후 수출신고 및 통관수속을 필한 후 CFS operator에 인도하고 컨테이너 선화증권을 발급받는다.

② 본선 적재

- 승선세관원 입회하에 선적
- 선적 후 수출면장(export permit)에 선적확인을 위한 배서 후 화주에게 돌려준다.
- 본선측과 화주측: 검수인(tally man) 입회하에 검수표(tally sheet) 작성. 선적지시서와 검수표 대조 후 본선수령증(mate' s receipt: M/R) 발급

(2) 양륙절차

선박 입항 → 착화통지인(notify party)에 통지 → 착화통지인: 은행에서 입수한 선화증권을 선박회사에 제시 → 착지급운임(freight collect)인 경우 운임 지급 후 인도지시서(delivery order: D/O) 발급 → 물품 수령

- 선박회사는 보통 양륙지에서 자신의 양륙업자(landing agent)를 지명하여 양화 및 화물 인도업무를 대행시킨다.
- 매수인은 화물인도 수령 전 수입신고서(import declaration)를 세관에 제출하고 수입관세납부, 수입면허발급 등 수입통관수속을 해야 한다.
- 착지급운임이 지급된 후 운송인은 선화증권을 회수하고 인도지시서를 교부한다.
- 화물 인도시 물품 상태를 검사하여 화물수도증(cargo boat note: B/N)의 적요란에 화물의 손상, 사고의 종류 등을 기재한다.

핵심 *Note*

▶ 인도지시서 교부 후, 수화인은 FCL 화물의 경우 CY에서, LCL 화물인 경우 CFS에서 인수한다.

2. 해상운송서류와 UCP

(1) 선화증권

① 의의와 기능

- **권리증권:** 화물 그 자체를 상징하는 권리증권

- **운송계약의 증빙:** 계약체결의 증빙서류
- **화물영수증:** 화물의 수량, 중량 및 상태와 같은 물품을 운송인이 송화인으로부터 수령하였다는 추정적 증거(prima facie evidence)

② 법적 성질

- **유가증권:** 물품의 동일성을 보증하는 권리 및 의무를 표시하고 물품의 처분권 및 인도청구권이 명시되어 법적으로 보장되는 유가증권의 성질을 구비하고 있다.
- **지시증권:** 지시식 선화증권은 배서나 인도로 양도할 수 있다.
- **채권증권:** 선화증권의 정당한 소지인은 이를 발급한 운송인에 대하여 화물의 인도를 요구할 수 있는 채권적 효력을 갖고 있다.
- **상환증권:** 화물의 인도는 선화증권과의 상환으로만 청구할 수 있다.
- **인도증권:** 선화증권의 정당한 소지자는 화물의 소유권을 갖게 되므로 화물 자체를 소유한 것과 같은 법률적 효력을 갖는다.
- **처분증권:** 선화증권이 발행된 경우에는 물품에 대한 처분을 선화증권으로 하여야 한다.

핵심 *Note*

- ▶ 선화증권은 물품에 대한 인도지시서와 유사한 물품의 권리를 나타내는 증권이다.
- ▶ 수출자가 물건을 선적하면 선사(혹은 포워더)는 물건이 배에 실렸다는 증명서 같은 것을 발급하는데 이것이 바로 선화증권이다.
- ▶ 선화증권은 기능상 물건보다 먼저 도착해야 하는데, 선박건조기술과 항해기술의 향상으로 선박의 고속화가 크게 진전됨에 따라 근거리 국제해상운송거래에서 선화증권보다 물품이 먼저 도착하는 것과 같은 선화증권 사용상의 문제점이 나타나게 되었다.

(2) 비유통성 해상화물운송장

① 의의

- 선화증권보다 물품이 먼저 도착한 경우 화물선취보증장(L/G)을 대체하여 비유통성 해상화물운송장(non-negotiable seaway bill: SWB)이 1970년대 후반부터 사용되기 시작하였다.

- Incoterms 및 UCP 500에서도 EXW, DAF 계약조건 이외의 11개 정형거래조건에서 SWB를 물품인도 증빙서류로 인정하고 있다.

(3) 전자식 선화증권

① 의의

- 선화증권의 내용을 구성하는 정보를 전자식 방법에 의해 운송인의 컴퓨터에 보관하고 운송인이 부여한 '개인키(private key: 비밀번호)' 를 사용하여 운송인(선박회사)과 송화인(매도인) 또는 수화인(매수인) 상호 간에 EDI 메시지를 교환한다.
- 권리의 증명으로 '개인키' 가 사용되며, 물품에 대한 지배권 및 처분권을 가진 권리자에 의해 수화인에게 정보가 전송된다.

② 수리가능 요건

- SWIFT(Society for World-wide Interbank Financial Telecommunication)로 통신업무가 이루어짐에 따라 전자식 선화증권도 신용장에 별도 규정이 없는 한 은행에서 원본으로 수리되어야 한다.
- 전자적 인증방법에 의해 전자서명된 서류들이 인정된다.

핵심 *Note*

▶ 전자선화증권이란 기존의 선화증권을 대체하는 개념으로서 일종의 무서류 방식에 의한 선화증권이라 할 수 있다

▶ 전자선화증권의 도입과 관련하여 중앙등록시스템의 인가(認可)문제, 운송회사 등록시스템의 인가 등 여러 측면에서 문제도 있었는데, 볼레로 프로젝트에서 중앙등록시스템을 채용하고 공개키(PKI) 방식에 의한 디지털서명을 채용함으로써 전자선화증권과 관련된 쟁점에 대한 해결책이 되었다.

(4) 컨테이너 선화증권

① 의의

- 운송서류의 명칭이 'Bill of Lading' 으로 기재되어 있어도 이면약관에 컨테이

너 관련조항을 포함하고 있는 B/L이 컨테이너 선화증권이다.

- 일반명칭은 'combined transport bill of lading' 또는 'container bill of lading' 이지만 UCP 500에서는 'multimodal transport document' 로 규정하고 있다.

② 수리가능 요건

- 본선적재 후 선장, 운송인 또는 그 대리인의 본선 적재표기(on board notation)를 해야만 유효해질 수 있다.

3. 운송인의 책임과 국제해운법규

- **하터법**(Harter Act, 1893): 선주의 면책특약을 제한 또는 금지
- **헤이그규칙**(Hague Rule, 1924): 선화증권통일규칙을 제정
- **헤이그-비스비규칙**(Hague-Visby Rules, 1968): 헤이그규칙의 개정의정서
- **함부르크규칙**(Hamburg Rules, 1978): 헤이그-비스 규칙이 화주에게 불리하다는 주장에 따라 UNCITRAL에서 개정하여 채택된 해상화물운송에 관한 UN 협약
- **로테르담규칙**(Rotterdam Rules, 2008): 해상운송인의 의무와 책임체계가 상당히 강화

핵심 *Note*

▶ 해상운송의 대표적인 국제법규는 헤이그(비스비)규칙이나 함부르크규칙이다.

4. 정형거래조건

Incoterms® 2010은 기존 Incoterms 2000에서 13개 가격조건, 즉 매도인 자신의 공장 또는 창고 등에서 매도인이 매수인에게 물품을 인도하는 조건(E조건; Ex Works, EXW)을 비롯하여, 두 번째 그룹으로 매도인은 매수인이 지명한 운송인에게 물품을 인도하도록 요구되는 F조건들(FCA, FAS 및 FOB), 세 번째 그룹으로 매도인이 운송계약을 체결해야 하지만 선적 및 발송 이후에 발생하는 사고에 기인되는 화물의 멸

실 또는 손상의 위험 또는 추가비용에 대해서는 책임이 없는 C조건들(CFR, CIF, CPT 및 CIP), 그리고 매도인이 목적국까지 물품을 운송하는 데 소요되는 모든 비용과 위험을 부담하여야 하는 D조건들(DAF, DES, DEQ, DDU 및 DDP)로 구분되어 있었던 조건 중에 DAF, DES, DEQ, DDU 조건을 삭제하고 DAT와 DAT 조건을 신설했다. DAF, DEQ, DDU는 DAP로 흡수되고 DES가 DAT로 변경되어 11개 조건으로 이를 단일 또는 복수의 운송수단에 사용하는 규칙과 수상수송 전용조건 2가지로 크게 구분하고 있다.

그룹별	가격 조건	
운송방식 불문조건	EXW	Ex Works(공장 인도)
	FCA	Free Carrier(운송인 인도)
	CPT	Carriage Paid to(운송비 지급)
	CIP	Carriage and Insurance Paid to(운송비보험료 지급)
	DAT	Delivered At Terminal(터미널 인도)
	DAP	Delivered At Place(목적지 인도)
	DDP	Delivered Duty Paid(관세지급 반입인도)
수상수송 전용조건	FAS	Free Alongside Ship(선측 인도)
	FOB	Free on Board(본선 인도)
	CFR	Cost and Freight(운임 포함)
	CIF	Cost, Insurance and Freight(운임보험료 포함)

Incoterms® 2010에서도 Incoterms 2000과 마찬가지로 각 상대방에 대한 의무사항을 10개 조항씩 대칭시켜 규정하고 있다.

A. 매도인의 의무	B. 매수인의 의무
A1. 매도인의 일반적 의무	B1. 매수인의 일반적 의무
A2. 허가, 승인 또는 통관절차	B2. 허가, 승인 또는 통관절차
A3. 운송 및 보험계약	B3. 운송 및 보험계약
A4. 인도	B4. 인도의 수령
A5. 위험의 이전	B5. 위험의 이전
A6. 비용의 분담	B6. 비용의 분담
A7. 매수인에 대한 통지	B7. 매도인에 대한 통지
A8. 인도증거, 운송서류 또는 상응한 전자통신문	B8. 인도증거, 운송서류 또는 상응한 전자통신문
A9. 점검, 포장, 화인	B9. 물품의 검사
A10. 기타의 의무	B10. 기타의 의무

(1) FOB 계약과 해상운송

① 위험 · 비용의 부담

- 인코텀즈상의 FOB(Free on Board: 본선인도조건) 계약에서 위험부담의 분기점은 '본선 적재 시점' 이다.
- 인코텀즈상의 비용부담의 분기점은 위험부담의 분기점과 동일하다.

② 매도인 제공서류

상업송장, 포장명세서, 품질증명서, 수량증명서 및 무고장본선수령증

(2) CIF 계약과 해상운송

① 위험 · 비용의 부담

- CIF(Cost, Insurance and Freight) 계약에서는 물품이 목적항에 도착할 때까지 소요되는 비용(수출원가, 해상운임, 해상보험료, 양륙비 등)을 매도인이 부담한다.
- 위험부담의 분기점은 FOB 계약의 경우와 같이 본선 적재 시점이다.

② 매도인 제공서류

FOB 계약에서 제공하는 서류, 운송서류, 보험서류(보험증권이나 보험증명서)

핵심 *Note*

- ▶ 해상운송에 적합한 3대 무역거래조건은 FOB, CIF, CFR(= C&F)이다.
- ▶ 이들 조건은 비용 및 위험의 분기점을 "본선의 난간 통과시"로 정의하고 있어 항공 등 복합운송에는 적합하다 할 수 없다.

5. 국제복합운송법규

(1) UN 국제물품복합운송협약

① 국제복합운송(International Multimodal Transport)

- 복합운송인에 의하여 국제간의 화물운송이 해상 · 항공 · 육상 중 두 가지 이상의 서로 다른 운송방식으로 이루어지는 화물운송이다.

- 국제복합물품운송에 관한 UN협약(United Nations Convention on International Multimodal Transport of Goods, 1980)이 제정되었다.

(2) UNCTAD/ICC 복합운송증권규칙 (UNCTAD/ICC Rules for Multimodal Transport Document, 1992)

핵심 *Note*

▶ 복합운송의 대표적인 법규에는 UN국제물품복합운송조약, ICC복합운송증권에 관한 통일규칙, UNCTAD/ICC 복합운송증권 규칙이 있다.

6. 복합운송인의 책임제도

(1) 이종책임체계(Network Liability System)

① 복합운송인의 책임: 운송물의 멸실 또는 훼손이 생긴 운송구간을 아는 경우와 알 수 없는 경우로 구분한다.

② 운송물의 멸실 또는 훼손이 생긴 운송구간에 적용될 국제조약 또는 강행적인 국내법에 따라 결정한다.

③ 선진국이 선호한다.

(2) 단일책임체계(Uniform Liability System)

① 복합운송인의 책임: 발생장소가 밝혀진 손상의 경우나 밝혀지지 않은 손상의 경우에 있어 동일한 책임원칙이 적용된다.

② 간명하기 때문에 당사자들 사이의 분쟁을 줄일 수 있을 것으로 평가된다.

③ 개도국이 선호한다.

(3) 절충식책임체계(Flexible Liability System)

① 복합운송인의 책임: 일률적인 책임원칙을 따르고 책임의 정도와 한계는 손상이 발생한 구간의 규칙에 따른다.

② UN이 선호한다.

7. 복합운송과 정형거래조건

(1) FCA 계약

① 해상운송의 FOB 계약의 조건과 유사하나 매도인은 본선이 아닌 지정된 장소에서 운송인의 관리하에 물품을 인도함으로써 자신의 의무를 이행한다.

② FCA 계약에서도 위험, 비용 및 책임의 분기점인 한 장소를 지정해야 하며, 이 장소로는 운송인의 터미널이나 CFS, 내륙 데포(depot) 등이 사용된다.

핵심 *Note*

▶ FCA 조건에서 수출자는 수출통관을 한 다음, 수출국 내에서 바이어가 지정한 운송인에게 물품을 인도하면 되고, 그 후의 해외 운송비 등에 대해서는 책임질 필요가 없다.

▶ FCA 조건에서 수출자는 보험을 들 의무가 없지만, 신용장상에 수출자가 보험을 들어 보험증서를 첨부할 것을 요구하고 있다면 들어야 한다.

▶ FCA 조건은 FOB 조건과 거의 같으나 복합운송에 적합하게 되어 있다는 점이 다른 점이다.

(2) CPT, CIP 계약

① FCA 계약과는 달리 매도인이 지정된 목적지까지 운송계약을 체결하고 운임을 지급해야 하나, 물품에 대한 위험부담은 최초의 운송인에게 물품이 인도될 때 이전하게 된다.

② 화환취결시 은행의 담보용으로 운송서류를 사용할 경우에는 유통성 복합운송증권을 제시해야 한다.

핵심 *Note*

▶ CIF와 CIP의 차이: 인코텀즈에는 CIF는 해상운송에, CIP는 그 외 육상운송, 항공운송, 복합운송에 사용하는 것으로 정의되어 있지만, 실제로는 항공운송에서도 CIF를 많이 사용하고 있다. 그만큼 두 조건은 거의 같은 내용을 갖고 있으며 수출자의 책임한계도 거의 비슷하다.

제13장

무역상무와 해상운송

II. 핵심문제 및 예상문제

출제포인트

- 해상운송의 선적절차
- 해상운송 서류
- 해상운송의 정형거래조건
- 복합운송의 책임제도 및 정형거래조건

객관식 연습문제

1. FCL Cargo인 경우 해상운송을 위하여 공(空) 컨테이너를 (　　)에서 공장 또는 보세창고까지 운반하여 화물을 화주의 책임하에 컨테이너에 적재하고 다시 선박회사가 지정한 (　　)까지 운반하여 (　　) Operator에게 인도하면 선박회사가 적재하게 된다. (　　)안에 들어갈 공통의 단어는 무엇인가?

① CY(Container Yard)　② CFS(Container Freight Station)
③ ICD(Inland Container Depot)　④ ODCY(Off Dock Container Yard)
⑤ D/R(Dock Receipt)

해설 | FCL인 경우 CY(Container Yard)에서 모든 작업이 이루어지며, 화주와 선박회사 간의 책임분기점 또한 CY 인도시점이 된다. 답 ①

2. 본선적재시 승선세관원의 입회하에 선적지시서, 수출허가서 등과 대조확인을 거친 후 선적하게 된다. 만일 선적지시서의 내용과 선적된 화물이 불일치하거나 화물 또는 포장에 이상이 있는 경우에는 M/R의 Remarks 란에 기재되는데 이러한 M/R을 무엇이라 하는가?

① foul B/L　② clean B/L
③ foul receipt　④ L/I
⑤ clean M/R

해설 | 선적지시서의 내용과 선적된 화물이 불일치하거나 이상이 있는 경우에는 M/R의 Remarks란에 기재하며 이러한 M/R을 고장부수령증(foul Receipt)이라 한다. 이를 그대로 선화증권에 기재하여 발행된 선화증권은 고장부선화증권(foul B/L)이 된다. 답 ③

3. 양륙절차에 대한 설명으로 올바르지 않은 것은?

① 선박이 입항하면 선화증권의 착화통지인에게 통지한다.

② 착화통지인(Notify Party)은 은행으로부터 입수한 선화증권을 선박회사에 제시한다.

③ 착지급운임(Freight Collect)인 경우 운임을 지급한 후 인도지시서(D/O)를 발급받는다.

④ 선박회사는 직접 양륙지에서 양화 및 화물인도업무를 해야 한다.

⑤ 매수인은 화물 수입신고서(Import Declaration)를 세관에 제출하고 수입통관수속을 마친 후 화물을 인도받는다.

해설 | 선박회사는 보통 양륙지에서 자신의 양륙업자(Landing Agent)를 지명하여 양화 및 화물인도업무를 대행시키며, 양륙업자는 창고, 부선, 인부 등을 수배하여 검수 후 소정의 장소에 양륙하여 화주에게 화물을 인도한다. 답 ④

4. 운송 중의 손상, 사고가 아닌 양화 · 화물인도시의 중요한 사고 유형으로 올바르지 않은 것은?

① 양화착오 ② 초과양륙

③ 과부족양륙 ④ 화물수도

⑤ 인도착오

해설 | 지정양륙지 이외의 양륙지에서 화물이 양륙되는 양화착오(Mislanding), B/L의 기재량보다 많은 수량이 양륙되는 초과양륙(Overlanding), 부족한 과부족양륙(Shortlanding), 선화증권면에 기재된 화물이 아닌 다른 화물이 인도되는 인도착오(misdelivery) 등은 양화 및 화물인도시 발생할 수 있는 사고의 유형이다. 화물수도라는 말은 화물수도증(Cargo Boat Note: B/N)에서 나온 말이며, 화물의 상태를 검사하여 화물에 이상이 있을 때 기입하는 서류이다. 답 ④

5. 수출화물의 컨테이너 운송에 관한 설명 중 올바르지 않은 것은?

① LCL 화물은 CFS에서 혼재한 후 CY로 반입한다.

② FCL 화물은 수출항뿐만 아니라 수입항에서도 CFS를 경유하지 않고 모두 CY로 직반입된다.

③ FCL 화물은 CY로 직반입된다.

④ Door to Door가 이루어지는 화물은 FCL 화물이다.

⑤ CFS/CY는 수출항의 CFS에서 혼재된 화물이 수입항에서 단일의 수하인에게 인도되는 방식이다.

해설 | 모든 화물은 수입항에서 CFS 반입을 거쳐 화물 인출이 이루어지는데, FCL 화물인 경우 CY에서 수화인이 화물수령을 할 수 있다. 답 ②

6. 선화증권의 기능으로 올바르지 않은 것을 모두 고르시오.

① 권리증권 ② 물품 적재사실 통지서
③ 운송계약의 증빙 ④ 화물영수증
⑤ 수화인의 권리 대변

해설 | 선화증권은 화물 그 자체를 상징하는 권리증권이며, 그 자체가 계약이 아니라 계약체결의 증빙서류이다. 또한 선화증권은 그것에 기재된 화물의 수량, 중량 및 상태와 같은 물품을 운송인이 송화인으로부터 수령하였다는 추정적 증거(prima facie evidence)이며 선화증권의 발행일은 선적일의 추정적 증거가 된다. 해상화물운송장은 물품 적재사실 통지서이며 수화인의 권리를 대변한다. 답 ②, ⑤

7. 선화증권의 법적 성질로 올바르지 않은 것을 고르시오.

① 인도증권 ② 지시증권
③ 교환증권 ④ 채권증권
⑤ 상환증권

해설 | 선화증권은 유가증권, 지시증권, 채권증권, 상환증권, 인도증권, 처분증권의 법적 성질을 가지나 교환증권의 성질은 가지지 않는다. 답 ③

8. 다음 중 복합 선화증권의 기재사항으로 올바르게 짝지어지지 않은 것을 고르시오.

① Shipper-Consignee
② B/L No.-Voyage No.
③ Freight and Charges-Revenue Tons
④ Seal No.-Insurance No.
⑤ Place of Delivery-Final Destination

해설 | 선화증권에는 송화인(Shipper), 수화인(Consignee), 선사가 임의로 규정한 표시번호(B/L No.), 운송선박의 운송회사나 선박회사가 임의로 정한 일련번호(Voyage No.), 상품의 운송에 따른 제반비용의 명세(Freight and Charges), 운임톤수(Revenue Tons), Container에 적재된 화물에 봉인을 한 Seal 번호(Seal No.), 운송인이 수화인에게 인도해 주는 장소(Place of Delivery), 최종 목적지(Final Destination) 등이 명기된다. 그러나 보험 번호는 기재되지 않는다. 답 ④

9. 내항성담보, 항해과실면책의 폐지, 화재면책의 폐지, 면책 카탈로그 폐지, 지연손해 등에 대한 규정을 제정함으로써 운송인의 면책을 폐지한 법규는 무엇인가?

① 함부르크규칙(Hamburg Rules) ② 헤이그-비스비규칙(Hague-Visby Rules)
③ 하터법(Harter Act) ④ 헤이그규칙(Hague Rule)
⑤ 인코텀즈(Incoterms)

해설 | 함부르크협약은 운송인의 책임구간을 'from port to port'로 확대하였으며, 운송인의 면책을 폐지함으로써 책임을 증가시켰다. 답 ①

10. 다음 중 국제해운법규의 제정 순서대로 올바르게 나열된 것을 고르시오.

① 하터법 → 헤이그규칙 → 함부르크규칙 → 헤이그-비스비규칙

② 헤이그규칙 → 헤이그-비스비규칙 → 하터법 → 함부르크규칙

③ 헤이그규칙 → 헤이그-비스비규칙 → 함부르크규칙 → 하터법

④ 하터법 → 함부르크규칙 → 헤이그규칙 → 헤이그-비스비규칙

⑤ 하터법 → 헤이그규칙 → 헤이그-비스비규칙 → 함부르크규칙

해설 | 하터법 1893년, 헤이그규칙 1924년, 헤이그-비스비규칙 1968년, 함부르크규칙 1978년에 제정되었다. 답 ⑤

11. FOB 계약에서 매도인의 제공서류로 올바르지 않은 것은?

① 상업송장 ② 보험증명서

③ 포장명세서 ④ 원산지증명서

⑤ 수량증명서

해설 | 매도인의 제공서류로는 상업송장, 포장명세서, 품질증명서, 수량증명서, 물품의 본선인도를 증명하기 위한 무고장본선수령증 등을 제공해야 한다. 기타서류로 원산지증명서, 영사서류 등도 포함될 수 있으나, FOB 계약에서 매도인은 보험의 책임을 지지 않으므로 보험증명서는 제공의무가 없다. 답 ②

12. FOB 계약과 CIF 계약의 공통점으로 알맞은 것을 모두 고르시오.

① 물품에 대한 위험부담의 분기점은 본선 적재 시점이다.

② 약정된 물품을 본선에 인도함으로써 매도인의 인도의무가 완료된다.

③ 약정된 물품을 본선에 인도하고 운송서류를 제공함으로써 인도의무가 완료된다.

④ 보험료 납입증명서가 필요하다.

⑤ 수출통관비용과 수출관세 등을 매도인이 부담하여야 한다.

해설 | 약정된 물품을 본선에 인도함으로써 매도인의 인도의무가 완료되는 것은 FOB 계약이며, 약정된 물품을 본선에 인도하고 운송서류를 제공함으로써 인도의무가 완료되는 것은 CIF 계약이다. 보험료 납입은 CIF 계약에서만 필요하다. 답 ①, ⑤

13. CIF 계약에서 FOB 계약과 달리 매도인이 제공해야 할 서류로 올바른 것을 모두 고르시오.

① 수량증명서 ② 보험서류

③ 운송서류 ④ 상업송장

⑤ 품질증명서

해설 | CIF 계약에서 매도인이 제공해야 할 서류는 FOB 계약에서 매도인이 제공하는 서류 외에 운송서류와 보험서류가 있다. 답 ②, ③

14. CIF 계약과 동일하나 비용 중 보험료를 매도인이 부담하지 않는 계약은?

① CIP ② FOB
③ CNF ④ CFR
⑤ EXW

해설 | CFR(Cost and Freight: 운임포함조건)계약에서의 위험부담은 CIF 계약과 동일하나 비용 중 보험료를 매도인이 부담하지 않는 점이 차이점이다. 답 ④

15. CIF 계약의 비용은 수출원가, 해상운임 및 해상보험료를 포함하는데, 해상운임에는 정기선에 부과되는 ( )도 포함될 수 있다. ( )에 들어갈 알맞은 말은?

① 폭동위험비 ② 소요비
③ 양륙비 ④ 전쟁위험비
⑤ 동맹파업위험비

해설 | 전쟁위험, 동맹파업위험, 소요, 폭동의 위험 등은 해상보험에서 추가특약으로 부보되는 내용이며, 정기선에 부과되는 비용은 양륙비이다. 답 ③

16. 국제복합운송에 대한 설명 중 올바르지 않은 것은?

① 복합운송인에 의해 국제간의 화물운송이 해상 · 항공 · 육상 중 두 가지 이상의 서로 다른 운송방식으로 이루어지는 화물운송이다.
② 유엔에서는 1980년 국제복합물품운송에 관한 협약을 제정하였다.
③ 1973년 유엔경제사회이사회는 UNCTAD의 후원하에 IPG를 설치하였다.
④ 복합운송인은 운송을 위한 화물의 멸실이나 손상에 대해서만 책임을 진다.
⑤ 복합운송서류에 관한 통일규칙은 1975년부터 시행되고 있다.

해설 | 복합운송인은 운송을 위한 화물의 수령시부터 인도시까지 전 운송과정에 걸쳐 화물의 멸실, 손상 또는 인도의 지연에 의해 발생하는 손해에 대하여 책임을 진다. 답 ④

17. 복합운송인의 책임규정에 대한 유엔의 협약은 무엇을 중심으로 하고 있나?

① 운송인의 이익 ② 화주의 이익
③ 일반 원칙 ④ 화물의 안전
⑤ 면책조항

해설 | 유엔협약의 복합운송인 책임규정은 Hague Rules, Hamburg Rules와 같이 화주의 이익을 중심으로 하고 있는 강행 규정이다. 답 ②

18. UNCTAD/ICC 복합운송증권규칙에 대한 설명 중 올바르지 않은 것은?

① UNCTAD/ICC 복합운송증권규칙은 1992년 1월 1일부터 시행되고 있다.
② 복합운송계약에서 이 규칙을 적용시킬 경우에만 적용된다.
③ 복합운송인은 운송인 사용인의 항해상의 과실에 대해서도 책임을 진다.

④ 국제협약이나 국내법의 강행규정이 이 규칙보다 우선 적용된다.
⑤ 과실책임주의와 수정된 단일책임체계를 원칙으로 한다.

해설 | 복합운송인은 선장, 선원, 선사 또는 운송인 사용인의 항해상의 과실과 운송인의 고의나 과실이 아닌 화재에 대해서는 면책된다. 답 ③

19. 복합운송인의 책임이 운송물의 멸실 또는 훼손이 생긴 운송구간을 아는 경우와 이를 알 수 없는 경우로 구분하는 책임제도는 무엇인가?
① 절충식책임체계 ② 단일책임체계
③ 일반책임체계 ④ 이종책임체계
⑤ 특별책임체계

해설 | 이종책임체계하에서 복합운송인의 책임은 운송물의 멸실 또는 훼손이 생긴 운송구간을 아는 경우와 이를 알 수 없는 경우로 구분하고, 운송인의 책임은 운송물의 멸실 또는 훼손이 생긴 운송구간에 적용될 국제 조약 또는 강행적인 국내법에 따라 결정된다. 답 ④

20. 다음 중 단일책임체계에 대한 설명으로 올바르지 않은 것은?
① UN이 선호하는 방식이다.
② 복합운송인은 책임원칙, 책임의 한계에 있어 독자적 책임제도를 따른다.
③ 단일책임체계는 간명하기 때문에 당사자들 간 분쟁을 줄일 수 있다.
④ 오늘날 컨테이너 선화증권이나 복합운송증권상의 책임제도는 단일책임체계이다.
⑤ 송화인이나 운송인이 손해발생의 장소나 시기를 고려할 필요가 없다.

해설 | UN은 이종책임제도와 단일책임제도를 절충한 절충식책임체계를 선호한다. 답 ①

21. 다음의 내용 중 그 성격이 다른 하나를 고르시오.
① 운송구간 또는 운송방식에 따라 고유한 법원칙이 성립되어 적용된다.
② ICC의 통일규칙과 FIATA, BIMCO 등에서 공표한 복합운송증권이 이 방식을 따른다.
③ 개도국이 선호하고 있다.
④ 선진국이 선호하고 있다.
⑤ 복합운송내에 각종의 책임제도가 공존한다.

해설 | 개도국이 선호하는 방식은 단일책임체계이며 나머지 항목은 이종책임체계에 대한 설명이다. 답 ③

22. 복합운송증권에 대한 설명으로 올바르지 않은 것은?
① 책임형태에 따라 책임분할형증권과 단일책임형증권으로 구분된다.
② 한국의 상법에서는 선화증권과 화물상환증 두 종류만 운송증권으로 규정하고

있다.

③ 유통성 여부에 따라 유통성 복합운송증권과 비유통성 복합운송증권으로 구분된다.

④ 선화증권의 명칭 사용 여부에 따라 combined transport B/L, combined transport document로 구분된다.

⑤ 작성방법에 따라 지시식과 소지인식으로 구분된다.

해설 | 복합운송증권 중 선화증권의 명칭을 지니고 있는 경우는 combined(multimodal) transport bill of lading과 combined transport document의 두 가지로 구분되며 선화증권의 명칭이 사용되지 않는 경우는 multimodal transport document라 칭한다. 답 ④

23. 해상선화증권과 복합운송서류의 수리요건에 대한 설명이 올바르지 않은 것은?

① 복합운송서류의 발행자는 운송인, 복합운송인, 선장 또는 그 대리인이다.

② 해상선화증권은 선적항과 양륙항이 신용장조건과 일치해야 한다.

③ 해상선화증권은 신용장상 환적금지되면 해상선화증권상 '환적될 수 있다' 고 명시되어도 수리될 수 없다.

④ 복합운송서류는 환적조항을 규정하지 않고 환적을 전제로 한다.

⑤ 해상선화증권의 약식서류는 약식선화증권으로 수리된다.

해설 | 신용장상 환적금지시라도 해상선화증권상 '환적될 것이다' 또는 '환적될 수 있다' 라고 명시된 증권은 수리된다. 답 ③

24. FCA 계약에 대한 설명으로 올바른 것은?

① FCA 계약은 복합운송을 수용하는 거래조건이다.

② FCA 계약에서는 위험, 비용 및 책임의 분기점인 장소를 지정할 필요가 없다.

③ FCA 계약은 운송인은 운송수단을 소유, 운영하는 운송인만을 의미한다.

④ FCA 계약은 해상운송의 FOB 계약의 조건과 같다.

⑤ FCA 계약은 매수인의 요청에 의해 매도인이 운송계약을 체결할 수 없다.

해설 | FCA(Free Carrier: 운송인 인도조건), CPT(Carriage Paid to: 운송비 지급조건), CIP(Carriage, Insurance Paid to: 운송비, 보험료 인도조건) 등은 복합운송을 수용하는 거래조건이다. FCA 계약조건은 해상운송의 FOB 계약조건과 유사하나 매도인은 본선이 아닌 지정된 장소에서 운송인의 관리하에 물품을 인도함으로써 자신의 의무를 이행한다. 즉, FCA 계약에서도 위험, 비용 및 책임의 분기점인 한 장소를 지정하여야 한다. FCA 계약의 운송인(carrier)의 개념은 전 운송에 대하여 책임을 지는 운송인을 말하는 것이지 반드시 운송수단을 소유, 운영하는 운송인만을 의미하지는 않는다. 매수인의 요청에 의해 매도인이 운송계약을 체결하는 경우도 있는데 이 경우 매도인은 매수인의 위험과 비용부담으로 운송계약을 체결하게 되며 이를 '매도인의 추가의무' 라고 한다. 답 ①

25. Incoterms® 2010에 대한 FAS 조건에 대한 설명 중 옳은 것은?

① 위험부담의 분기점은 본선에 물품의 인도가 완료된 때이다.

② 비용의 분기점은 선측에 물품의 인도가 완료될 때까지이다.

③ 매도인은 해상운송 및 보험계약의무가 전혀 없다.

④ 매수인은 물품을 수출통관하여야 하며 수출허가도 받아야 한다.

⑤ 수입통관의무는 매수인이 아니라 매도인에게 있다.

해설 | Incoterms® 2010은 FAS 조건에서의 수출통관의무는 매도인의 의무라고 정하고 있다.

답 ②

단답식 연습문제

1. 선적시 본선측과 화주측은 검수인(tally man) 입회하에 화물의 수량과 상태를 조사하여 검수표(tally sheet)를 작성한다. 선적지시서와 대조 후 화물수령의 증거로 발급하는 것은 무엇인가?

답 본선수령증(mate' s receipt: M/R)

2. 국제물품 매매, 운송, 보험 및 결제 등 무역거래에서 전통적으로 사용해 온 종이서류를 인터넷을 통한 전자문서로 대체하는 상업적 시스템은 무엇인가?

답 볼레로(BOLERO) 시스템

3. FOB 계약과 CIF 계약에서 위험부담의 분기점은 무엇인가?

답 본선에 적재된 시점

4. 국제복합운송에서 선진국이 선호하고 있는 책임체계로 운송인의 책임이 운송물의 멸실 또는 훼손이 생긴 운송구간에 적용될 국제조약 또는 강행적인 국내법에 따라 결정되는 체계는 무엇인가?

답 이종책임체계(Network Liability System)

5. 해상운송의 FOB 계약조건과 유사하나 매도인이 본선이 아닌 지정된 장소에서 운송인의 관리하에 물품을 인도함으로써 자신의 의무를 이행하는 복합운송의 계약조건은 무엇인가?

답 FCA 계약

주관식 연습문제

1. 해상운송의 계약 성립 과정을 서술하시오.

무역계약이 체결된 후 매도인은 화물을 매수인에게 발송하기 위해 운송수단을 수배한다. 선박운송의 경우 매도인이 선박을 결정한 후 선박회사에 선복(ship's space)을 신청하는 선복신청서(shipping request: S/R)를 제출하고 선박회사가 이를 승낙하면 인수확인서(booking note)를 교부함으로써 운송계약이 성립된다.

2. FCA와 CIP, CPT 계약의 차이점을 서술하시오.

CIP나 CPT 계약은 FCA와는 달리 매도인이 지정된 목적지까지 운송계약을 체결하고 운임을 지급해야 하나 물품에 대한 위험부담은 최초의 운송인에게 그 물품이 인도될 때 이전하게 된다.

Ⅲ. 읽을거리

범한판토스, '삼국간 전자상거래' 로 세계 물류시장 선도

물류, 이제는 글로벌이다

범한판토스(대표 배재훈)는 국내 물류업계 글로벌화에 앞장서고 있다. 특히, 글로벌 물류의 선두에서 뛰고 있다는 평가를 받고 있다. 회사는 해상, 항공 화물 국제운송을 기반으로 현지국 통관, 보관, 내륙운송, 철도운송, 국제특송, SCM(전 세계 공급망관리)컨설팅 등 물류 프로세스 전반에 걸친 서비스를 제공하는 글로벌 종합물류기업이다.

이러한 결과는 회사가 글로벌 물류기업으로의 성장을 목표로 사업 초기단계부터 해외 네트워크 확대를 적극 추진해온 결과다. 현재 전 세계 39개국에 진출해 국내 물류기업 중 가장 많은 총 164개의 글로벌 네트워크를 확보하고 있다. 아시아, 미주, 유럽 등 대표적인 시장뿐만 아니라 업계 선도기업으로서 중동 · 아프리카 및 중남미와 같은 신흥 시장 개척에도 중점을 두고 물류 네트워크를 지속적으로 확장하고 있다. 올해에는 나이지리아, 아르헨티나, 미얀마 등 5개국에도 신규 진출할 계획이다.

해외 언론에서도 범한의 이 같은 성과는 주목을 끌었다. 2011년 9월, 세계적인 뉴스채널인 CNN은 인천의 지정학적 이점을 활용한 한국 물류기업 범한판토스의 '씨앤에어(Sea&Air) 운송' 방식을 보도했다. CNN은 대한민국이 세계 2위와 3위의 경제대국인 중국과 일본 사이에 가까이 있는 점, 북한 때문에 육로로는 연결되기가 어려운 점을 들어, 바다와 하늘을 연결하는 해양-항공 연계 운송을 통해 물류 소요시간과 비용을 최적화하고 있다며, 전 세계의 제조공장 역할을 하는 중국에서 출발한 IT 제품 등 화물이 배를 통해 인천항에 도착한 뒤, 범한판토스의 인천공항 물류센터를 거쳐 인천공항을 통해 하루 안에 전 세계로 운송되는 씨앤에어 운송 전 과정을 집중적으로 소개했다.

범한의 해외 네트워크 확장은 한국계 수출 제조기업과의 동반진출로 이뤄졌다. 국내 제조업들이 현지 기반을 마련하면, 로컬 기업과 현지에 진출한 글로벌 기업을 공략해 인접 국가로의 진출을 확대하는 전략을 구사하고 있다.

회사측은 "대부분의 글로벌 물류기업들이 출발지 항구에서 도착지 항구까지의(Port to Port) 운송에 주력하고 내륙 운송은 현지 업체를 이용하고 있다" 며 하지만 회사는 해외 진출 국가에서의 내륙운송 인프라에 대한 투자를 강화해 주체적인 DOOR to DOOR 배송 경쟁력을 확보하는 글로벌 W&D(Warehouse, 창고 & Distribution, 유통) 사업을 전 세계적으로 추진하고 있다" 고 말했다.

한편, 최근 폭발적으로 성장하고 있는 글로벌 전자상거래와 관련해 범한판토스는 164개의 글로벌 네트워크를 바탕으로 이베이 등 글로벌 전자상거래 업체와의 제휴를 통해 한국발뿐만 아니라, 3국에서 3국으로 움직이는 전자상거래 물류시장을 적극 개척한다는 계획이다.

(디지털타임스, 2013-03-28) 정유진 기자 yjin@dt.co.kr

생각해 봅시다

1. 해외에서 수입되는 전자상거래 물품의 주문에서 통관까지의 절차에 대해 생각해 봅시다.
2. 통관 절차 간소화에 따라 물류업체가 얻는 이득에 대해 생각해 봅시다.

제14장

다국적기업의 국제물류

제14장

다국적기업의 국제물류

I. 중요내용 핵심요약

출제경향 예상분석

- 다국적기업의 투자 발전
- 로지스틱스 전략
- 공급사슬관리

1. 수출에서 직접투자로의 발전단계

(1) 기업의 국제화 유형

직접투자가 행해지기 전에 수출이 선행되고 있다.

- **수출대체적 직접투자:** 기업의 새로운 투자로 종래의 수출활동이 저하되는 경우
- **수출보완적 직접투자:** 동시에 수출활동이 현지생산에 병행하여 활발히 행해지는 경우
- **독립적 직접투자:** 직접투자와 수출이 전혀 관계없는 경우

(2) 수출 · 직접투자의 발전단계

① 산업의 라이프사이클 모델

- 수입지향형 → 국내생산 지향형 → 수출 지향형 → 수출투자 종합형 → 현지생산 지향형

② 기업의 해외활동 패턴

- 수입대체 국내생산 → 수출 지향형 → 수출투자 종합형 → 현지생산 지향형 → 국내 공동화 수입 의존형
- 장기적: 국내생산 지향형 → 수출 지향형 → 수출투자 종합형 → 현지생산 지향형

③ 기업의 국제화 과정의 변종

- **비교우위 상실에 따른 직접투자 시장으로의 진입 곤란 케이스:** 수출 지향형에서 국내생산 지향형으로 거꾸로 돌아가는 것
- **수출대체적 직접투자 케이스:** 수출 지향형에서 바로 현지 생산형으로 전환하는 것
- **신산업에 있어서 수출투자 병용의 글로벌한 전략 케이스:** 국내생산 지향형에서 바로 수출투자 종합형으로 발전하는 것

2. 산업내 분업 모델과 직접투자 기업내 분업 패턴

(1) 수평적 제품차별화에 의한 분업과 직접투자

① 풍부한 제품의 유리성과 광고활동

제품차별화가 전개되는 경우 품질격차, 브랜드 차이에 의한 분업이 확대

② 분업특화에 의한 규모의 경제

제품차별화의 정도와 생산규모의 관계가 중요한 문제

(2) 수직적 제품차별화에 의한 분업과 직접투자

① 기업내 다수의 제품이 개발되는 경우 이루어짐.

② 다국적기업은 각국의 외부환경에 맞추어 개발된 차별화 제품들을 분담생산하기 위해 해외 자회사를 설립함.

(3) 생산공정별 분업과 직접투자

① 다품종 부품생산과 규모의 경제

- 나라마다 요소조건, 기술조건 등 외부시장의 환경에 큰 격차가 있으므로 이를 유효하게 활용하도록 생산 거점망을 정비함.
- 생산공정별로 그 부품자재의 상품속성을 1국의 독자적인 환경에 맞추면, 종합적으로 부품조달의 비용이 삭감됨.

② 본사의 부품개발과 직접투자

③ 내부시장을 통한 글로벌 로지스틱스 전략

3. 기업내 무역과 네트워크 조직

① 세계 다국적기업은 기업 내외에서 형성된 2차원의 물류 네트워크에 의해 상호 결합하는 모습을 보인다.

② 계열외 네트워크형 물류의 형성과 기업 제휴는 글로벌 제휴(Global Alliance)를 모색하는 모습이다.

③ 국제적인 로지스틱스 사슬을 구축함에 있어서 핵심적인 문제는 국내물류와 국제물류를 원활하게 결합하는 것이다.

4. 국제 로지스틱스 전략

(1) 국제 로지스틱스의 관리와 조직구조

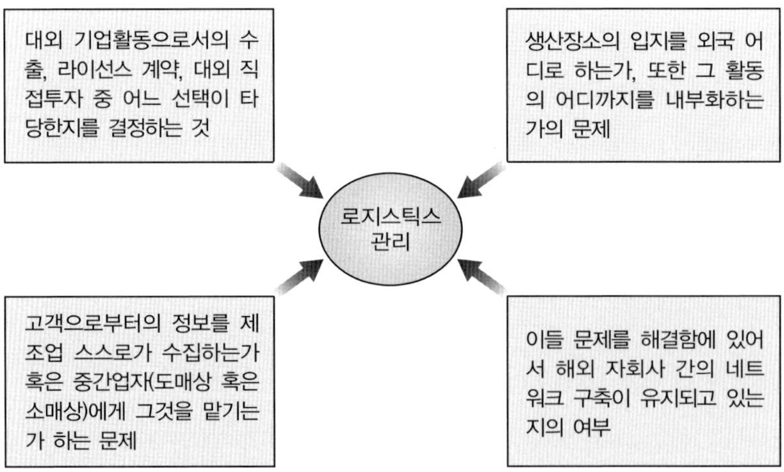

(2) 국제 로지스틱스 전략의 확립과 유지

① CALS(Computer Aided Acquisition and Logistic Support): 생산, 조달 · 운용 지원 시스템의 출현

핵심 Note

- CALS는 조달에서 설계, 개발, 생산, 운용, 유지 보수에 이르는 제품의 수명 주기를 통해서 기술 정보 등을 통합 데이터베이스로 일원적으로 관리하여 각 공정을 지원하는 시스템이다.
- EDI는 다른 기업 간에 수주, 발주, 수송, 결제 등 상업 거래를 위한 자료를 데이터 통신 회선을 통해 표준화된 포맷과 규약에 따라 컴퓨터 간에 온라인으로 전달하는 것이다.

② CALS와 EDI(Electronic Data Interchange)의 융합 ⇒ 전자상거래(Electronic Commerce)의 실현

5. 공급사슬관리

(1) SCM(Supply Chain Management)의 개요

① 정보통신기술을 활용해 제조와 물류, 유통업체의 상품흐름을 한눈에 파악할 수 있도록 하는 총체적 유통공급 관리망을 뜻한다.

② SCM의 정착을 위해서는 SCM 안에 있는 모든 기업들이 전략적으로 협력적인 관계를 유지하는 것이 가장 중요하다.

(2) SCM의 발전과정

① 1단계: 창고와 수송의 두 기능을 통합으로 재고감소, 예측기간 단축 및 정확도 증가

② 2단계: 물류단계로 1단계에 제조, 조달, 주문관리 기능이 추가

③ 3단계: 통합 SCM 단계로 통합된 기능 사슬이 연장되어 공급자와 고객이 추가

④ 4단계: Super-SCM 단계로 정보기술혁명에 따라 제품개발, 마케팅, 고객 서비스와 같은 더 많은 기능들을 통합

(3) SCM의 효과와 장점

① 고객별로 커스터마이즈된 전자 카탈로그를 제공할 수 있고 부가적으로 커스터마이즈된 서비스를 제공할 수 있다.

② 부분별로 다양한 가격옵션을 직접 제공받고 제공할 수 있다.

핵심 Note

▶ SCM은 기업 간 또는 기업 내부에서 제품/부품의 생산자로부터 사용자에 이르는 공급 체인을 제공함과 동시에 공학 기법을 활용해서 불필요한 시간과 비용을 절감하려는 관리 기법으로 제품 계획, 원재료 구매, 제조, 배달 등 공급망에 관련된 구성 요소를 유기적으로 통합하고, 그 결과로 생성된 가치를 고객에게 전달한다.

③ 구매 사이클 타임(cycle time)을 줄일 수 있으며, 이에 따라 최소 재고를 유지할 수 있다.

④ 구매주문에 들어가는 각종 업무비용을 줄일 수 있고 주문 프로세스의 간접비를 감소시킨다.

⑤ 제품 배송의 라이프사이클을 감축할 수 있고 실시간으로 24시간 언제나 전 세계 고객을 만족시킬 수 있다.

(4) QR(Quick Response, 신속대응)

① 의류업계에서 최초로 시작된 납기단축시스템이다.

② 상품의 판매 정보를 제조업체부터 소매점까지 공유하고, 어느 제품의 어느 주문이 어디에서 처리되고 있는가 하는 생산 · 유통 공정정보를 전 기업들이 서로 교환함으로써 기회손실과 부동재고의 문제를 동시에 해결한다.

③ 신속대응의 구조(의류의 경우)

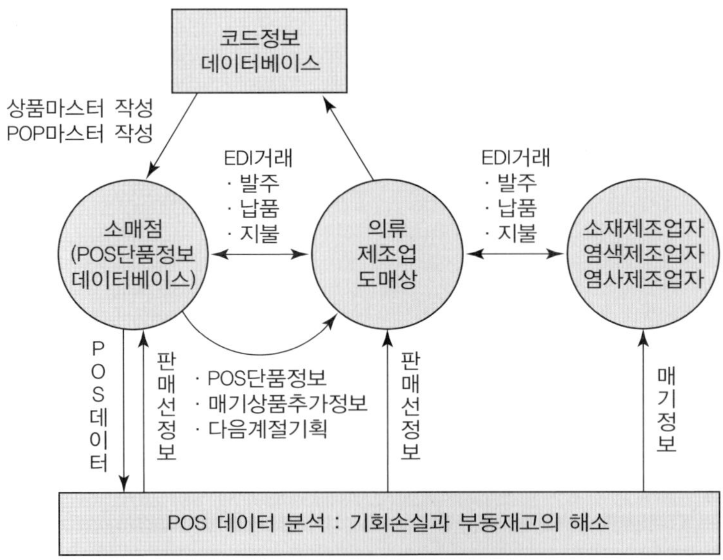

핵심 *Note*

- ▶ 신속대응 시스템은 제품의 제조에서 소비자에게 전달되기까지의 제조 과정을 단축시키고 소비자의 욕구 및 수요에 적합한 제품을 공급함으로써 제품 공급사슬의 효율성을 극대화하려는 기법이다.
- ▶ 기업이 얻을 수 있는 장점: 재고수준의 감소, 납기의 단축, 총비용 절감, 생산성 향상, 변화하는 시장 수요에 대한 대응력, 재공품의 감소, 시장점유율 및 고객 애호도 증가
- ▶ 기업 부담 요인: 시스템 초기 구축에 따른 초기 투자부담, 직원에 대한 교육 및 훈련의 필요성, 시스템 운영에 따른 구체적 성과의 모호성

(5) ECR(Efficient Consumer Response, 효율적 소비자 대응)

① 필요한 상품을 필요한 장소에 필요한 때에 필요한 양만큼 가장 효율적인 방법으로 공급하는 것이 목표이다.

② 적시에 정보를 서로 교환하여 이제까지 가지고 있던 '안전분량'의 재고를 줄이고, 정보화를 통해 '대략적인 예상'에 의한 재고의 과부족을 줄이고 전표를 보거나 문의하는 사무처리도 삭감하는 것이다.

③ ECR의 구조

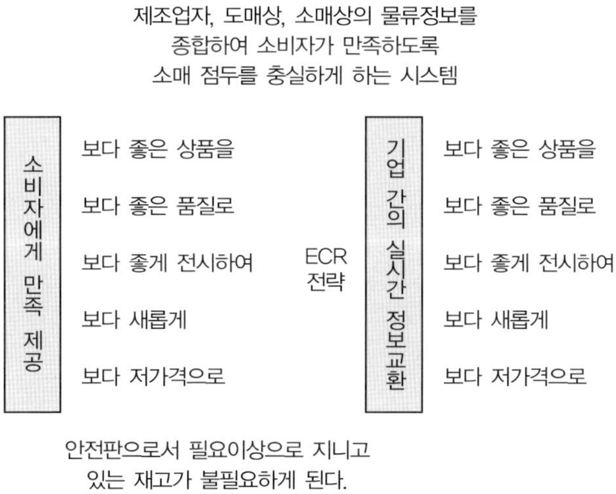

핵심 *Note*

- ▶ ECR은 효율적 소비자 대응시스템으로 소비자에게 보다 나은 가치를 제공하기 위하여 유통업체와 제조업체가 서로 밀접하여 제휴하고 있는 식품산업의 전략이다.

(6) VMI(Vendor Management Inventory, 납입업자에 의한 재고관리)

① 소매상, 도매상, 제조업체 모두가 POS 데이터를 보면서 시장의 동향을 파악함으로써 팔리지 않는 것을 운반하거나 보관하는 불필요성을 줄이는 것이 목적이다.

② VMI는 동일 POS 데이터를 보면서 보내져 오는 양을 예측하여 발주를 생략하는 것이다.

③ VMI의 구조

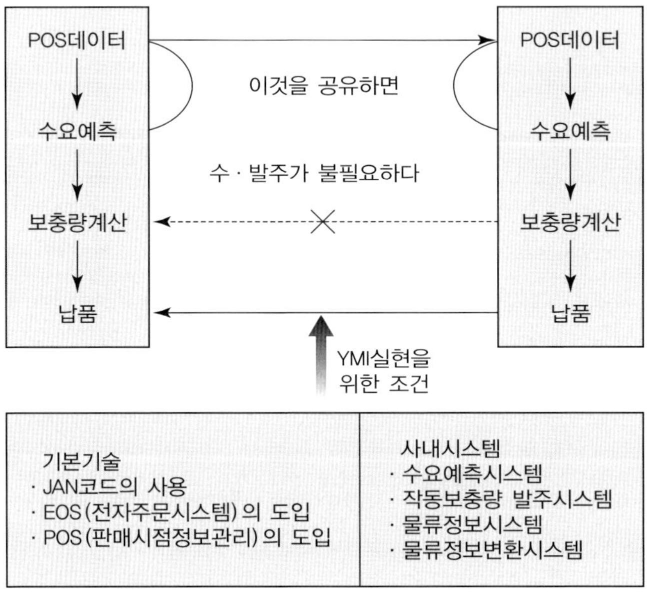

핵심 Note

- VMI란 공급체인에 있어서 실적을 극대화하기 위해 생산자가 납품대상 업체의 재고량을 유지, 관리하는 방식이다.
- VMI 모델하에서는 생산자가 EDI 혹은 인터넷을 통해 구매자의 판매 및 재고량에 대한 정보를 공유하며, 생산자는 구매자가 취급하는 모든 제품을 살펴보고 판매량도 확인하며 구매자의 재고 계획을 기획, 유지, 수행한다.

제14장

다국적기업의 국제물류

II. 핵심문제 및 예상문제

출제포인트

- 다국적기업의 투자 발전 단계
- 공급사슬관리

출제예상비율

- 매년 2~3문제 출제(기말시험)

객관식 연습문제

1. 기업의 수출 및 직접투자의 발전 단계에 대한 설명으로 올바르지 않은 것은?

① 수입 지향형, 국내생산 지향형, 수출 지향형, 수출투자 종합형, 현지생산 지향형의 5가지로 분류된다.

② 국내생산이 곤란한 첨단산업에서는 수입활동이 활발하게 이루어진다.

③ 기업의 국제활동의 마지막 단계는 수출투자 종합형이다.

④ 국내시장 지향의 공급을 초과하는 여력이 생기면 해외시장 판매 단계로 발전한다.

⑤ 현실적으로 기업의 국제화 발전 단계는 일직선이 아니라 다양한 변종이 있다.

해설 | 기업의 국제 활동의 장기적인 발전을 추적하면, (국내시장 지향의) 국내생산 지향형에서 수출 지향형, 수출투자 종합형, 마지막으로 현지생산 지향형(곧 국내 공동화 및 수입 의존형)으로 발전해 간다. 답 ③

2. 다음 내용 중 그 성격이 다른 하나를 고르시오.

① 차별화된 제품의 수가 많을수록 제품의 종류가 풍부해진다.

② 다양한 제품차별화에 관해 기업은 시장에서 각각 독점적 경쟁력을 지니고 있다.

③ 독립성이 강한 자회사 간에서는 분담 상품의 쟁탈이나 경합이 일어날 우려가 있다.

④ 동일 범주에 속하는 상품이라도 부가가치율과 기술 수준에 기본적인 격차가 있는 제품차별화가 이루어진다.

⑤ 차별화되는 한 가지 제품의 생산은 하나의 자회사에 집중시키는 것이 유리하다.

해설 | 동일 범주에 속하는 상품이라도 부가가치율과 기술 수준에 기본적인 격차가 있는 제품차별화가 행해지기 때문에 수직적 제품차별화에 의한 분업과 직접투자가 이루어지는 것이다. 나머지 설명들은 수평적 제품차별화에 의한 분업과 직접투자에 대한 설명이다. 답 ④

3. 다국적기업의 국제물류 담당자가 유의해야 할 사항으로 올바르지 않은 것은?

① 합리적인 정보 네트워크에 의한 물류 시스템 각 부분의 비용절감

② 물류업무에 관한 지식과 기술수준의 향상

③ 계획 및 조정을 위한 본부 기능의 확립

④ 적시적인 데이터 확충

⑤ 정해진 수량의 지속적인 발주

해설 | 적절한 담당자가 최적의 정보를 수취하여 필요한 빈도로 적당한 시기에 발주를 예측하여 시행해야 한다. 답 ⑤

4. 다음 중 생산단계의 종착점이며 물류단계의 종착점에 해당하는 물류기능은?

① 하역　② 조달

③ 수송　④ 정보

⑤ 포장

해설 | 물류는 포장-조달-수송-하역의 단계로 이루어지며 각 단계는 정보로 연결된다. 답 ①

5. 다국적기업의 국제 로지스틱스 전략에 관한 설명이다. 옳지 못한 것은?

① 국제조달본부가 범세계 네크워크를 통해 전 세계적인 공통부품과 현지조달에 의한 고유부품과, 조달방법 간의 균형과 조화를 추진하고 있다.

② 세계적 시각에서 공장입지의 선택, 자원확보, 운송거점의 설치, 규격의 표준화, 스왑(swap) 등을 경영전략상의 최우선순위로 추진하고 있다.

③ 세계 전체가 생산기지라는 개념하에 기능분담을 위해 범세계적인 시야에서 생산기지를 통합적으로 관리하고 있다.

④ 국내 · 외 물류를 통합 운영하면서 모국에서는 전 부품을 생산, 조달하며 현지국에서는 단순 유통가공을 통해 판매하는 전략을 수립하고 있다.

⑤ 판매면에서는 완성품의 국제유통, 완성품 및 서비스부품의 재고, 창고관리, 수송 · 배송 등을 대상으로 국제마케팅의 주요 전략으로 로지스틱스 운영을 하고 있다.

해설 | 다국적기업은 국내 · 외 물류를 통합 운영하면서 현지국에서는 전 부품을 생산, 조달하며 현지국에서는 단순 유통가공을 통해 판매하는 전략을 수립하고 있다. 답 ④

6. 최근 물류환경의 변화에 대한 설명으로 거리가 먼 것은?

① 최근 기업들의 글로벌 네트워크 구축으로 인하여 전자상거래가 급속히 감소되고 있다.

② 소비자 니즈에 신속하게 대응하기 위하여 물류시스템을 재구축하고 있다.

③ 기업 간의 전략적 제휴를 통하여 전국적인 네트워크를 구축하고 있다.

④ 기업의 경쟁력을 강화하기 위하여 물류기능의 일부 또는 전부를 물류전문업체

에게 아웃소싱하는 형태가 확산되고 있다.

⑤ 최종 사용자 중심의 부가가치 개념을 중시하여 e-Logistics, e-SCM, 물류 e-Marketplace 등이 등장하고 있다.

해설 | 최근 기업들의 글로벌 네트워크 구축으로 인해 편리한 전자상거래가 활성화되고 있다.

답 ①

7. 한국 기업들의 국제경쟁력 강화를 위한 물류산업 체질개선방안이라고 보기 어려운 것은?

① 도로 위주의 화물운송 구조의 개선

② 화물운송업에 대한 경제적 규제 최소화

③ 창고・보관시스템의 합리화

④ 현행 노무공급제도의 유지

⑤ 물류인프라 구축

해설 | 한국 물류의 가장 큰 문제점은 화물연대의 파업이다. 직업식 방식에 의해 노동자의 권익이 줄어들기 때문에 화물연대의 파업이 이루어지며 이에 따른 물류 대란은 심각한 수준이다. 현행 노무공급제도의 개선이 시급한 현실이다.

답 ④

8. Das & Handfield는 기업이 글로벌 소싱 활동을 수행함에 있어 JIT(Just-in-time) 전략 추구가 어려운 요인을 설명하였다. 다음 설명 중 적절하지 않은 것은?

① JIT는 공급자와의 단기계약이 일반적이지만, 글로벌 소싱은 주로 장기계약에 의존한다.

② JIT는 다빈도 소량수송이 필수적이지만, 글로벌 소싱에 적용하기는 어렵다.

③ JIT는 수송시 제품 손상이 적으나, 글로벌 소싱에서는 상대적으로 많이 발생한다.

④ JIT는 공급자의 유연성과 반응성이 높으나, 글로벌 소싱에서는 그렇지 않다.

⑤ JIT는 일반적으로 공급자와의 거리가 가깝지만, 글로벌 소싱은 공급자와의 거리가 멀다.

해설 | JIT는 공급자와의 장기계약이 일반적이며, 글로벌 소싱은 단기계약이 일반적이다. 답 ①

9. 물류의 기능과 합리화 대책에 대한 내용 중 잘못 연결된 것은?

① 하역 – 취급 물품에 적합한 기기 및 장비사용

② 보관 – 랙 및 자동창고시스템

③ 수송 – 단계적 포장 모듈화, 표준화

④ 포장 – 강도연구 및 검사 강화

⑤ 정보 – 물류 EDI망 구축

해설 | 단계적 포장 모듈화 및 표준화는 포장에 대한 내용이다.

답 ④

10. 향후 물류시스템의 나아갈 방향으로 올바르지 않은 것은?

① 기업 간 전략적 제휴를 통한 물류전략의 구현
② 고객만족을 위한 효율적인 물류시스템 구축
③ 고부가가치 물류를 구현하기 위한 물류센터의 서비스기지화
④ 개별기업 중심의 효율적인 물류전략 실현
⑤ 글로벌 물류 네트워크 시스템의 구축 및 활용

해설 | 향후 물류시스템은 글로벌 얼라이언스와 같은 기업 간 전략적 제휴를 통해 네트워크를 중심으로 한 효율적인 물류전략을 실현하는 것이 될 것이다. 답 ④

11. 글로벌 공급망의 성공여부를 평가하는 요인으로 올바르지 않은 것은?

① 주문인도 사이클
② 완전 선적된 주문품의 비율
③ 고객에게 부가되는 가치
④ 적시 선적된 주문품의 비율
⑤ 안전한 재고수준

해설 | 글로벌 공급망의 성공은 고객에게 부가되는 가치와 관계없이 주문인도 사이클, 완전 선적된 주문품의 비율, 적시 선적된 주문품의 비율, 안전재고 수준 등으로 평가된다. 답 ③

12. 다음 중 통합물류관리(Integrated Logistics Management) 요소가 아닌 것은?

① 생산계획 ② 고객서비스
③ 주문처리 ④ 광고계획
⑤ 재고관리

해설 | 물류관리는 생산계획, 주문처리, 재고관리, 고객서비스로 구성된다. 답 ④

13. 물류시스템을 설계하는 데 반드시 고려해야 할 요소로 적절하지 않은 것은?

① 경쟁사의 물류시스템 및 전략
② 설계자 중심의 시스템 구축
③ 대상제품의 특성
④ 기존의 물류활동패턴
⑤ 물류관련 조직체계

해설 | 물류시스템은 이용자 중심의 시스템으로 구축되어야 한다. 답 ②

14. 물류시스템의 구축 순서가 올바르게 나열되어 있는 것은?

가. 시스템의 목표와 제약조건 설정
나. 모델구축 · 시스템 적용
다. 시스템 유지 · 관리
라. 시스템 구축 전담조직 구성
마. 데이터 수집
바. 데이터 분석

① 가-라-마-바-나-다
② 가-마-라-바-나-다
③ 가-라-바-나-마-다
④ 가-마-바-나-다-라
⑤ 가-마-바-나-라-다

해설 | 물류시스템은 시스템의 목표와 제약조건 설정-시스템 구축 전담조직의 구성-데이터 수집-데이터 분석-모델구축 및 시스템 적용-시스템 유지 및 관리로 이루어진다. 답 ①

15. 물류관리의 대내외 환경은 물류조직에 영향을 미친다. 일반적인 물류조직의 성과를 높이는 방안으로서 거리가 먼 것은?

① 물류관리자는 부하의 인격적 상황을 잘 고려하여 부하의 직무에 대한 만족을 높이고 생산성 향상을 위해 노력해야 한다.
② 조직 전체의 목표뿐만 아니라 개인의 목표도 설정되어야 하며, 이들은 상호 보완적이어야 한다.
③ 조직이 목표를 달성하기 위하여 물류업무를 충실히 수행할 수 있는 전문 인력과 물류 시스템의 합리화를 위한 재무적 자원이 필요하다.
④ 물류가 판매, 생산, 재무 등을 통합적 시스템으로 운영하는 데 조정역할을 수행할 필요가 대두되면서 수직적 조직으로의 변화가 요구되고 있다.
⑤ 물류관리자는 물류 제 영역에서의 물류비용 절감과 물류서비스의 향상을 통하여 경영활동에서 이익을 창출하는 주도적인 역할을 담당하여야 한다.

해설 | 물류시스템은 수직적 조직에서 수평적 조직으로 변화되고 있는 중이다. 답 ④

16. 다음 중 물류관리(Logistics Management)의 영역에 속하지 않는 것은?

① 물류 네트워크 설계
② 고객서비스
③ 재고관리
④ 창고관리
⑤ 리스크관리

해설 | 리스크관리는 물류관리가 아닌 전체 공급사슬관리의 영역에 포함된다. 답 ⑤

17. 물류관리 업무에서 어려움은 물적 흐름과 정보의 흐름이 정보 왜곡현상으로 수요 또는 재고의 변동폭이 커지는 것이다. 이러한 현상으로 공급사슬관리(SCM: Supply Chain Management)에서 채찍효과(Bullwhip Effect)가 발생하는데, 이러한 현상을 감소 또는 방지하기 위한 방안으로 가장 거리가 먼 것은?

① 창고관리시스템(WMS: Warehouse Management System) 구축을 위한 정보시스템 예산확보와 각 공급체인의 개별적인 고유 의사결정 능력을 높여 나간다.

② 긴급 주문 등 수요의 변동에 대비하기 위하여 제품의 공급 리드타임(Lead Time)을 감축시킬 수 있는 방안을 강구한다.

③ 공급체인 전반에 걸쳐 수요에 대한 정보를 집중화하고 공급상의 제반 문제를 분석하여 대응전략을 수립 실천해 나간다.

④ 공급자재고관리(VMI: Vender-Managed Inventory) 등 공급체인 간의 협력과 통합되는 전략적 관계를 구축한다.

⑤ 최종소비자-영업 관리자-생산관리자와의 시차 없는 정보공유와 수요 변동폭을 감소시킬 수 있는 생산영업 전략을 수립한다.

해설 | 창고관리시스템(WMS)은 제품이 입고되어 적재되는 것으로부터 선택되어 출하되는 모든 작업 과정과 그 과정상에서 발생되는 물류 데이터를 자동적으로 처리하는 시스템으로 예산확보와는 관련이 없다. 답 ①

18. 다음 중 채찍효과(Bullwhip Effect)의 주요 원인이 아닌 것은?

① 중복된 수요예측
② 긴 리드타임
③ 실시간 주문처리
④ 가격의 변동
⑤ 결품 예방 경쟁

해설 | 채찍효과는 실시간 주문처리를 통해 해결될 수 있다. 답 ③

19. 다음은 무엇에 대한 효과인가?

> • 적시 배달 증대
> • 시간, 인력, 비용의 절약
> • 상품 추적 시스템의 개선

① 제3자 물류(TPL)
② 공급체인관리(SCM)
③ 종합적 품질관리(TQC)
④ 리엔지니어링(BPR)
⑤ 판매시점관리(POS)

해설 | 제3자 물류는 시간, 인력, 비용의 절약을 통해 대규모 자본 지출을 줄일 수 있으며, 상품 추적 시스템의 개선으로 적시 배달을 증대시킬 수 있다. 답 ①

20. 다음 그림과 같이 고객기업이 물류비절감, 고객 서비스 향상, 시장경쟁력 향상 등을 위하여 3PL 업자에게 업무를 위탁하는 것을 무엇이라 하는가?

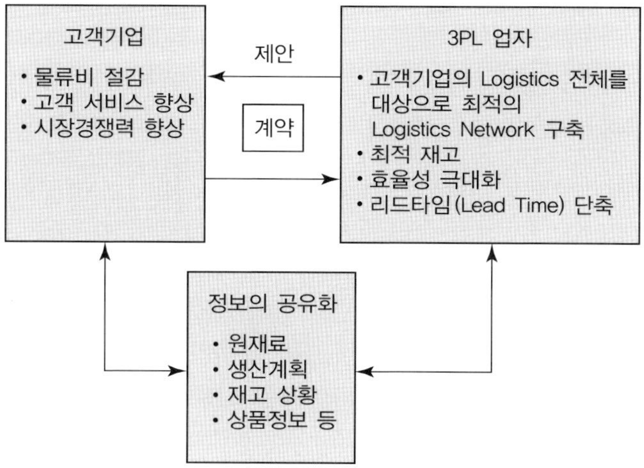

① Cross-docking

② JIT

③ SCM

④ Forwarding

⑤ Outsourcing

해설 | 3자물류에서 고객기업이 3PL 업자에게 업무를 위탁하는 것은 oursourcing이다. 답 ⑤

21. POS(Point on Sale)의 효과에 대한 설명으로 올바른 것은?

① 보충 발주 작업의 수동화

② 임시고용의 어려움

③ 종업원의 부정 우려

④ 정보의 발생시점에서부터 자료수집 가능

⑤ 재고파악이 어려워 신뢰성 저하

해설 | POS(Point on Sale)는 보충 발주 작업의 지동화로 인해 정보의 발생시짐부터 자료수집이 가능하여 다양한 상품의 재고파악이 용이한 시스템이다. 답 ④

22. 다음은 공급사슬관리(Supply Chain Management)와 전통적 접근방법을 비교한 것이다. 적절하지 않은 것은?

	공급사슬관리	전통적 접근방법
① 공동계획주기	지속적임	거래에 기반을 둠
② 총비용 접근방식	광범위한 경로비용 효율성	개별 기업 비용 최소화
③ 정보, 재고흐름	유통센터 시향적	창고 지향적
④ 시간영역	중장기적	단기적
⑤ 위험과 보상 방식	개별 책임	공동 책임

해설 | 위험과 보상 방식은 전통적 접근방법에서는 개별 책임이었으나 공급사슬관리에서는 공동책임이 된다. 답 ⑤

23. SCM의 장점으로 올바르지 않은 것은?

① 고객별로 세분화된 전자 카탈로그를 제공할 수 있다.

② 부분별로 다양한 가격옵션을 직접 제공받고 제공할 수 있다.

③ 구매 사이클 타임을 줄일 수 있다.

④ 구매주문에 들어가는 업무비용에는 변화가 없으나 간접비는 감소한다.

⑤ 제품 배송의 시간주기를 감축할 수 있다.

해설 | SCM은 구매주문에 들어가는 각종 업무비용을 줄일 수 있고 주문 프로세스의 간접비를 감소시킨다는 장점이 있다. 답 ④

24. SCM에 대한 설명으로 올바르지 않은 것은?

① SCM에 관련된 기업들은 정보 공유를 위해 비용이 들기 때문에 제품가격이 상승한다.

② 정보통신기술을 활용해 제조와 물류, 유통업체의 상품 흐름을 한눈에 파악할 수 있다.

③ 재고를 최적화하고 납기를 줄인다.

④ 공급망 전체에 흐르는 현금흐름(Cash Flow) 효율 향상을 목적으로 한다.

⑤ BPR(Business Process Re-engineering)의 일종이다.

해설 | SCM은 제조, 물류, 유통업체 등 유통과정과 관련된 모든 업체가 공동으로 데이터베이스(DB)를 구축함으로써 재고를 최적화하고 납기를 줄이는 전략적 제휴형태를 띤다. 이를 통해 SCM에 관련된 기업들은 비용을 줄이고 가격인하를 통해 소비자 만족을 극대화할 수 있다. 답 ①

25. 다음 중 SCM에 포함되지 않는 것은?

① ECR(Efficient Consumer Response: 효율적 소비자 대응)
② Kanban(간판시스템)
③ EDI(Electronic Data Interchange: 전자문서교환)
④ JIT(Just In Time: 적시)
⑤ QR(Quick Response: 신속대응)

해설 | EDI는 전자적 매체를 통한 전자적 정보의 전달 체계를 일컫는 말이며 SCM에 도움을 주는 시스템이기는 하나 SCM의 종류라 할 수는 없다. 답 ③

단답식 연습문제

1. 기업은 직접투자 이전에 수출을 하고 있다. 기업의 수출활동이 현지생산에 병행하여 활발하게 행해지는 경우를 무엇이라 하는가?

답 수출보완적 직접투자

2. 기업의 해외활동 패턴의 마지막 단계는 무엇인가?

답 국내 공동화 수입의존형

3. 수직적 제품차별화에 의한 분업과 직접투자에서 다국적기업은 각국의 이것에 맞추어 본사가 개발한 차별화 제품들을 분담생산하기 위해 해외 자회사를 각지에 설립하고 있다. 이것은 무엇인가?

답 외부환경

4. 계열의 네트워크형 물류의 형성과 기업 제휴는 초국가 기업적인 성격을 띠는데, 특히 항공업 분야에서는 Sky Team, Star Alliance와 같은 움직임이 일어났다. 이러한 움직임을 무엇이라 하는가?

답 글로벌 얼라이언스(Global Alliance)

5. 정보통신기술을 활용하여 제조와 물류, 유통업체의 상품흐름을 한눈에 파악할 수 있도록 하는 총유통공급관리망을 무엇이라 하는가?

답 공급사슬관리(Supply Chain Management)

주관식 연습문제

1. 국제 로지스틱스의 관리 기능을 3가지로 나누어 서술하시오.

국제 로지스틱스의 관리 기능은 자재관리, 생산관리, 물류관리로 나누어진다. 자재관리는 기업과 자재 공급자 간의 관계에 대한 것이며, 생산관리는 투입과 함께 시작하는 활동이다. 물류관리는 기업과 그 고객과의 관계에서 이루어지는 것이며, 이 세 가지의 관리를 분리해서 행한 경우의 성과보다 통일적인 로지스틱스 관리의 성과가 더 크게 됨으로써 달성된다.

2. SCM의 발전과정을 서술하시오.

SCM의 발전과정은 크게 4단계로 나누어 볼 수 있다. 1단계는 창고와 수송기능의 두 기능을 통합하여 더 빠르게, 더 자주, 그리고 특히 더 확실한 수송방법을 이용함으로써 재고감소를 이루며, 더 빠른 창고운용을 통한 더 짧은 주문 응답시간과 더 빠른 수송으로써 예측기간의 길이를 줄이고, 그 결과 예측의 정확도를 증가시키는 것이다. 2단계는 물류단계로서 첫 번째 단계에 제조, 조달, 주문관리 기능들이 추가된다. 3단계는 통합 SCM 단계로서 통합된 기능들의 사슬이 연장되어 한쪽 끝에는 공급자가, 또 다른 한쪽에는 고객이 추가된다. 마지막으로 4단계는 Super-SCM 단계로서 제품개발, 마케팅, 고객 서비스와 같은 더 많은 기능들을 통합하는 것이다. 이러한 통합된 프로세스를 가능케 하는 것은 컴퓨터 기술과 통신기술, 즉 정보기술혁명에 따른 것이다.

Ⅲ. 읽을거리

"BPM, 소셜 · 모바일 품고 새롭게 도약"

완만한 성장세 기대 … BPM 혁신 사례 지속 등장

BPM(Business Process Management)은 비정형화된 업무구성을 시스템화하는 솔루션이다. 업무프로세스를 표준화함으로써 업무 수행에 따른 복잡성을 제거, 비즈니스의 속도를 높일 수 있음은 물론 직원 개인의 업무와 책임을 명확하게 할 수 있는 이점을 제공한다. 이러한 특성으로 인해 일부에서는 EAI(Enterprise Application Integration)에 워크플로를 결합시킨 것이 BPM이라고 정의하기도 한다.

BPM은 업무를 프로세스화하여 일원적인 업무수행을 가능하게 한다. 이는 처리절차에 대한 교육이 필요 없게 만들어 효율성을 높일 수 있다. 이는 워크플로에 EAI를 결합하는 것와 동일하기에 BPM은 작업절차의 운영 흐름인 워크플로와 기업의 비즈니스 애플리케이션을 통합한 EAI의 결합으로 볼 수 있는 것이다.

직원 입장에서는 각 업무를 어느 시스템에 들어가서 처리해야 하는지 등에 신경쓰지 않고 업무 흐름만 따라가며 수행하면 돼 일처리가 훨씬 수월하게 된다. 기업의 입장에서 볼 때 이는 업무관리의 효율성을 높일 수 있게 한다. 또 이러한 업무관리의 효율성 향상을 통해 업무혁신의 기반을 마련할 수 있는 이점을 얻을 수 있다.

BPM은 2000년대 중반 등장 당시부터 많은 주목을 받았다. 효율성 향상, 업무혁신의 기반이 될 수 있기 때문이다. 하지만 BPM은 기대만큼 성장을 이뤄내지는 못했다. 기획부터 진행, 그리고 결과까지 업무 라이프사이클을 체계적으로 관리하는 프로세스 경영이라는 화두 속에서 수많은 기업과 기관이 BPM을 도입했지만, 이렇다 할 성공사례를 이끌어내지 못하면서 시장의 양적 팽창을 이뤄내지 못한 것이다.

BPM이 시장에 정착되지 못한 요인으로는 수행전략과 적절한 툴의 부재가 꼽힌다. 수행전략의 부재는 BPM에 대한 명확한 실체 파악 없이 효과만을 생각하고 접근했다는 것에 기인한다. BPM을 자사에 특화된 업무 프로세스에 제대로 녹아들게 하기 위한 고민 없이 솔루션 측면에서만 접근함으로써 프로세스와 유리되고, 이는 궁극적으로 BPM의 효과를 극대화하지 못하는 결과를 낳은 것이다.

점진적 업무 프로세서 통합 중요

해외에서 BPM의 성공사례를 살피면, 한 가지 공통점이 있다. 장기적 전략 아래에서 수행, 1회성 프로젝트가 아닌 지속적 프로젝트를 통해 개선사항을 도출하고, 적용하는 점진적 적용을 통해 성공을 이뤄낸 것이다. 이러한 점진적 접근이 필요한 까닭은 BPM 도입에는 반드시 프로세스의 변화를 불러오기 때문이다.

'세 살 버릇 여든까지 간다'는 속담처럼 사람의 습관을 바꾸는 것은 매우 어려운 일이다. 업무에 있어서도 마찬가지로 장기적으로는 BPM 툴을 익히는 게 업무수행에 유리하지만, 시간에 쫓기는 사용자들은 익숙한 기존 툴 사용을 선호하게 된다.

이는 한 번의 프로젝트를 통해 즉각적인 효과를 보기보다 점진적으로 업무 프로세스를 통합하면서 BPM으로 완성시키는 노력이 필요함을 보여준다. 더불어 BPM의 성공적 정착을 위한 전략이 마련돼 병행돼야 한다. 제도적인 노력이 병행되지 않는다면, 비즈니스 프로세스에 대한 변화는 결코 이뤄질 수 없는 요원한 작업이 되기 때문이다.

BPM이 즉각적으로 업무수행을 원활하게 할 수 있는 솔루션은 아니다. 장기적 교육을 통해 효과가 필요하다. 이러한 BPM의 특성은 빠르게 생산성 향상 효과를 기대한 기업의 요구와 달라 결국 시장에서 외면을 받게 됐다는 것이다. 따라서 성공적인 BPM을 위해서는 체계적인 계획을 통해 BPM을 업무 수행에 접목시키려는 노력이 함께 병행돼야 한다.

SNS와 결합, 장벽을 깬다

초기 기대만큼 성장을 이뤄내지 못하고, 최근 IT 시장에 휘몰아친 클라우드, 빅데이터, 소셜 네트워크 서비스(SNS), 모바일 등의 이슈에 밀려 BPM은 시장의 관심에서 한 발 멀어진 모습이다. 하지만 BPM의 유용성이 없어진 것은 아니다. 오히려 갈수록 복잡해지고 있는 IT는 BPM의 필요성을 더욱 높인다.

일관된 업무 프로세스를 구현, 업무 진행상황을 관리하면서 보다 효과적인 업무수행을 돕는 BPM의 이점은 여전히 유용성을 지니기 때문이다. 실제로 국내 시장에서 BPM이 초기와 같은 주목을 받는 것은 아니지만, 성공사례를 꾸준히 이어나가면서 조용하면서 점진적 성장을 이뤄내고 있다고 평가된다.

ERP 업그레이드와 함께 오라클 BPM 스위트를 도입한 삼양홀딩스를 비롯해 유엔진 BPM을 도입해 업무효율을 크게 향상시킨 대한생명 등이 이러한 사례다. 또 한국거래소도 IBM BPM을 도입, 스마트 경영의 기틀을 마련했으며, CJ도 핸디소프트의 BPM을 도입해 ERP의 효율을 제고시켰다. 또한 BPM은 최근의 기술발전을 수용하면서 솔루션을 발전시켜 유용성을 더하고 있기도 하다.

비정형 프로세스 관리, SNS의 사용자 친화력 흡수, 모바일 기술과의 결합 등을 통해 실시간 비즈니스 지원이라는 민첩성을 더욱 강화함으로써 효능을 한층 향상시키고 있는 것이다. 최근 BPM업계에서 이슈가 되는 기술은 ▲ 실시간 업무 처리를 위한 민첩성 기능 ▲ 업무 처리의 다양성을 정략적인 수치로 표현하는 비정형 프로세스 관리 ▲ 비정형 프로세스를 포함한 최적화 및 통합관리 ▲ 기업 활동의 효율화를 위한 소셜 기능 ▲ 모바일 기술과의 결합 등으로 요약할 수 있다.

최근 이뤄진 BPM의 진화 중 가장 눈에 띄는 것은 SNS와의 결합이다. SNS가 널리 사용되는 현실을 감안해 SNS의 인터페이스를 차용, 사용자 편의성을 높이면서 BPM이 보다 업무에 밀접하게 활용되도록 하는 것이다.

대우증권, 대한생명 등에 굵직한 레퍼런스를 확보하면서 주목받은 토종 BPM 개발사인 유엔진은 소셜 BPM을 전면에 내세우고 있다. SNS 결합은 글로벌 BPM 기업도 전면에 내세우고 있는 요소다. IBM은 소셜로 협업을 강화한 'IBM 비즈니스 프로세스 매니저 V8(IBM BPM V8)' 을 선보였고, 오라클도 2010년 출시한 '오라클 BPM 스위트 11g' 이후 지속적으로 소셜 접목을 전면에 배치하면서 BPM 시장을 공략하고 있다.

특히 무선 네트워크의 발전, PC와 유사한 역할을 수행할 수 있는 스마트 기기의 등장으로 인해 언제 어디서나 업무를 진행할 수 있는 스마트워크가 각광받고 있다. 이 과정에서 업무 프로세스인 BPM의 모바일화는 필수라고 말할 수 있다. 대표적인 국내 토종 BPM 업체인 핸디소프트는 '핸디 BPM 모바일' 을 선보인 가운데 IBM 또한 소셜기능을 추가한 IBM BPM V8에서 네이티브 모바일 앱을 지원, BPM 인터페이스를 모바일 영역까지 확대할 수 있도록 했다.

BPM 변화 바람 거세

현재 BPM은 변혁의 한가운데 있다. 지금까지의 BPM 구축이 구매부서, 고객관계관리(CRM), 공급망관리(SCM) 등 단위업무 기반으로 이뤄져 왔지만 이제는 업무 환경 전반을 지원하는 통합 BPM으로, 또 실시간으로 변화하는 업무프로세스에 민첩하게 대응하기 위해 소셜과 모바일을 접목하면서 유용성을 높이고 있는 것이다.

BPM의 변화에 부응한 경쟁도 본격화하고 있다. 리얼웹은 급변화하는 IT환경을 지원하는 '다이나믹워크플로 BPM'을 강조한다. 수시로 변화하는 비정형 프로세스를 관리해 업무 효율을 높이는 다이나믹워크플로 BPM은 내부의 워크플로를 모델링함으로써 업무를 자동화하도록 지원한다. 시스템에서 해야 할 업무(to-do) 목록을 자동 공지하고 업무 진행현황 모니터링과 이력관리가 가능하도록 함으로써 업무 속도를 향상, 효율성을 제고시키는 것이다. 또 균형성과관리(BSC)와 연계, 경영성과 지표상의 문제점을 실시간으로 파악해 조치할 수 있게 해 통합 BPM으로서의 가치를 높이고 있다.

전략 수립, BPM 성공 핵심

BPM 솔루션은 업무 효율성 향상, 비즈니스 환경에 대한 가시성 확보, 의사결정 지원, TCO 절감 등의 이점을 제공한다. 특히 제조업이나 결산업무에 BPM을 도입할 경우, 제조기간 단축, 즉각적인 원가절감 효과를 볼 수 있다. 그러나 BPM의 이 같은 성과에 현혹돼 솔루션 도입을 고려한 것이 과거 BPM의 실패요인이다.

전문가들은 "성공적인 BPM 구현을 위해 기업별 특성 및 목표에 따른 프로세스 전략을 구성해야만 한다"며 "BPM은 어떻게 구축해야 할 것인가에 초점이 맞춰 지속적인 프로세스 혁신을 위한 기반을 마련해야 성공할 수 있다"고 조언한다.

프로세스 혁신을 연속적으로 수행하는 체계를 만들어 BPM을 구현하는 전략의 수립부터, 회사가 만든 혁신체계(조직 및 변화 관리) 등과 같은 활동을 연속성을 갖고 병행해야 한다는 것이다. BPM은 측정을 위한 지표 설계와 프로세스 처리 이력을 토대로 지표 값을 측정, 지속적으로 개선방안을 도출할 수 있도록 해야 한다. 더욱 복잡해지는 비즈니스 환경에서 BPM은 필수다.

또한 최근 BPM은 소셜, 모바일 등 최신 기술과 결합해 편리성을 높이고, 업무에 더욱 밀접해지는 방향으로 진화하고 있다. 업무관리의 효율성을 높이고, 이를 통해 업무혁신의 기반을 마련할 수 있는 BPM에 주목해야 할 때다.

(데이터넷, 2013-01-14) 오현식 기자 hyun@datanet.co.kr

생각해 봅시다

1. BPM의 장 · 단점에 대해 생각해 봅시다.
2. 정보 시스템의 발전이 기업에 주는 이득에 대해 생각해 봅시다.

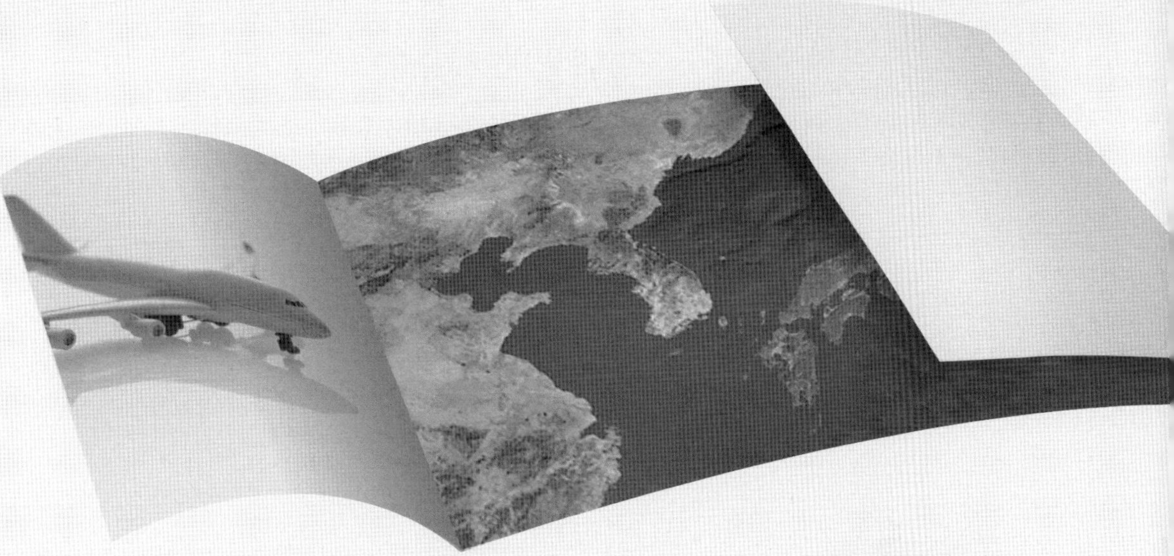

제15장

국제물류와 EDI

제15장

국제물류와 EDI

I. 중요내용 핵심요약

출제경향 예상분석

- EDI의 정의
- 국제물류에서 EDI의 중요성
- 물류정보시스템

1. 전자 데이터 교환(EDI)

(1) EDI의 정의

① EDI(Electronic Data Interchange)의 일반 정의

전자적 매체를 통한 전자적 정보의 전달 체계로 미국의 물류업계에서 시작되었다.

② UN경제위원회의 정의

EDI란 상거래 또는 행정수속에 관련된 데이터 및 메시지를 구조화하기 위해 합의한 표준규약(Protocol)을 사용하여 컴퓨터 간에 행해지는 상거래 또는 행정수속의 전자적 전송

③ EDI의 구체적 정의

- 상거래 또는 행정수속에 관한 데이터 또는 메시지를
- 다른 기업이나 조직에 있는 컴퓨터와
- 통신회선을 매개로
- 해당 기업의 컴퓨터가 처리하는 포맷(서식) 등에 맞게 변환될 수 있도록
- 합의된 어떠한 표준에 의거하여 전송하는 것

(2) Web-EDI의 정의

① 정의

인터넷을 기반으로 하는 개방형 EDI를 Web-EDI라고 한다.

② 흐름

- 종전의 폐쇄성을 극복한 Web-EDI를 활용한 정보 공유의 구조가 많이 등장
- SCM의 발달을 촉진

핵심 *Note*

▶ EDI란 컴퓨터 간에 연결된 통신 회선을 통하여 거래 업체 간에 상호 합의된 표준서류를 서류가 아닌 컴퓨터의 통신회선을 통해 전자식으로 주고받는 것을 말한다.

▶ 제품의 주문(注文)이나 대금 결제는 물론 매장에서의 판매량 및 재고 상황 등 상거래(商去來) 관련 정보를 유통업체, 제조업체와 관련 기업들이 온라인(on-line)으로 주고받을 수 있으며 시간과 인건비 절감을 위해서 미래 사무자동화로 활용된다.

2. 국제 물류서비스와 EDI의 진전

(1) 국제 물류서비스의 변화

① 최근 상품 수명주기의 단축, 상품의 다품종화, 글로벌 경쟁에 화주기업이 직면하여

② 제품생산을 최단기화, 불량재고 발생 위험 억제, 다양한 상품을 짧은 리드 타임으로 공급할 수 있는 체제 정비, 판매기회 손실의 위험을 최소화할 필요성을 가지게 되었다.

(2) 글로벌 물류서비스 제공을 위한 EDI

① 글로벌한 공급사슬을 최적화하기 위해서는 리드 타임을 최소화해야 한다.

② 글로벌 물류서비스는 저렴한 운송비용, 정확하고 신속한 운송서비스, 운송의 투명성(Cargo Tracing 가능성), 화주의 물류업무와의 연계성 등을 확보해야 한다.

③ 화주 · 선사(Carrier, 항공사 포함) · 포워더 간 EDI를 통한 정보교환 체계가 필요하다.

(3) 인터넷의 활용

① 화물의 정보교환: 화물추적정보의 제공, 납품 후 돌아오는 길에 화물을 확보
② 기업 간의 정보교환에 활용: 통신판매의 효율화, 수발주의 효율화

3. 물류정보시스템(Logistics Information System: LIS)

(1) 물류정보의 의의와 시스템화

① 물류정보의 의의
물류정보란 생산에서 소비에 이르기까지 발생하는 다양한 물류활동을 구성하는 원재료의 조달, 생산계획, 운송, 보관, 하역, 포장, 판매 등 다양한 활동들을 유기적으로 결합하여 전체 물류의 흐름을 효율적으로 수행하게 하는 모든 정보를 말한다.

② 물류정보시스템의 중요성
- 전 세계를 대상으로 한 조달과 판매로 인하여 국제물류비가 차지하는 비중이 큼.
- 기업 간의 경쟁이 지역적으로 국한되지 않음으로써 경쟁이 심화되어 기업 이익이 감소함.
- 국제물류비가 기업의 이익에 미치는 영향이 더욱 증가함.
- 고객서비스에 대한 욕구가 증대함.

③ 물류정보의 기능
- 고객으로부터의 주문 정보를 정확히 전달하는 기능
- 상품의 이동을 정확하게 파악하는 기능
- 고객에게 정보를 제공하는 기능
- 제반 계획과 실적 차이를 통제하고 제어하는 기능

④ 물류정보시스템의 특징
- 원격지 간 시스템
- 다수의 기업과 기능을 포함
- 실시간처리 시스템
- 현장 밀착형 시스템
- 지능형 시스템

● 사전 처리형 시스템

핵심 *Note*

- ▶ 물류정보시스템(Logistics Information System: LIS)이란 제품의 생산에서 소비에 이르기까지 물류활동을 구성하고 있는 운송, 보관, 하역, 포장 등의 전체 물류기능을 유기적으로 결합하여 전체적인 물류관리를 효율적으로 수행할 수 있도록 해주는 정보시스템을 의미한다.
- ▶ 물류정보시스템은 물류활동 과정에서 발생하는 정보를 처리, 가공, 전달하여 물류활동을 효과적으로 통제하기 위해 구축된 시스템이다.
- ▶ 물류정보시스템은 수송, 배송, 창고관리, 수 · 발주 등 물류의 모든 기능 영역을 지원하며 기업 경영의 제반 활동과 긴밀한 관계를 갖는다.

(2) 국제 물류정보시스템

① 국제 물류정보시스템의 진화

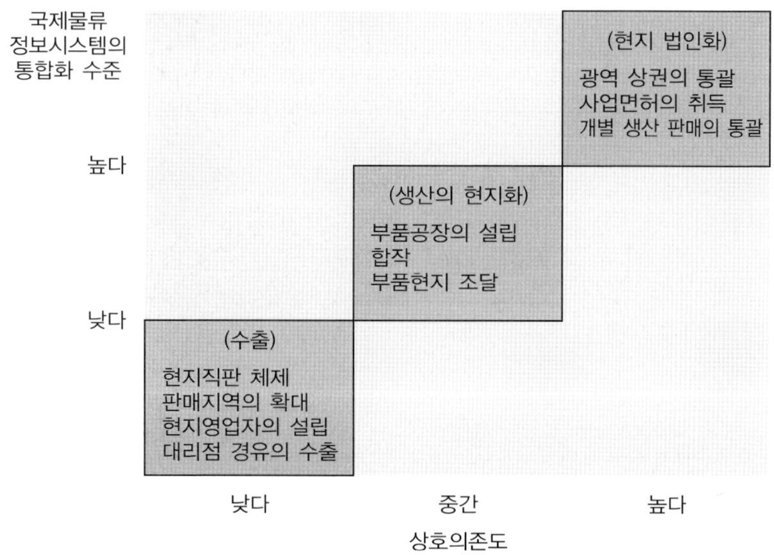

② 국제 물류정보시스템의 하부시스템

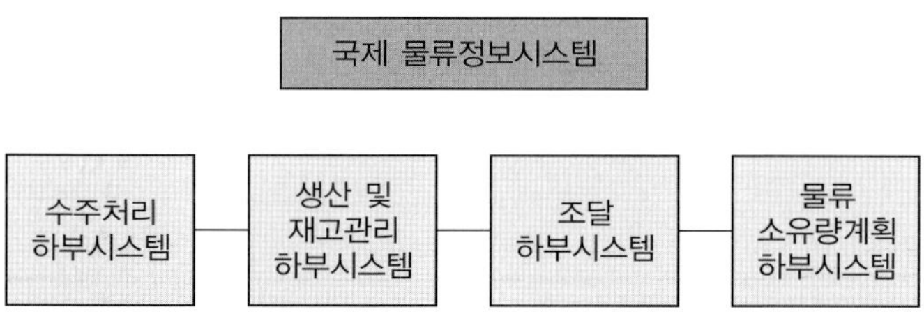

- **수주/출하처리시스템:** 주문받은 지점이나 대리점은 본사의 주 컴퓨터에서 재고상태를 조회하고 결과를 통해 물류거점에 출하지시를 하고 재고 보충을 한다.
- **재고관리시스템** (그림 참조)

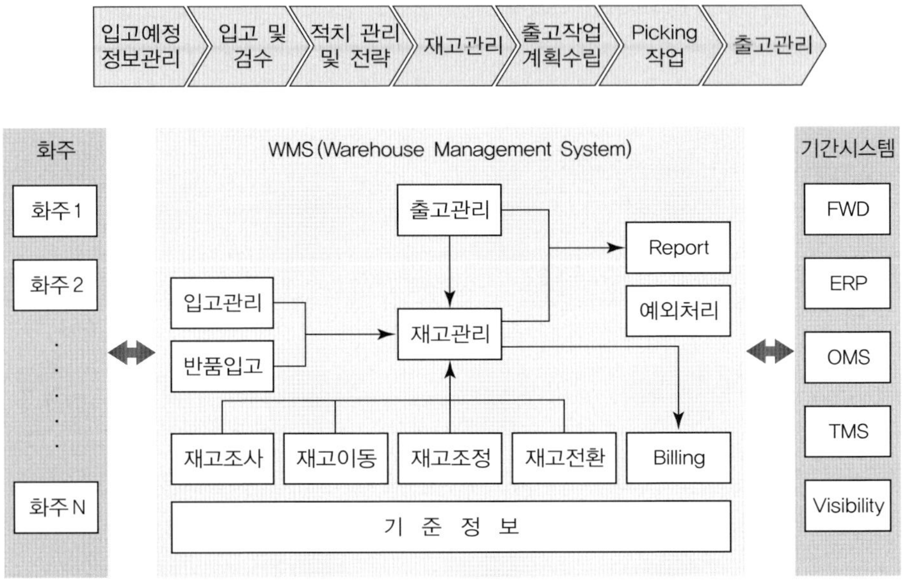

- **보관관리시스템:** 입고정보시스템, 재고관리정보시스템, 출고정보시스템, 창고 내 이동정보시스템, 창고관리시스템
- **수/배송관리시스템** (그림 참조)

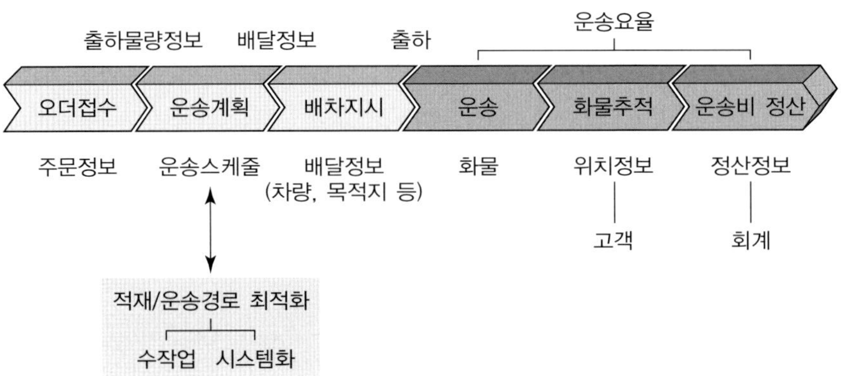

핵심 Note

- ▶ 물류관리정보시스템은 계획단계-실행단계-평가단계를 거쳐 물류시스템의 전반을 관리한다.
- ▶ 계획단계에서는 시스템화하기 위한 물류 네트워크의 설계, 운송기관의 설계, 서비스 수준의 결정, 물류시설의 배치계획 등을 검토한다.
- ▶ 실행단계에서는 새로운 계획이 수행될 수 있는 시스템을 구축한다.
- ▶ 평가단계에서는 실적을 파악하고 그 결과를 분석하여 다음 계획에 반영한다.

③ 국제 물류정보시스템의 필수조건

- **수주처리 시스템:** 수주 즉시 온라인 검색처리를 통해 가격 · 납품조건 · 납품에 소요되는 리드 타임 등을 제시
- **참조 데이터베이스:** 모든 국가에서 조달되는 원재료 · 부품 · 반제품 · 완제품의 납품업자와 관련조건 등을 상세히 표시
- **화물추적 시스템:** 임의의 시점에서 온라인을 통해 물품의 소재를 추적할 수 있도록 함
- **의사결정지원 시스템(DSS):** 최소비용의 조달채널과 유통채널의 업무최적화를 위한 시스템
- **수주실적보고서 작성능력:** 유통업자의 선별과 감사 업무를 위해 필수적
- **시스템의 네트워크화:** 특정의 물류정보시스템을 확정하여 해외의 납품업자 및 대리점에 동종의 시스템을 구축하도록 하여 네트워킹을 시도
- **상대국 서식에 맞춘 표준양식 채용할 필요성**
- **현행 환율 등 정보갱신 요구**

참고 Note

- 전자태그(RFID: Radio Frequency Identification): RFID는 생산에서 판매에 이르는 전 과정의 정보를 초소형칩(IC칩)에 내장시켜 이를 무선주파수로 추적할 수 있도록 한 기술로서, 유통분야에서 일반적으로 물품관리를 위해 사용되는 바코드를 대체할 차세대 인식기술로 꼽히고 있다.
- 창고관리시스템(WMS: Warehouse Management System): 제품이 입고되어 적재되는 것으로부터 선택되어 출하되는 모든 작업 과정과 그 과정상에서 발생되는 물류 데이터를 자동적으로 처리하는 시스템이다.
- 칼스(CALS): 모든 산업 활동의 주체 즉, 기업의 전반적인 경영체제를 일괄적으로 정보화함에 있어 기획에서부터 설계 및 생산, 유통, 고객지원 등 이른바 제품의 라이프사이클에 수반되는 모든 정보들을 디지털화(digitalization)하고 그와 관련된 업무처리 방식을 정보통신망을 통해 '동시공학방식(concurrent engineering)'으로 처리해 나가는 일련의 시스템 전략 또는 그를 위한 어떤 표준 및 구현의 방법이다.
- 화물운송정보(CVO: Commercial Vehicle Operations): 첨단화물운송은 지능형 교통시스템(ITS)사업의 하나로 물류난 해소와 효율적인 화물운행을 지원하기 위한 물류(화물운송)관리 정보시스템이다.

제15장

국제물류와 EDI

Ⅱ. 핵심문제 및 예상문제

출제포인트
- EDI
- 물류정보시스템

출제예상비율
- 국제 물류정보시스템

객관식 연습문제

1. EDI에 대한 설명으로 올바르지 않은 것은?

① 상거래 또는 행정 수속에 관한 데이터 또는 메시지를 전달한다.
② 통신회선을 매개로 다른 기업이나 조직에 있는 컴퓨터와 연결된다.
③ 통신규약(Protocol)에 따라 전송된다.
④ 통신규약은 기본거래규약, 정보표현규약, 정보전달규약의 3가지로 이루어진다.
⑤ 통신규약에 따라 전송되면 해당 기업의 컴퓨터가 처리하는 Format에 맞게 변환된다.

해설 | 통신규약은 기본거래규약, 업무운용규약, 정보표현규약, 정보전달규약의 4가지로 이루어진다.

답 ④

2. EDI 시스템에 대한 설명으로 올바르지 않은 것은?

① A社와 B社 간 EDI를 통한 운송업무 처리 계약이 체결된다.
② A社가 EDI를 통해 B社에 대한 발주나 선적수배를 요청한다.
③ 정보표현규약에 따라 A社가 입력한 정보는 EDI 메시지로 변환된다.
④ 정보전달규약에 따라 VAN을 통해 메시지가 전달된다.
⑤ 정보표현규약에 따라 변환된 메시지를 B社가 수신하여 다시 정보를 복원한다.

해설 | 정보전달규약에 따라 변환된 메시지를 B社가 수신하며, 정보표현규약에 따라 다시 정보를 복원한다.

답 ⑤

3. Web-EDI에 대한 설명으로 올바르지 않은 것은?

① 인터넷을 기반으로 하는 개방형 EDI이다.

② Web-EDI에서의 정보공유는 회원이 인터넷상의 사이트에 접속하여 전자자료를 교환하는 방식으로 행해진다.

③ Web-EDI에서는 적어도 2대의 PC가 필요하다.

④ Web-EDI에서는 표준 언어가 가장 큰 문제이다.

⑤ Web-EDI를 활용한 정보공유 구조를 통해 SCM의 발달이 이루어지고 있다.

해설 | Web-EDI 하에서는 1대의 PC만 있으면 자료교환을 개시할 수 있다. 답 ③

4. e-logistics의 효과로 적절하지 않은 것은?

① 정보의 정확성 향상
② 물류비용의 감소
③ 정보교환시간의 단축
④ 제품의 품질 향상
⑤ 판매정보의 활용

해설 | e-logistics로 인해 정보교환시간의 단축, 판매정보의 활용, 정보의 정확성 향상, 물류비용의 감소가 이루어지나 제품의 품질 향상과는 관계가 없다. 제품의 품질 향상은 생산업체의 업무 개선에 따라 이루어질 수 있다. 답 ④

5. 다음 중 RFID(Radio Frequency IDentification)의 강점에 대한 설명 중 적절하지 않은 것은?

① 바코드와 대비한 상품에 대한 표현능력 제고

② 일괄인식을 통한 물량 급증 시 대처능력 제고

③ 실시간 정보인식능력 제고

④ 신속한 물류프로세스의 처리

⑤ 저렴한 태그 및 장비 비용

해설 | RFID의 가장 큰 단점은 태그 및 장비 도입에 따른 초기비용이 많이 든다는 점이다. 답 ④

6. RFID(Radio Frequency IDentification)의 특성으로 적절하지 않은 것은?

① 국가, 제조업체, 상품품목, 생산일자, 유통기간, 유통단계 등 다양한 정보를 저장할 수 있다.

② 원거리 및 고속 이동시에도 인식이 가능하다.

③ 바코드에 비해 수천 배 이상의 저장능력을 갖고 있다.

④ 바코드에 비해서 비용이 높고 스마트카드에 비해서 메모리 용량이 크다.

⑤ 충돌방지 기능이 있어 여러 개의 태그를 동시에 인식할 수 있다.

해설 | RFID는 바코드에 비해 비용이 높으나 스마트카드에 비해 메모리 용량이 작다. 답 ④

7. 다음 중 전자발주시스템(Electronic Ordering System)의 목적과 관련 없는 것은?

① 점포 내 재고수준의 균형유지
② 종업원의 부정방지
③ 수발주 업무의 신속화
④ 매입관리시스템의 확립
⑤ 검품체제 개선

해설 | 전자발주시스템은 재고의 적절한 수준 유지, 수발주 업무의 신속화 및 관리시스템의 편이화, 검품체제의 용이를 위해 도입되었으나 종업원의 부정방지와는 관련이 없다.

답 ②

8. 다음 설명 중 적절하지 않은 것은?

① CALS(Commerce at Light Speed) – 전 사이클 활동에 표준화 및 정보통합기술을 적용하여 글로벌한 기업 활동 실현
② ASP(Application Service Provider) – 업무 프로세스를 새롭게 재설계
③ CIM(Computer Integrated Manufacturing) – 데이터 커뮤니케이션 등을 사용하여 제조업체의 모든 활동 통합
④ SIS(Strategic Information System) – 기업 경쟁력 유지, 신사업의 진출, 조직혁신 창출 등에 이용
⑤ DSS(Decision Support System) – 컴퓨터를 이용하여 의사 결정을 지원

해설 | ASP(Application Service Provider)는 응용 소프트웨어 패키지를 네트워크를 경유해서 판매하는 서비스 사업자이다. 이용자는 웹 브라우저를 통해 인터넷에 접속되면 응용 소프트웨어를 구입 · 이용할 수 있기 때문에 중소기업을 상대로 효율적인 패키지 판매를 할 수 있다.

답 ②

9. 전자상거래의 확산이 물류 부문에 미치는 영향이 아닌 것은?

① 다빈도 소량운송으로서의 물류수요 변화
② 공급체인관리의 필요성 대두
③ 아웃소싱의 확대
④ 자가물류의 축소
⑤ e 로지스틱스의 확대

해설 | e-로지스틱스의 확대는 EDI의 발전을 통해 이루어지고 있으며, 자가물류가 확대되고 있다.

답 ④, ⑤

10. 아래 내용의 (   ) 안에 들어갈 가장 적당한 말은?

> 기존의 로지스틱스는 필요한 상품의 적절한 양을 적시에 인도한다는 개념이었다면, e-logistics에서는 네트워크(network)와 BPO(Business Process Outsource)가 추가된다. 네트워크화란 정보를 모두 디지털화하여 상호전달은 실시간(real time)으로 통신네트워크로 하고, 데이터는 파일화하여 누적시켜 데이터베이스화하는 것을 포함하는 개념인데, 업무프로세스가 어디에서도 누구에게나 항상 파악되기 위한 (   )이(가) 필수적이다.

① 표준화(standardization)　② 능률(efficiency)
③ 연결성(connectivity)　④ 가시성(visibility)
⑤ 속도(velocity)

해설 | 업무프로세스가 어디에서도 누구에게나 항상 파악되기 위해서는 쉽게 눈에 보여야 하는 가시성이 필요하다. 답 ④

11. DPS(Digital Picking System) 도입시 일반적 기대효과로 적절하지 않은 것은?

① 피킹인원의 감소　② 피킹시간의 단축
③ 피킹인력의 전문성 향상　④ 피킹오류의 감소
⑤ 피킹 생산성 향상

해설 | DPS가 실행되면 피킹인원이 감소되므로 전문성이 향상될 수 없다. 답 ③

12. 다음에서 설명하는 방식은?

> 중간 집하단계에서 불필요한 중간 재고를 없애고 배송 리드타임을 단축하기 위하여 주문 물품이 집하장에 도착하면 최종 배송지로 운송할 트럭이 스케줄에 맞추어 대기하여 바로 환적한다. 즉, 집하장에서의 하역, 보관 및 재고, 적재 과정을 생략하는 방식이다.

① Cross-docking　② SCM
③ JIT　④ CALS
⑤ QR

해설 | 크로스도킹은 창고나 물류센터로 입고되는 상품을 보관하는 것이 아니라, 곧바로 소매점포에 배송하는 물류시스템이다. 보관 및 피킹작업 등을 제거함으로써 물류비용을 상당히 절감할 수 있다. 크로스도킹은 입고 및 출고를 위한 모든 작업의 긴밀한 동기화를 필요로 한다. 답 ①

13. 화물 및 화물차량에 대한 위치를 실시간으로 추적 · 관리하여 생산성 향상을 도모하고, 위험 화물의 적재차량에 대한 추적을 통해 사고발생시 신속한 사고처리체계를 구축함으로써 교통체계 내 안정성 향상을 도모할 수 있는 시스템은?

① TQC ② ECR
③ BRP ④ QR
⑤ CVO

해설 | CVO(Commercial Vehicle Operation):컴퓨터를 통해 각 차량의 위치, 운행상태, 차내 상황 등을 관제실에서 파악하고 실시간으로 최적운행을 지시함으로써 물류비용을 절감하고, 통행료 자동 징수, 위험물 적재 차량 관리 등을 통행 물류의 합리화와 안전성 제고를 도모한다. 예로 전자 통관 시스템, 화물차량 관리 시스템 등이 있다. 답 ⑤

14. 최근의 물류시장 환경변화에 대한 설명 중 옳지 않은 것은?

① 기업 간 경쟁 및 협력이 이루어지고 공급체인관리(SCM: supply chain management)를 이용하는 업체가 늘어나고 있다.
② 소비자 가치를 제고하는 수단으로 신속대응 물류시스템으로 구축하기 위한 기업의 노력이 확산되고 있다.
③ 물류정보시스템을 통합적으로 운영하기 위해 ECR(Efficient Consumer Response)이 WMS(Warehouse Management System)와 TMS(Transportation Management System)로 이행되고 있다.
④ 기업 간의 전략적 제휴 및 파트너십(partnership)이 확산되고 있다.
⑤ 기업 내에서 전담하던 물류기능의 일부 또는 전부를 제3자 물류(third party logistics)업체에 위탁하는 경향이 늘어나고 있으며, 제4자 물류(fourth party logistics) 형태도 나타나고 있다.

해설 | 물류정보시스템이란 물류 활동 과정에서 발생하는 정보를 처리, 가공, 전달하여 물류 활동을 효과적으로 통제하기 위해 구축된 시스템이다. 물류정보시스템을 통합관리하기 위해서는 MRP(Materials Requirement Planning), DRP(Distribution Resource Planning) 등의 시스템이 필요하다. 답 ③

15. 물류정보시스템에 관한 다음 설명 중 올바르지 않은 것은?

① GIS(Geographic Information System)는 이동체의 위치 및 상태를 무선통신을 이용하여 실시간으로 파악, 관리하는 시스템이다.
② EDI(Electronic Data Interchange)는 거래업체 간에 상호 합의된 서식을 일정한 형태를 가진 전자 메시지로 변환, 처리하는 전자 문서 교환 시스템이다.
③ WMS(Warehouse Management System)는 물류센터의 업무를 효율적으로 관리하는 종합 물류시스템이다.
④ VAN(Value Added Network)은 제3자를 매개로 하여 기업 간의 자료를 교환하는 통신망이다.

⑤ TRS(Trunked Radio System)는 정보물류망 중 중계국에 할당된 여러 개의 채널을 공동으로 사용하는 화물추적통신 시스템이다.

해설 | 이동체의 위치 및 상태를 무선통신을 이용하여 실시간으로 파악, 관리하는 시스템은 GPS(Global Positioning System)이다. GIS(Geographic Information System)는 지리 · 공간 데이터를 분석 · 가공하여 교통 · 통신 등과 같은 지형 관련 분야에 활용할 수 있는 시스템이다. 답 ①

16. 기업 측면에서 고객서비스의 최적수준을 결정하는 물류전략 중 가장 올바른 것은?

① 리드타임을 최소화하는 서비스 수준
② 재고회전율을 최대화하는 서비스 수준
③ 기업이윤을 최대화하는 서비스 수준
④ 물류비를 최소화하는 서비스 수준
⑤ 재고수준을 최소화하는 서비스 수준

해설 | 기업의 고유 목적은 이윤창출이다. 기업 측면에서의 물류전략은 기업이윤을 최대화하는 서비스 수준이 가장 적절하다 할 수 있겠다. 답 ③

17. 고객서비스 측정에 관한 다음 설명 중 가장 적절하지 않은 것은?

① 측정요소에는 주문충족률, 지체기간, 클레임 수, 과부족 선적 수 등이 포함된다.
② 고객집단별 만족도 조사를 통하여 각 고객집단에게 동일한 수준의 동일한 고객서비스 믹스를 제공한다.
③ 고객서비스는 거래 전, 거래시, 거래 후 요소들로 분류된다.
④ 고객집단별 적정 고객서비스 수준을 파악함으로써 이익, 투자수익률 등을 제고시킬 수 있다.
⑤ 고객서비스 측정요소는 업체의 특성, 고객의 특성 등에 따라 달라져야 한다.

해설 | 고객집단별 만족도 조사를 통하여 집단별로 동일한 서비스가 아닌 차별화된 서비스가 제공되어야 한다. 답 ②

18. 물류정보시스템의 표준화 결과로 나타나는 현상이 아닌 것은?

① 물동량에 대한 물류자료 교환의 자동화가 가능해진다.
② 표준 물류정보시스템의 새로운 구축을 위한 초기 투자비용이 과대해지는 단점이 있다.
③ 판매업무와 물류업무의 일관화가 촉진된다.
④ 공급자 중심현상이 줄어들고, 사용자 중심의 정보시스템이 구현된다.
⑤ 물류정보데이터의 입력 및 교환이 용이해진다.

해설 | 물류정보시스템의 표준화로 비용절감이 이루어진다. 답 ②

19. e-SCM(electronic-Supply Chain Management)이란 정보통신기술을 활용하여 공급자, 유통 채널, 소매업체, 고객 등과 관련된 물자, 정보, 자금 등의 흐름을 신속하고 효율적으로 관리하는 것을 말한다. 다음 중 기업들의 e-SCM 활용 효과로 보기 어려운 것은?

① 거래, 투자비용의 최소화 ② 자동 보충을 통한 재고 감축
③ 개별화된 고객 서비스 제공 ④ 사이클 타임 단축
⑤ 수직적 통합화 제공

해설 | e-SCM은 물자, 정보, 자금의 흐름을 신속화하기 위한 방법이며 자동 보충을 위해서는 POS 시스템과 같은 시스템의 도입이 필요하다. 답 ②

20. 다음 물류정보시스템과 관련된 용어 중 설명이 틀린 것은?

① EDI – 기업 간에 교환되는 서식이나 기업과 행정관청 사이에서 교환되는 행정 서식을 일정한 형태를 가진 전자 메시지로 변환처리하여 컴퓨터와 컴퓨터 간에 교환되는 전자문서교환시스템
② POS – 상품을 판매하는 시점에서 상품에 관련된 모든 정보를 신속하게 수집하여, 발주, 매입, 발송, 재고관리 등의 필요한 시점에 정보를 제공하는 시스템
③ DPS – 점포로부터 발주 자료를 센터의 상품 랙(rack)에 부착한 표시기에 피킹 수량을 디지털로 표시하게 하는 시스템
④ EOS – 단품관리를 위한 자동발주시스템
⑤ ECR – 컴퓨터에 의한 통합생산시스템으로 경영의 효율화를 도모하는 시스템

해설 | ECR(효율적 소비자 대응) 은 효율적으로 소비자에 대응하는 관련업체들의 공동전략을 뜻한다. 답 ⑤

21. EDI 표준에서 통신 프로토콜이라고도 불리며, 통신 신호 방법과 데이터 전송 속도 등과 같은 컴퓨터 접속 방법에 관한 규약을 무엇이라 하는가?

① 거래 기본 규약 ② 거래 운용 규약
③ 정보 표현 규약 ④ 비즈니스 프로토콜
⑤ 정보 전달 규약

해설 | EDI의 거래 운용 규약은 프로토콜과 동일한 의미이다. 답 ②

22. 다음 중 보관관리시스템에 포함되지 않는 내용은?

① 배차관리시스템 ② 재고관리정보시스템
③ 출고정보시스템 ④ 창고관리시스템
⑤ 입고정보시스템

해설 | 배차관리시스템은 수/배송관리시스템에 포함되는 내용이다. 답 ①

23. 시대의 변화에 따른 물류개념의 변화 순서로 올바른 것은?

① Supply Chain Management → Physical Distribution → Logistics
② Physical Distribution → Supply Chain Management → Logistics
③ Logistics → Physical Distribution → Supply Chain Management
④ Physical Distribution → Logistics → Supply Chain Managemen
⑤ Logistics → Supply Chain Management → Physical Distribution

해설 | Logistics는 Physical Distribution을 거쳐 오늘날 SCM으로 발전하였다. 답 ③

24. 국제 물류정보시스템의 하부시스템으로 올바르지 않은 것은?

① 수주처리 하부시스템
② 창고관리 하부시스템
③ 조달 하부시스템
④ 생산관리 하부시스템
⑤ 물류소유량계획 하부시스템

해설 | 국제 물류정보시스템의 하부시스템은 일반적인 경영정보통신 시스템과 기본적으로 그 구성요건이 유사하다. 수주처리, 생산 및 재고관리, 조달, 물류소유량계획 하부시스템으로 구성되어 있다. 답 ②

25. 기업 내의 마케팅, 생산, 물류, 재무, 회계, 구매 등의 기간업무 프로세스들을 통합적으로 연계 관리하고, 주위에서 발생하는 정보들을 공유해서 새로운 정보의 생성 및 신속한 의사결정을 도와주는 기업통합정보시스템은 무엇인가?

① 전사적자원관리(ERP)
② 자재소요량계획(MRP)
③ 물류자원계획(LRP)
④ 컴퓨터에 의한 물류지원시스템(CALS)
⑤ 공급체인관리(SCM)

해설 | ERP는 기업 활동을 위해 사용되는 기업 내의 모든 인적, 물적 자원을 효율적으로 관리하여 궁극적으로 기업의 경쟁력을 강화시켜 주는 역할을 하는 통합정보 시스템이다. MRP는 원자재에서 최종 완제품에 이르기까지 자재의 흐름을 관리하는 기법이다. CALS는 상품의 라이프사이클 정보를 디지털화하여 경영에 활용하는 기업간 정보시스템이다. SCM은 제품생산을 위한 프로세스를, 공급자에서부터 소비자에게 이동하는 진행과정을 감독하는 것으로 부품조달에서 생산계획, 납품, 재고관리 등을 효율적으로 처리할 수 있는 관리방법이다. 답 ①

단답식 연습문제

1. 상거래 또는 행정수속에 관련된 데이터 및 메시지를 구조화하기 위해 합의한 표준규약(protocol)을 사용하여 컴퓨터 간에 행해지는 상거래 또는 행정수속의 전자적 전송을 무엇이라 하는가?

답 전자 자료 교환(EDI: Electronic Data Interchange)

2. EDI의 폐쇄성을 극복한 개방성을 기반으로 정보공유화를 실현하는 것을 무엇이라 하는가?

답 Web-EDI

3. 글로벌 경쟁 시대에서 상품 수명주기의 단축, 상품의 다품종화와 같은 시장의 변화에 대처하기 위해서는 국제 물류서비스에서 상품을 빠른 시간에 공급하기 위해 무엇을 단축해야 하는가?

답 리드 타임(Lead Time)

4. 과거에는 수주~출하 부문의 효율성 제고를 목적으로 설계되었으나 오늘날 조달~생산~판매의 일원화를 통해 업무효율성을 향상시키는 것을 목적으로 하는 것은 무엇인가?

답 물류정보시스템

5. 최소비용의 조달채널과 유통채널을 선택하는 등 운영측면에 대한 다양한 연구를 통한 업무최적화를 위한 시스템은 무엇인가?

답 의사결정지원시스템(DSS)

주관식 연습문제

1. 국제 물류정보시스템의 하부시스템을 설명하시오.

국제 물류정보시스템은 경영정보통신 시스템과 구성요건이 비슷하다. 국제 물류정보시스템은 수주처리 하부시스템, 생산 및 재고관리 하부시스템, 조달 하부시스템, 물류소유량 계획 하부시스템 등의 4가지 하부시스템으로 구성된다. 이러한 하부시스템은 적시에 즉각적인 정보전달을 목적으로 한다.

2. 글로벌 물류서비스를 원활히 제공하기 위해서 어떻게 해야 하는지 서술하시오.

글로벌 물류서비스를 원활하게 제공하기 위해서는 화주 · 선사(Carrier, 항공사 포함) · 포워더 간에 EDI를 통한 원활한 정보교환 체계가 갖추어져야 한다. 조달~생산~판매~물류 등의 상품공급활동이 국제적으로 이루어지는 경우 리드 타임이 길어지면 주문에서 인도까지의 시간(throughput time)이 길어지기 때문에 글로벌 공급체인을 최적화하기 위해서는 리드 타임 단축이 필수적이며 이를 위해서는 EDI의 활용이 최선인 것이다.

Ⅲ. 읽을거리

"스마트 트럭 이어 스마트 물류…통신위기 메울 비장의 무기죠"

임수경 KT G&E 사업총괄

"KT 사업 분야 중 가장 성장성 좋은 곳을 맡고 있습니다."

임수경 KT 글로벌&엔터프라이즈(G&E) 부문 사업총괄이 밝게 웃으며 말했다. G&E 부문은 일반 소비자 대상이 아니라 기업고객과 글로벌 시장을 겨냥한 상품으로 승부하는 곳이다. KT 전체 매출에서 차지하는 비중이 아직 크진 않지만 내리막길이 아니라 가파른 오르막길이라 더 기대되는 분야다.

지난 2월 현대차와 스마트 트럭 사업을 발표하며 주목을 끌었던 그가 이번에는 물류 분야에서 스마트 서비스를 선보였다. 종이 문서로 주고받던 화물운송장을 전자화한 '올레 비즈 전자인수증' 서비스다. 한진 · 부일 등 물류업체, BC카드 · 기업은행 · KT캐피탈 등 금융 파트너와 손잡고 지난해 말부터 준비한 야심작이다.

기존 화물운송 시장은 화주와 운송회사가 계약을 맺은 후 알선업체 등을 거쳐 차주에게 일감이 배분되는 형태. 중간 단계를 거치는 과정에서 수수료로 화물운임의 30% 이상이 빠져나간다. 이를 전자화해 신속하고 정확하게 운송과 정산 데이터를 전달하는 게 이번 비즈니스의 핵심이다.

임 전무는 "한 달 반 걸리던 정산이 단 사흘 만에 이뤄진다고 생각해 보라"며 "화물운송 시장이 확 바뀔 것"이라고 했다. 이 서비스는 기존 종이 기반으로 이뤄지던 화물운송장과 화물인수증을 전자문서로 처리한다. 스마트폰에서 앱을 내려받아 '클릭' 하기만 하면 된다. 차주는 전자인수증 건당 2000원과 카드 가맹점 수수료만 부담하면 된다. 알선업체별로 따로 정리 · 보관해야 했던 종이인수증, 그리고 우체국을 방문해 이를 등기우편으로 보내는 데 들었던 시간과 비용(약 2000원)이 사라진다.

임 전무는 "다들 KT라고 하면 으레 통신서비스만 생각하지만 실제로 데이터센터, 기업용 소프트웨어와 솔루션, 콜센터 등 시스템통합(SI) 부문 경쟁력이 대단하다"며 "물류는 에너지, 헬스케어와 함께 내리막길 통신 위기를 메울 미래 성장동력 아이템"이라고 말했다.

(매일경제, 2013-05-02) 최용성 기자 choice@mk.co.kr

생각해 봅시다

1. 전자문서를 활용한 물류 활동의 장·단점에 대해 생각해 봅시다.
2. 새로운 기술의 융합과 활용은 물류 시장에 어떠한 환경변화를 가져올지에 대해 생각해 봅시다.

참고문헌

[국내문헌 및 자료]

김덕수, 한중 양국 수교에 따른 우리나라 서해안 지역의 자유항설치 가능성, 「무역상무의제문제」, 1994.

김인주, 2000. 항공사 전략적 제휴의 글로벌 네트워크 형성에 관한 연구, 한국항공대학교.

김창호, 배추 한포기라도 포장해야 제값 받는다, 「월간조선」 1997년 11월호.

김홍섭 역, 자유항의 역할과 선결조건, 한국항만연구회, 1992.

동아시아 학회, 동아시아 연구, 1997.

매일경제 1997년 10월 7일자.

물류매거진 1997년 4월호, 5월호, 6월호 및 7월호.

박명섭, 교통경제학, 한국학술진흥재단 번역총서 57, 대광문화사, 1988.

_______, 글로벌 무역의 이해, 아카데미프레스, 2007.

_______, 글로벌 e-로지스틱스의 이해, 우용출판사, 2004.

_______, 국제경제사, 형설출판사, 1995.

_______, 국제물류의 이해, 법문사, 2003.

_______, 국제물류의 이해와 사례, 법문사, 2005.

_______, 국제항공운송의 이해, 우용출판사, 2005.

_______, 국제해운론, 법문사, 1997.

_______, 무역실무: International trade transactions trade, 우용출판사, 2005.

_______, 부산자유무역항 구축방안, 부산상공회의소, 1995.

_______, 알기 쉬운 물류관리론, 우용출판사, 2006.

부산발전시스템연구소, 투자자유지역 설치에 관한 특별조치법(안), 「부산권의 투자자유지역 설치방안 정책세미나」, 1994. 4.

부산상공회의소, 세미나자료 외국인 투자촉진지역, 부산, 1994.

산업연구원, KIET 실물경제, 1997년 9월 24일.

이동열 역, 물류혁신 전략, 21세기 북스, 1995.

이정구, 철도수송역할의 제고를 위한 시설 및 경영체제 개선 방안, 「교통물류」 제15호, 1997.

전일수 외, 우리나라 항만 개발 및 투자정책에 관한 연구, 해운산업연구원, 1991.

정의광 · 박명섭 외, 부산경제 종합발전 대책연구, 부산발전시스템연구소, 1995.

조선일보 1997년 10월 8일자.

주명건, 서울항을 건설하자. 「월간조선」 1997년 6월호.

한국물류정보서비스, (물류전문가와 국가공인물류관리사들이 만든) 물류관리론 2006, 로지스틱스21, 2006.

한국해양수산개발원, 해양수산동향, 1997년 6월.

한진교통물류연구원, 교통물류동향 제18호, 1997년 3월 및 1996년 겨울호.

허희영, 항공운송산업론, 명경사, 2003.

홍정식, 관세법(II), 두남, 1996.

[歐美문헌 및 자료]

Alan E. Branch, Element of Port Operation and Management, London, 1986.

Alexander T. Wells, and John G. Wensveen, Air Transportation, Thomson South-western, 2004.

Baily, E. E., and Graham, D. R., Deregulating the Airlines, The MIT Press, 1985.

Bardi, Coyle and Novack, Management of Transportation, Thomson South-Western, 2006.

Baudelaire, J. G., Port Administration and Management, Tokyo: International Association of Ports and Harbour, 1986.

Baumol, W. J. and Vinad, H. D., "An Inventory Theoretic Model of Freight Transportation Demand", Management Science, Vol. 16, No.7, 1976.

Baumol, W. J., Panzer, J. C. and Willing, R. D., Contestable Markets and the Theory of Industry Structure, Harcourt Brace Javanovich, 1982.

Bowersox, D. J., Logistical Management, 2nd ed., Macmillan, 1978.

Buckely, P. J. and Brooke, M. Z. International Business Studies, Brasil Blackhall, 1992.

Button, K., Haynes, K., Stough, R., Flying into the Future. Air Transport Policy in the Euroupean Union. Edward Elgar, Cheltenham, UK. 1998.

Chopra, Sunil, Supply Chain Management, Prentice Hall, 2007.

Colon, R. M and Zerby, J. A, Public Policy in the Liner Slipping Industry, University of South Wales, 1983.

Coyle, John J., The management of Business Logistics, Academic Internet Publishers, Inc, 2007.

Commitee of Inquiry into Shipping, Report(Rochdale Report), HMSO, 1972.

Davies, G. J. and Gray R., Purchasing International Freight Services, Grower, 1985.

Davies, G. J. Closs, D.J., Logistical Management, 2nd ed., Macmillan, 1978.

Davies, J. E., "Pricing in the Liner Shipping Industry", Journal of Transport Economics and Policy, Vol. XX, No.3, 1986.

ECMT, The Cost of Combined Transport, Round Table 64, 1984.

Edward W. Smykay, Physical Distribution Management, 3rd, New York: Macmillan.

Ernst G. Frankel, Port Planning and Development, John Wiley & Sons, 1987.

Fortune Magazine, February 13, 1989.

Frankel, E. G., The World Shipping Industry, Croom Helem, 1987.

Hanlon, J. P., 1999. Global Airlines: Competition in a Transnational Industry, 2nd ed., Butterworth-Heinemann, London.

Hayuth, Y., Intermodality: Concept and Practice, Lloyd' s of London Press, 1987.

Jim Sherlock, Principle of International Physical Distribution, Blackwell, 1994.

Kasper, D. M., Deregulation and Globalization: Liberalizing International Trade in Air Service, an American Enterprise Institute/Ballinger, 1988.

Khanna, K. K., Physical Distribution Management: Logistical Approach, Himalaya Publication House, 1985.

L. M. Ellram, "The Use of The Case Study Method In Logistics Research," Journal of Bussiness Logistics, Vol. 17, No.2, 1996.

Lewis, H. T, Culliton, J. W. and Steel, J. W., The Role of Air Freight in Physical Distribution. 1956.

M. T. Herbman, Urban Ports and Harbour Management, Tailor & Francis, 1988.

Magee, J. F., Copacino, W. C. and Rosenfield, D. B., Modern Logistics Management, John Willey & Sons, 1985.

Marx, Jr., D., International Shipping Cartels, A Study of Industrial Self Regulation by Shipping Conferences, Princeton University Press, 1953.

Mckinnon, A. C., Physical Distribution System, Routledge, 1989.

Mckinnon, A. C., Transport Geography and Physical Purpose of Transport Geography,

Geography Study Group, Institute of British Geographers, 1981.

Nathalie Fabbe Csotes, "The Role of Informatics in Future Freight Transport," IATSS Research, Vol. 16, No.1, 1992.

NCPDM, and NAA, Warehouse Accounting and Control: Guideline for Distribution and Financial Managers, Ernst & Whinney, 1985.

Nijkamp, P. and Reichman, S. eds. Transportation Planning in a Changing World, Gower, 1987.

OECD, Delegulation and Airline Competition, 1988.

Oster, C. V., Pickerell, D. H., 1986. "Marketing alliances and competitive strategy in the airline industry." Logistics and Transportation Review 22(4), 371-387.

Oum, T. H., Park, J.H., Zhang, A., Globalisation and strategic alliances: the case of the airline industry. Elsevier Science, London, 2000.

Park, J. H., "The effects of airline alliances on markets and economic welfare." Transportation Research E 33, 1997, 181-194.

Pearson, R., "Some Doubts in the Contestability of Liner Shipping Market," Maritime Policy & Management, Vol. 14, no. 1, 1987.

Poter, N. E., Competitive Advantage, Macmillan, 1985.

Pustay, M., 1992. "Towards a global airline industry: prospects and impediments." Logistics and Transportation Review 28, 1992, 103-128.

Ronald H. Ballow, Business Logistics Management, Englewood Cliffs, N. J. Prentice Hall, 1973.

S. C. Morrish, R. T. Hamilton, "Airline alliances-who benefits?." Journal of Air Transport Management 8. 2002, 401-407.

Sletmo, G. K., and Williams, Jr., E. W., Liner Conferences in the Container Age, Macmillan, 1981.

Sletmo, G. K., Demand for Air Cargo: An Econometric Approach, Institute for Shipping Research, Norwegian School of Economics and Business Administration, 1972.

The Japan Times September 26 & November 25, 1997.

Tolley, R. S. and Turton, B. J. eds, Transport Systems Policy and Plaining: a Geographical Approach, Longman, 1985.

Turnbull, P. W., "The Image and Reputation of British Suppliers in Western. Europe" European Journal of Marketing, Vol 19, No. 6, 1985, pp. 39-52.

Wei, V., Economic Analysis of the Liner Markets and Freight Rates in Canadian Trade,

Transport Commission, 1985.

Wood, Donald F. (EDT), Barone, Anthony P, Murphy, International Logistics, Amacom Books, 2002.

Youssef, W., Hansen, M., "Consequences of strategic alliances between international airlines: the case of Swissair and SAS." Transportation Research 28A (5), 1994, 415-431.

[일본 및 기타 문헌자료]

宮下國生, 日本の國際物流システム, 千創書房, 1993.

_______, 國際物流の構造とロヅスティタス戰略,「國際交通安全學會誌」Vol. 15, No. 2, 1989年 6月.

_______, 海運, 晃洋書房, 1988.

神祭川經濟硏究所, 自由貿易地帶の橫濱港, 1984.

織田政夫,「國際複合運送の實務」海文堂, 1992.

秋山龍, 發展途上國における 港灣の諸問題, 國際港灣協會, 1973.

野波靜雄, 世界の貿易港制度,, 平凡社, 1925.

일본 운수성 화물유통국, 신시대의 물류전략, 1991.

Shanghai Pudong New Area Administration, Shanghai Pudong New Area, 1994, 천진 경제기술개발구, 1994.

일본통상산업성, Foreign Access Zone(FAZ)の 概要, 1994.

日通總合硏究所 編, 物流の知識, 東洋經濟新報社, 1994.

日通總合硏究所 編, 輸送の知識, 日本經濟新聞社, 1997.

和田茂穗, 現代流通産業, 日本經濟新聞社, 1995.

田雁義博, 流通機構の話, 日本經濟新聞社, 1995.

日本經濟新聞社, 物流用語辭典, 日本經濟新聞社, 1995.

三木楯彦, 物流システムの構築, 白桃書房, 1989.

_______, 效率的物流經營のための12章, 白桃書房, 1993.

北岡正敏, 物流システム, 白桃書房, 1990.

中田信哉, 運輸業のマ-ケテイング, 白桃書房, 1987.

來見田實, (新) 國際航空貨物要論, 白桃書房, 1990.

山野邊義方, 航空業界, 教育社, 1997.

_______, 陸運業界, 教育社, 1995.

阿保榮司, 物流の基礎, 稅務經理協會, 1993.

_______, 物流からロジステイクスへ, 稅務經理協會, 1996.

小出修三, 國際物流システムと國際複合輸送の展開, 「海運經濟研究」 31號, 1997.

市來清也, 國際物流のキーワド, ファラオ企劃, 1991.

_______, 國際複合一慣輸送槪論, 成山堂, 1993.

日本運輸調査局, 運輸と經濟, 1993年 8月.

航空政策硏究會, 現代の航空輸送, 勁草書房, 1997.

田中拓男, 國際貿易と直接投資, 有斐閣, 1995.

日本關稅協會, 貿易と關稅, 1996年 7月.

三木楯彦, 國際複合輸送とロジステイクス 情報システム, 「海事産業硏究所報」 No.344, 1995. 2.

宮下國生, 國際經營のロジステイクス 戰略, 「國民經濟雜誌」 1996年 1月.

_______, 外, 國際物流システムの展望, 「海運經濟研究」 1996.

小川武, わが國バルク海運經營と國際競爭力, 「海運經濟研究」 第30號, 1996.

織田政夫, 海運業界, 教育社, 1996.

杉山武彦, 定期船市場の環境と海運同盟の變質, 「海運經濟研究」 第30號, 1996.

運輸省 海上交通局, 日本海運の現況, 1997.

宮下正房・中田信哉, 物流の知識, 日本經濟新聞社 1996.

中田信哉, 物流のしくみ, 日本實業出版社, 1997.

_______, 外, 物流戰略の實際, 日本經濟新聞社, 1995.

山上徹, 交通サービスと港, 成山堂, 1989.

_______, 國際物流のネットワークと港, 白桃書房, 1995.

物流と經濟成長研究會, 物流と經濟成長, ぎょウせい, 1992.

谷光太郎, ロジステ ィクス, 同文書院, 1993.

西澤修, 保管費の會計と管理, 白桃書房, 1987.

平野裕之, 在庫管理の實際, 日本經濟新聞社, 1996.

德田賢二, 流通經濟入門, 日本經濟新聞社, 1997.

柴田悅子, 國際物流の經濟學, 成山堂, 1991.

井本重信, 物流時代とトラックの經營戰略, 白桃書房, 1991.

大阪商船・三井船舶, 國際複合輸送の知識, 成山堂, 1991.

찾아보기

ㄱ

ㅋ

ㅌ

ㅍ

ㅎ

기타

박명섭

- University of Liverpool(Ph.D)
- 일본 고베대학, 후쿠오카대학, 나카무라 가쿠엔대학 방문교수
- 물류관리사 시험 선정위원
- 현) 성균관대학교 경영전문대학원 교수

국제물류론 연습

발행일 | 2013년 9월 11일 초판 발행
편저자 | 박명섭
발행인 | 홍진기
발행처 | 아카데미프레스
주 소 | 413-756 경기도 파주시 문발동 출판정보산업단지 507-9
전 화 | 031-947-7389
팩 스 | 031-947-7698
웹사이트 | www.academypress.co.kr
이메일 | info@academypress.co.kr
등록일 | 2003. 6. 18. 제406-2011-000131호
ISBN | 978-89-97544-36-3 93320

값 23,000원